선교인류학 ────────
선교와 문화

김성태 著

도서출판 이레서원

선교와 문화

머리말
더 나은 성숙을 위하여

　어머니가 자녀를 잉태하여 열 달 동안 몸 속에 기르고 있다가 출산하는 날이 이르면, 해산의 진통은 있겠지만 그 기쁨은 사랑하는 모든 가족들에게 미치게 된다. 이 책은 한국 교회 선교학 연구에 있어서 그동안 간과되어 오거나 아니면 외국 선교학자들의 책을 그대로 직역하여 소개하던 이슈들을 집중적으로 다룬 이론적인 책이며, 동시에 한국 교회 선교 현장과 실제적으로 연관이 되어 자가 성찰의 과정을 통해 나온 고심의 산물이다.
　선교학은 다른 신학과 다르게 이론적이면서도 선교 현장과 연관된 실제적인 학문의 특성을 가지고 있다. 이런 점에서 선교 현장을 끊임없이 연구하고 탐색하며, 하나님의 예비하신 손길을 바라면서 그의 나라를 확산시키는 일에 있어서 역동적이 되어야 한다.
　선교학은 크게 세 분야로 구분되는데, 이론적인 부분이 있고 역사적인 연구가 있으며 선교 현장과 직접적으로 관련이 된 분야가 있다. 그런데 이론적인 분야나 역사적인 연구도 궁극적으로 선교 현장을 항상 염두에 두고 학문이 이루어지기에, 서로 독립적인 연구가 이루어지는 것이 아니라, 각자의 영역에서 발견되고 다듬어진 제 이론들과 방법들이 상호 조정되고 결속되어 하나의 통합된 이론을 형성하며, 그것이 전체적인 선교학을 형성하게 된다. 이런 점에서 이론과 역사는 있으나 문화 연구가 수반되지 못했다면, 그것은 선교학을 부분적으로만 이해하고 있는 것이라고 하겠다.

선교학뿐만 아니라 다른 신학 분야도 마찬가지겠지만, 모든 신학의 최종 규범과 판단 기준은 하나님의 말씀이다. 선교학의 문화 연구 분야에서도 이 점은 마찬가지이다. 독자들은 문화인류학과 사회학 그리고 전달학의 전문적인 이론들이 이 책에서 자유롭게 논의되는 것을 볼 것이다.

이 영역은 선교학에 있어서 선교 현장과 직접적으로 연관이 된 학문의 대상으로, 항상 성경과 신학의 토대 위에서 선교학적 성찰을 위한 도구로 사용된다. 필자는 이 책에서 선교와 문화가 서로 어떤 상관성이 있는지를 규명하며, 선교 변혁의 대상으로서 문화를 연구함에 어떻게 접근해야 할지, 여러 중요한 이슈들을 교과서적인 순서로 상세하게 되도록 빠짐 없이 수록해 놓았다.

이 책의 부제는 선교인류학이다. 필자는 미국에서 선교학을 공부할 때 인류학 과목과 민속종교 과목을 필수로 공부하였고, 교수님의 양해를 구하여 응용인류학과 상징인류학을 수강 신청하지 않고 공부하였다. 학업을 마치고 고국에 돌아와 계속해서 선교학도의 자세로 선교학을 연구할 때, 선교와 문화 즉 선교인류학적 훈련이 선교학을 연구함에 매우 중요하다는 사실을 깨닫게 되었다. 그래서 신학교에서 학생들을 가르치며 이 분야와 관련된 자료들을 모으고 연구하면서, 때론 단기간이지만 주기적으로 필자와 연관된 북방 선교 현장에서 이를 실제로 적용해 보는 시도를 해 왔다.

　이 책은 구미 선교인류학자들의 학문적인 연구 결과를 바탕으로 하여 때론 그 연구 틀을 그대로 사용하면서 선교와 문화에 관한 여러 이슈들을 소개하지만, 많은 내용들이 필자의 신학적 성찰과 사색을 통해 나온 내용들임을 밝힌다. 여기에 수록된 내용들이 한국 교회의 선교신학 연구에 있어서, 특히 선교와 문화 부분에 한 노력의 흔적이 되기를 바란다. 또한 선교사로 나가기 위해서 준비하는 모든 분들에게 실제적인 도움이 되는 내용으로 사용되기를 바란다.

김성태

차 례

머리말 : 더 나은 성숙을 위하여 ·· 5

I. 선교와 문화의 상관성　21

II. 인류학과 신학의 관계　29

III. 인류학의 제 분야　33

1. 육체인류학 ·· 34
2. 고고인류학 ·· 36
3. 문화인류학 ·· 37

   (1) 심리인류학 ──────────── 38
   (2) 도시인류학 ──────────── 39
4. 사회인류학 ································ 41
5. 언어인류학 ································ 44

Ⅳ. 문화의 다섯 가지 이론 전제들   47

1. 문화진화론 ································· 48
2. 문화결정주의 ······························· 52
3. 문화기능주의 ······························· 55
4. 문화구조주의 ······························· 60
5. 문화상징주의 ······························· 62

Ⅴ. 문화 속의 인식 과정   67

Ⅵ. 세 계 관   75

1. 세계관의 특성 ······························ 77
   (1) 문화권 속에서 자연스럽게 전이된다 ──── 77
   (2) 문화권 속에서 사물을 인식하는 역할을 한다 ─ 78
   (3) 모든 일을 세계관을 통해서 설명한다 ──── 79

(4) 세계관의 차이는 긴장과 갈등을 일으킨다 ── 80
2. 세계관의 기능 ································· 82
　　(1) 모든 행동 양식에 대하여 이를 해석한다 ── 82
　　(2) 세계관에 따른 적절한 행동을 하게 한다 ── 83
　　(3) 민족적 동질감과 정서적 안정감을 준다 ── 84
　　(4) 사물의 변화를 통합하고 이에 적응한다 ── 85
3. 세계관의 보편 요소들 ·························· 86
　　(1) 범 주 화 ─────────── 86
　　(2) 개체와 집합체 ─────────── 87
　　(3) 인 과 성 ─────────── 87
　　(4) 시 간 ─────────── 88
　　(5) 공 간 ─────────── 89
　　(6) 관 계 성 ─────────── 90
4. 성경적 세계관 ································· 91
　　(1) 삼위 하나님의 절대적이며 초자연적 영역이다　91
　　(2) 초자연적이나 절대적이지 못한
　　　　천사와 사탄의 영역이다 ─────── 92
　　(3) 인간의 삶이 이루어지는 문화 영역이다 ── 95
5. 세계관의 변혁 ································· 96
　　(1) 변혁 모델 ─────────── 96
　　　　1) 앤토니 월리스의 혁신 모델 ● 96
　　　　2) 알란 티페트의 혁신 모델 ● 100
　　(2) 패러다임의 변혁 ─────────── 101
　　(3) 세계관의 변혁에 있어서 조심해야 할 점 ── 105
　　　　1) 세계관 변혁의 주축은 문화권 내부자가 되어야 한다 ● 105
　　　　2) 가치관의 변화는 부작용을 낳을 수 있다 ● 106
　　　　3) 신학적 변혁은 기능적 변혁을 수반해야 한다 ● 107

4) 기능적 변혁은 신학적 변혁을 수반해야 한다 ● 109

VII. 문화 연구　　　　111

1. 문화 정의 ··· **111**
2. 문화의 보편적 특성들 ·· **115**
   (1) 삶의 총체적인 구조를 가지고 있다 ──────── **117**
   (2) 적응 체계를 가지고 있다 ─────────── **118**
   (3) 모든 행동 양식에 대하여
       문화적 의미를 부여한다 ─────────── **120**
   (4) 다인적이며 개인을 통해서 변화된다 ──── **121**
   (5) 축적된 배움의 창고와 같아서 계속성을 유지한다 **123**
   (6) 용도를 재해석한다 ─────────────── **125**
3. 교차문화 상황에서의 문화 오해 ························· **127**
   (1) 교차문화 오해 ───────────────── **127**
   (2) 문화 충격 ────────────────────── **129**
      1) 문화 충격이 일어나는 주요 원인들 ● 130
         ① 언어 충격 / 130
         ② 일상 생활의 변화에 대한 충격 / 130
         ③ 관계성의 변화로 인한 충격 / 131
         ④ 이해의 능력이 결여됨으로 생기는 충격 / 132
         ⑤ 정서적이고 판단적인 혼란의 충격 / 132
      2) 문화 충격시 생기는 현상들 ● 133
      3) 문화 충격의 극복 ● 135
         ① 문화 충격의 원인을 고찰하고 적극적인 대안을 찾아라 / 135

② 새로운 문화를 겸손하게 배워라 / 136
③ 현지 문화를 개방성, 관용성, 수용성으로 대하라 / 136
④ 자신의 문화 충격과 우려를 솔직히 말하고 도움을 구하라 / 137
⑤ 자신에 대한 기대감을 최소화하라 / 137

4. 교차문화 전망 ········· 138
(1) 단일문화주의 ── 139
1) 상승적 단일문화주의 • 139
2) 도피적 단일문화주의 • 140
3) 단세계 단일문화주의 • 140
(2) 교차문화 전망으로 문화를 평가하는 방법 ── 141
1) 내부자 관점인 에믹(Emic) 차원으로 보아야 한다 • 142
2) 외부자 관점인 에틱(Etic) 차원으로 보아야 한다 • 144
3) 문화를 세계관의 차원에서 평가하는 일이다 • 145

5. 문화 분석 ········· 148
(1) 인간의 공통성에 근거한 문화 분석 ── 148
(2) 세계관의 상호 비교에 의한 거시적 문화 분석 150
1) 세계관을 통한 다양한 문화 분석 • 150
2) 세계관의 보편 요소들을 통한 상호 비교 분석 • 151
3) 사회 질서 유형을 통한 문화 분석 • 154
(3) 세계관에 의한 개체적 문화 분석 ── 157
1) 자연주의자들의 세계관 • 159
2) 부족적 세계관 • 159
3) 힌두 · 불교적 세계관 • 162
4) 이슬람의 세계관 • 176

  여섯 가지 신앙
  ① 알라에 대한 신앙 고백이 있다 / 178
  ② 천사를 믿는다 / 179

③ 경전을 믿는다 / 180
④ 선지자에 관한 신앙 / 180
⑤ 심판을 믿는다 / 181
⑥ 신이 정한 명령으로서 까다르(Qadar)를 믿는다 / 181

다섯 가지 기본 기둥
① 샤히다(Shahida) / 182
② 사라트(Salat) / 182
③ 라마단(Ramadan) / 183
④ 자카드(Zacat) / 184
⑤ 하지(Haji) / 184

(4) 문화의 세부 형태 분석 ─────────── **200**
1) 문화의 표피 구조와 심층 구조 ● 200
① 의미란 오직 형태를 통해서만 나타난다 / 202
② 동일한 문화 형태가 서로 다른 의미로 사용될 수 있다 / 202
③ 차용해 사용하는 특정한 문화 형태는
   다른 의미로 사용될 수 있다 / 203
④ 동일한 의미가 완전히 다른 형태로 나타날 수 있다 / 204
⑤ 적절한 문화 형태를 취하지 않으면 의미는 달라질 수 있다 / 205
2) 세부 형태 분석 ● 207

6. 문화 모델 **211**
(1) 문화와 일치하여 일하시는 하나님 ──────── **212**
(2) 문화에 대적하시는 하나님 ─────────── **212**
(3) 특정한 문화를 옹호하시는 하나님 ─────── **213**
(4) 그리스도는 문화를 통치하신다 ───────── **214**
(5) 그리스도는 문화에 대해서 상관하지 않는다 ─ **215**
(6) 그리스도와 문화는 서로 역설적인 관계에 있다 **216**
(7) 그리스도는 문화를 초월하나 문화를 통해 일하신다 **217**

(8) 그리스도는 문화의 변혁자가 되신다 ─── 218
7. 총체적 구조에 따른 하위 문화 고찰 ·············· **220**
  (1) 사회적 하위 문화 ─────── **220**
    1) 역할, 지위, 계층 • 220
    2) 가족과 친족 체계 • 227
      ① 일부 일처제 / 230
      ② 일부 다처제 / 232
      ③ 일처 다부제 / 232
      선교신학적 · 성경해석학적 평가와 이해
      ① 가족 형태에 대한 성경적인 지침은 일부 일처제이다 / 236
      ② 일부 다처제에 대한 이해 / 236
      ③ 가족의 규모와 그에 따른 거주 형태에 대한 이해 / 237
      ④ 친족이 가진 선교학적 의미 / 237
  (2) 경제적 하위 문화 ─────── **238**
    1) 원시 및 농업 경제 • 239
      ① 침묵 교역 / 240
      ② 방문 교역 / 240
      ③ 쿨라 링(Kula Ring) / 241
      ④ 협정 교역 / 241
    2) 산업 경제 • 243
      ① 호혜성의 원리에 의거한 사회 경제 체계에서의 교회 / 244
      ② 재분배적 사회 경제 체계에서의 교회 구조 / 245
      ③ 산업 경제의 부작용을 어떻게 극복할 수 있는가? / 246
  (3) 교육적 하위 문화 ─────── **248**
    1) 성경의 교육 유형 • 249
    2) 신학교 교육의 지식 전달과 강의식 교육 방식의 극복 • 250
    3) 비서구 세계에서의 바람직한 지도력 배양의 모델 • 251

(4) 정치적 하위 문화 ──────────── 252
   1) 정부의 기원 • 253
   2) 사회적 통제 • 256
   3) 사회 이탈 • 257
      ① 일　치 / 258
      ② 혁　신 / 258
      ③ 외　식 / 259
      ④ 은　둔 / 261
      ⑤ 혁　명 / 261
   4) 정부의 형태 • 262
      ① 씨족 사회 / 263
      ② 다양한 씨족 집단 사회 / 264
      ③ 부족 사회 / 264
      ④ 국　가 / 265

(5) 종교적 하위 문화 ──────────── 266
   1) 종교 기능 • 266
   2) 종교의 기원 • 267
      ① 진화론적 이론 / 267
      ② 심리학적 이론 / 270
      ③ 사회학적 이론 / 272
      ④ 생태학적 이론 / 273
      ⑤ 상징화의 이론 / 274
      ⑥ 유일신론의 종교 이념에서 종교가 기원되었다는 이론 / 275
   3) 신앙 대상물 • 277
   4) 실천 양식 • 278
   5) 종교 지도력 • 280
      ① 일반 종교의 복음화 / 281

② 중간 영역 세계관의 지역 / 283
③ 삶의 통과 의례 / 284

VIII. 교차문화 전달   285

1. 전달의 성경신학적 원리 ·················· 286
2. 전달의 기본 원리 ·················· 288
   (1) 전달의 목적은 메시지를 이해하도록 하는 것이다 288
   (2) 수신자가 메시지를 어떻게 이해하느냐가 중요하다 289
   (3) 수신자가 이해할 수 있는 문화 형태로 해야 한다 291
   (4) 메시지는 수신자 지향적이어야 한다 ─── 291
   (5) 메시지가 적절한 자극을 불러일으켜야 한다 ─ 292
   (6) 메시지는 인격 대 인격의 바탕에서
       전해져야 한다 ────────── 293
   (7) 전달자, 메시지, 수신자가
       같은 문화 구조 속에 있어야 한다 ──── 294
   (8) 전달자가 믿을 만한 사람으로 인식되어야 한다 295
   (9) 메시지가 수신자의 삶과
       직접 관련이 있어야 한다 ────── 296
   (10) 수신자가 전달자와
        어떤 공통 분모가 있어야 한다 ──── 297
3. 전달의 실제 과정 ·················· 298
   (1) 화 자 ──────────── 300
   (2) 기호 입력 ──────────── 300
   (3) 언어와 비언어 기호들 ─────── 301

(4) 메시지 ——— 303
(5) 미디어 ——— 304
(6) 피드백 ——— 305
(7) 잡음 ——— 306
(8) 기호 해독 ——— 307
(9) 환경 ——— 307

IX. 연구 조사 방법　309

1. 참여적 관찰 방법 ……… 310
2. 일반적인 조사 방법 ……… 312

X. 선교 변혁의 신학적 모델　315

1. 인류학적 모델 ……… 316
2. 상징주의적 모델 ……… 318
3. 역동적 등가의 모델 ……… 322
4. 초문화 신학의 모델 ……… 325
　(1) 브루스 플레밍의 신학 모델 ——— 325
　(2) 통문화 신학 또는 교리신학의 모델 ——— 326
　　1) 성경의 초문화 이해 • 327
　　2) 특정한 문화적 조건성은 점진적 계시의 특징 • 328
　　3) 성경은 변질 없이 모든 문화 속에 전달되어야 하고

문화는 성경 계시의 부요함과 풍요로움을 확증한다 • 329
  (3) 개혁주의 입장의 성경적 상황화 모델 ──── 331

참고 문헌 ·· **333**

찾아보기 ·· **345**

I. 선교와 문화의 상관성

　　일반 대학에서 인간의 삶의 현장인 문화를 인문학적 관점에서 연구할 때 이 과목을 일반적으로 문화인류학이라고 부른다. 신학의 분야로서 선교학에서 문화를 연구할 때에는 단순히 인문학적 관점이 아니라 선교 변혁을 목표로 한 구체적인 선교학의 분야로서 연구하게 된다. 구미의 신학교에서 선교학의 중요 과목으로 문화를 연구할 때 인간의 삶의 현장이요 사역 대상으로서 문화를 연구하게 되는데, 이 과목을 인문학의 기준에서 통상적으로 사용되는 문화인류학으로 칭하기도 하고 선교학의 한 분야로서 구분하기 위해서 선교와 문화 또는 선교인류학으로 명하기도 한다.[1]
　　선교와 문화의 관계에 있어서 일반적으로 받아들여지고 있는 것

---

[1] 폴 히버트는 스멀리가 편집한 '선교인류학 논문집' 서문에서 왜 기독교 선교에서 선교와 인류학이 상호 연관되어 있고 또 그것이 필요한지를 저자와 동일한 내용으로 말하고 있다. 그는 개신교 선교에서 문화 연구가 소홀한 점을 지적하고 선교인류학의 필요성을 역설한다. See Paul G. Hiebert, "Introduction : Mission and Anthropology" in <u>Reading in Missionary Anthropology</u>, William Smalley, ed. (Pasadena : William Carey Library, 1978), pp. xv–xxv.

은 선교의 대상이 단지 일 개인이 아니라는 것이다. 선교는 개체적인 인간만을 대상으로 하는 것이 아니고 그 개인이 속해 있는 사회 공동체의 가치관, 즉 세계관의 변혁을 전제하고 있으며, 이것은 궁극적으로 사회의 모든 하위 문화와 조직의 가치관의 변혁으로 나타나야 한다. 문화인류학과 사회학이 선교학에 공헌한 것이 있는데 그것은 개체 인간은 사회 공동체의 구심력적인 이념인 세계관의 영향을 받고 있다는 것이며, 그 세계관은 문화의 모든 하위 문화 즉 사회적·정치적·경제적·언어적·교육적·심미적·종교적 제 기구나 제도 등에 영향을 미치고 있다는 것이다.[2]

선교란 이렇듯이 이교적인 세계관이 어떻게 인간 삶의 현장인 문화에 영향을 미치고 있으며 또한 그것이 구체적으로 문화의 각 하위 기구나 제도권 하에 영향을 미치고 있는지를 파악하여, 성경적인 세계관을 성령 하나님의 중생케 하심과 역사하심을 전제하고 문화의 모든 영역에서 확산시키는 일이다. 이것은 개인의 삶이 존재론적으로 변화되는 것뿐만 아니라 그 개인이 몸담고 있는 문화적 삶의 근본적인 변혁을 내포하고 있다. 이렇듯이 영혼 구원뿐만 아니라 인간의 삶의 현장을 하나님 나라의 현재성 측면에서 그리스도 안에서 총체적으로 변화시키는 통전적 선교가 요청되고 있기

---

[2] 문화 연구에 있어서 세계관의 중요성이 대두된 것은 오랜 일이 아니다. 선교인류학자들은 세계관의 중요성을 알고 선교 변혁에 있어서 세계관의 변혁을 통한 문화 변혁에 대해서 언급하고 있다. See Paul G. Hiebert, Anthropological Insights for Missions (Grand Rapids : Baker, 1985), pp. 45–50, Charles H. Kraft, Christianity in Culture (Maryknoll : Orbis, 1984), pp. 53–63, David J. Hesselgrave, Communicating Christ Crossculturally (Grand Rapids : Zondervan, 1991), pp. 193–212.

에 여기에 선교와 문화 연구의 필요성이 대두된다.[3]

오늘날 선교학자들 가운데서도 일반 문화인류학의 영향으로 인하여 문화에 대한 관점이 다르고 이것을 어떤 이론으로 이해하느냐에 따라서 선교와 문화에 대한 선교신학적인 체계가 달라지게 된다. 이 점에 있어서 저자는 전통적인 개혁주의 선교신학자로서 개혁주의 신학의 관점에서 이 문제를 성찰하고 저자의 신학적 이해의 바탕 위에서 선교와 문화에 관련된 제 이론들을 평가한다.

일반 문화인류학자들은 대체적으로 선교인류학의 가능성에 대해서 회의적이고 부정적이다. 그들은 선교인류학의 학문으로서의 가능성을 인정하면서도 선교라는 용어 자체에 대해서 부정적인 인식을 가지고 있다. 과거에 몇 실례들을 통해서 선교가 기존 문화의 생존 능력을 약화시키고 문화를 파괴시켰을 뿐만 아니라 종족을 소멸하는 등의 부작용이 있었다는 것이다.[4]

이런 과거의 부분적인 선교 역사의 실례가 선교에 대해서 일반 인류학자들에게 부정적인 인상을 심어 주기도 하였지만 무엇보다 결정적인 것은 저들이 가지고 있는 무신론적 전제와 문화에 대한 인본주의적인 인식의 전제이다. 이런 관점이 결국 그들의 문화 연

---

[3] 크라프트는 선교에 있어서 문화인류학을 왜 연구해야 하는지 10가지 이유를 열거하면서 그 중에 인류학은 세계관을 다루고 선교는 그 세계관을 변화시킴으로 총체적인 문화 변혁을 일으킨다는 사실을 지적하고 있다. See Charles H. Kraft, Anthropology for Christian Witness, vol. 1(Pasadena : Fuller Theological Seminary, 1994), pp. 13-34.
[4] 선교인류학인 폴 히버트는 이런 긴장이 일반 인류학자들과 선교사들 간에 있었음을 언급하고 있다. See Paul G Hiebert, Cultural Anthropology(Grand Rapids : Baker, 1985), p. xvi.

구에 영향을 미치며 여기서 비롯되는 다양한 이론들이 나오게 된다.

그러나 과거의 선교 역사 연구는 이런 부정적인 사례만 있는 것이 아니다. 이교적 문화 가치관 하에서 비인간적인 사회 관습과 규례의 굴레 속에서 고통당하던 사람들이, 복음 선교의 영향과 결과로 말미암아 인간으로서의 존엄성을 되찾고 삶의 소망과 가치관을 회복케 된 일이 얼마든지 있다. 그것은 한 개인을 변화시켰을 뿐 아니라 그 개인이 몸담고 있는 사회를 변혁시키는 원동력이 된 것이다.

예를 들어 보면 아프리카나 중남미 지역에서는 원주민들을 노예화시켜 저들의 노동력을 착취하거나 노예 제도를 만들어 저들을 상품화한 야만스러운 행위에 대하여 노예 제도를 근본적으로 폐지시키는 운동과 어린 여성들에게 신체적으로 위해를 미침으로 종종 사망을 가져온 성인식의 할례를 폐지케 한 일을 들 수 있다. 아시아 지역에서는 인도에서 과부를 죽은 남편의 뒤를 이어 불에 태워 죽이는 사티 제도가 사회 풍습으로 행해졌는데 이것을 폐지토록 한 일과, 힌두교 신전 안에서 어린 소녀들로 매춘 행위를 하도록 하는 것을 종교적 행위로 정당화한 악마적 풍습을 근절한 일과, 중국에서 여성의 전족을 폐지시킨 운동 등이 있다. 남태평양 지역에서는 전쟁 포로들을 잡아 먹는 식인의 풍습이 성행했는데 선교의 결과로 악마적 악습이 완전히 소멸되었다.

이런 몇 가지 실례 말고도 선교 사역의 결과로 하나님의 형상으로 지음 받은 인간이 인간으로서의 고귀함과 존엄성을 회복하며 남녀노소의 인권을 차별치 않고 하나님 앞에 서로가 평등하며 서로를 돌보아야 한다는 심원한 인성의 변혁이 총체적으로 일어나게 되었다.

일반 인류학자들의 지적 속에 일리가 있는 것은 과거의 서구 선교의 많은 부분이 피선교 지역의 문화를 전혀 인정치 않고 모든 것을 악마적인 것으로 규정하여 서구 문화의 가치관을 이상적인 성경적 가치관으로 규정하고 이것을 일방적으로 피선교 지역의 사람들에게 강요한 일이다.[5] 따라서 많은 피선교 지역에서 그리스도인이 된다고 하는 것은 바로 미국 사람이 되거나 유럽 사람이 되는 것이며 따라서 민족을 배반하는 일이 되곤 하였다.[6]

이것은 문화가 가진 보편적인 특성으로서의 하나님이 주신 일반은총적인 측면을 도외시하고 오직 한편으로 치우친 문화 해석이며 또한 성경적인 문화 이해도 아니다. 서구의 나라들이 천 년 이상 기독교 가치관의 영향을 받았지만 그들의 문화 자체가 이상적인 성경적 가치관의 문화가 아니라는 증거로는 15세기부터 시작된 서

---

5) 제임스 쉬어러는 20세기 초까지 서구 선교사들이 현지 문화를 인정하지 않고 서구 문화의 기준에 의한 가부장적 자세를 가지고 선교하였는데 이것이 선교 현지에서 점차적으로 문제를 많이 나타내게 만들었다고 지적하고 있다. See James A. Scherer, Gospel, Church & Kingdom (Minneapolis : Augsburg, 1987), pp. 19-20.
6) 라토렛은 과거의 로마 카톨릭 선교와 개신교 선교에서 이런 현상이 일어났음을 구체적인 사례를 들어서 설명하고 있다. 특히 서남 아시아와 중남미 지역에서 이런 현상이 일어났는데 선교 현지의 사람들이 심지어 자신의 이름을 네델란드식이나 포르투갈식으로 불렀고 현지인들은 교인들을 외국인처럼 대하고 경멸하기도 하였다. See Kenneth Scott Latourette, Three Centuries of Advance (Grand Rapids : Zondervan, 1978), pp. 285-289, Latourette, A History of Christianity : Reformation to the Present, vol. 2 (Grand Rapids : Zondervan, 1975), pp. 289-292.

구의 제국주의적 식민주의 정책과 더불어 파생된 비윤리적이고 반성경적인 식민 정책의 각종 규례 등을 들 수 있다. 이런 이교적 가치관이 서구 사회의 이데올로기로서 오랜 세월 작용하고 있었다는 것은 서구의 문화가 곧 이상적인 성경적 가치관의 문화가 될 수 없다는 생생한 실례가 된다.

성경은 하나님의 계시 규범으로서 모든 문화에 대하여 최고의 입법자가 되며 변혁의 유일한 기준이 된다. 성경을 특정 문화에 종속시키거나 그에 따른 신학화의 작업을 이상화하는 것을 선교학은 항상 경계한다.[7] 이런 관점에서 선교는 변혁의 규범이 되어지는 성경 계시의 기준에서 어떠한 문화에 대한 편견이나 기호 없이 성경적 가치관의 변혁을 시도하는 하나님 나라의 행위이며 끊임 없는 자기 성찰의 개혁 운동이다.

그러면 모든 문화권 속에서 이루어지는 선교 행위의 통일적인 구심점은 무엇이며 그로 인한 신학화의 조정점은 무엇인가? 이것은 성경에 대한 전통적이고 복음적인 신앙 고백을 하는 모든 보편 교회이며, 더 실제적으로 말한다면 역사적 신앙 고백과 신조를 바탕으로 한 현실 교회가 된다. 선교 상황의 개체적 특수성을 지나치게 강조함으로 실존주의적 상대주의를 내포한 소위 에큐메닉 진영의 상황화 신학의 시도는 이런 점에서 받아들여질 수 없다.[8]

모든 문화는 개혁 교회의 주요 신학 명제 중 하나인 인간의 전

---

7) 로잔느 언약문은 발표된 10번째 항목에서 성경을 특정 문화권의 교회가 독점물인 양하는 것을 경계하고 성경이 모든 문화를 성찰해야 한다고 말하고 있다. See J.D. Douglas, ed., Let the Earth Hear His Voice(Minneapolis : World Wide Pub., 1975), pp. 6-7.

적 타락이 이미 나타내고 있듯이 인간 죄성에 영향을 받고 있으며 따라서 사탄의 활동 영역이 된다. 그러므로 문화는 이미 중립적인 존재가 될 수 없는 것이다. 바로 이 점에서 모든 문화는 그 자체의 상태가 선교적 변혁을 존재론적으로 요청하고 있으며 여기에 교회의 선교 사명의 책임성이 있다.

  문화에 대한 선교 변혁은 한시적인 것이 아니다. 예수 그리스도가 재림하시는 그 날까지 교회는 방심 없이 또한 자족하는 우를 범하지 말고 모든 문화에 대해서 항상 개혁하는 사명을 게을리해서는 안 된다. 여기에 교회의 생명력이 있고 소망이 있는 것이다.

---

8) 그들은 보편 교회의 기준보다 각 교회가 처해 있는 실존적 상황을 더 중시하고 "Leben in Sitz", 즉 삶의 상황이 성경 해석학의 기준이 된다. 이것은 대체적으로 에큐메닉 진영의 상황화 신학의 신학적 입장이다. See Theological Educational Fund, "Working Policy for the Implementation of the Third Mandate of the Theological Education Fund" in <u>Ministry in Context</u>(London : TEF, 1972), pp. 19-20.

Ⅱ. 인류학과 신학의 관계

문화인류학이 학문적으로 연구되어진 배경은 교회의 선교 역사와 밀접한 관계가 있다. 15세기부터 시작된 서구의 식민지 시대는 식민 정책을 보다 효과적으로 집행하기 위해서 비서구 지역의 종족들의 삶과 풍습 등을 연구하였는데, 이것은 주로 서구인들의 관점에서 비서구인들의 문화를 미개하다고 보는 서구 문화 중심적인 접근이었다.[1]

그러나 18세기 중엽부터 시작된 구미의 계속되는 영적 각성 운동과 부흥은 세계적인 선교 운동을 일으켰고 이것은 선교 현지에서 원주민들의 인간으로서의 고귀함과 존엄성을 일깨웠으며 그들을 중심으로 한 토착 교회 설립 운동을 일으키게 되었다. 구미의 교회 안에서는 영적으로 각성되어진 그리스도인들을 중심으로 강력한 노예 제도 폐지 운동이 일어났고 이것은 더 나아가서 선교 현

---

1) 한상복·이문웅·김광억, 문화인류학 개론(서울 : 서울대학교, 1993), pp. 35-36.

지에서의 원주민들의 권리를 보호하자는 협회가 결성됨으로 원주민들의 풍습과 언어 그리고 인종적 기원 등을 연구하게 되었다.

19세기 초에 이렇게 결성된 것으로 '노예 제도와 그것의 계승자를 폐지하는 협의회'(The Society for the Abolition of Slavery and Its Successor와 '원주민보호협회'(The Aborigine Protection Society)가 있다. 이것은 또한 영국 왕실학회의 기원이 되는 '런던종족연구회'(The Ethnological Society of London)의 탄생을 가져왔다. 이렇게 결성되어진 기구들의 연구와 노예 제도 폐지 운동에 힘입어서 19세기 초에 영국은 노예 제도 폐지를 공식적으로 선언하였고 이것은 미국뿐 아니라 구라파의 카톨릭 교회 지역 안에도 영향을 미침으로 결국 구미에서 노예 제도의 폐지를 가져왔다.[2]

19세기 구미 교회의 세계적인 선교 운동은 각 대학과 신학교에서 선교의 대상이 되는 다양한 문화와 종족들의 삶을 연구하는 것을 활성화시켰고 이것은 인류학 연구의 학문적 발전을 가져왔다.

인간을 연구하는 학문으로서의 인류학은 근본적으로 신학에 귀속되게 되어 있다. 그것은 인간의 창조주가 하나님이시며, 그 하나님은 기록된 계시의 말씀인 성경을 통해서 자신을 온전히 나타내셨으며, 말씀이 육화되어 나타나신 성자 하나님 예수 그리스도를 통하여 자신을 계시하였기 때문이다.

이런 관점에서 창조론이 인간 연구의 출발점이며 모든 다양한 문화권 하에서 인간을 연구할 때 성경 계시의 성찰과 감독과 조정

---

2) Hiebert, Cultural Anthropology, pp. xv—xvii.

이 요청된다. 바로 그렇게 될 때 일반 학문으로서의 인류학은 비로소 자기 자신의 올바른 위치를 차지하게 되며 오히려 진정한 학문적 발전을 가져올 수 있게 된다.[3]

특히 창조주가 되신 하나님과 그의 계시의 말씀인 성경은 다양한 인간 삶의 현장인 모든 문화와 세계관을 성찰하고 문제점을 드러내며 상대화의 위험성을 피하게 하고 피조물로서의 인간의 공통점을 찾아 내며 모든 인본주의적인 이론적 패러다임을 극복하게 하는 기준이 된다.[4] 그리고 특정한 문화를 이상화하는 것을 거부하고 모든 문화를 객관적으로 성찰하게 하며 문화가 가진 일반 은총적인 측면을 그대로 드러나게 한다.

이런 점에서 인류학과 신학은 상호 긴밀한 관련성이 있으며 신학은 인류학을 학문적으로 발전하도록 동기 부여하며 원동력이 되고 또한 학문의 잣대가 된다. 또한 진정한 인류학 연구는 신학의 바탕 위에서 이루어지며 이것은 선교 변혁을 도모할 때 선교학과의 만남을 통해서 신학과 인류학과 선교학이 상호 작용하여 선교와 문화의 상관성 위에서 교회의 선교 사명을 수행하게 된다. 저자의 선교와 문화 연구는 바로 이런 이론의 구조틀 위에서 이루어

---

3) 마빈 메이어스는 신학과 인류학의 상관성을 논하면서 신학에 있어서 창조론이 인류학 연구에 매우 중요한 기준이 된다고 하였다. 즉, 인간이 하나님의 형상으로 지음을 받았으므로 하나님과의 관계를 기준으로 해서 인류학 연구가 시작되어야 한다는 것이다. See Sephen A. Grunlan & Marvin K. Mayers, Cultural Anthropology(Grand Rapids : Zondervan, 1988), pp. 264-265.
4) 히버트는 이런 점에서 선교와 인류학과의 관계를 논하면서 하나님의 주권과 성경의 권위가 인류학 연구에 신학적 기준이 됨을 언급하고 있다. See Paul G. Hiebert, Anthropological Insights for Missionaries(Grand Rapids : Baker, 1985), pp. 16-17.

지며 신학의 바탕은 개혁주의 신학이 전제된다.

인류학의 이론적 전제가 성경 계시를 규범적 원리로서 인정하지 않는다고 할지라도 토마스 쿤이 패러다임의 이론에서 규명했듯이 선재적 패러다임을 내재하고 있다. 예를 들어 진화론이라는 인류학의 한 패러다임은 종교 이해에 영향을 미치며, 이것은 결국 신학적 해석에도 영향을 미침으로써 교회의 선교신학과 방법에도 영향을 미치게 된다. 진화론의 문화 이론을 받아들이고 있는 인류학자는 종교의 발전 과정을 진화론적 입장에서 해석할 것이고, 이것은 신학자들에게도 영향을 미치어 성경을 해석할 때 진화론적 입장으로 해석할 것이고, 이에 영향을 받는 교회는 선교의 목표를 발전주의적 측면에서 계몽주의적 의미로 이해하게 될 것이다.[5]

여기에서 영적 거듭남이나 회심이라는 것은 아무런 의미도 없고 다만 문화인이나 문명인을 만드는 것이 중요한 일이 된다. 이것은 인류학의 이론적 한 패러다임이 결국 신학에도 영향을 미치며 선교학에도 영향을 미치게 된다는 구체적인 사례이다.

이런 관점에서 인류학과 신학의 상관성을 인정하지 않으려 해도 상관성이 있으며 이것은 바른 신학의 바탕 위에서의 인류학 연구를 요청하게 된다.

---

[5] 이러한 패러다임의 이론을 사용하여 진화론적 발전주의 문화 이론이 신학과 선교학에 어떤 영향을 주었는지를 하비 콘이 잘 규명하고 있다. See Harvie M. Conn, Eternal Word and Changing Worlds(Grand Rapids : Zondervan, 1984), pp. 47-85.

III. 인류학의 제 분야

인류학의 연구가 연대기적으로 발전되는 과정에서 영국에서는 크게 세 분야로 나누어져 왔다. 그것은 육체인류학(Physical Anthropology), 고고인류학(Archaeology), 사회인류학(Social Anthropology)이다. 미국에서는 이것을 네 분야로 발전시켰는데 육체인류학, 고고인류학, 문화인류학(Cultural Anthropology), 언어인류학(Linguistic Anthropology)이다.[1]

영국의 사회인류학은 미국의 문화인류학에 해당되는데 영국에서는 문화의 외피로서의 사회 구조를 중요하게 여겼고 미국에서는 사회 구조의 내용인 문화를 중요하게 여겼다. 이들 분야들은 서로 독자적으로 떨어져 있는 것이 아니고 상호 밀접하게 연관되어 있으며 인류학의 한 분야를 전공할지라도 다른 분야에 대한 상당한 지식이 요청된다.

---

[1] Tim Ingold, ed., <u>Companion Encyclopedia of Anthropology</u> (London & New York : Routledge, 1997), pp. xiii–xiv.

저자는 인류학의 제 분야를 소개함에 있어서 사회인류학을 문화인류학과 별도로 구분하여 소개할 것이다. 크게 다섯 가지로 구분하여 이들 분야들을 소개하는데 이들 분야들이 선교학에 어떠한 영향을 주는지를 논할 것이며 특히 문화인류학의 내용을 중심으로 이것을 세분화하여 심리인류학과 도시인류학을 소개할 것이다.

1. 육체인류학

　육체인류학을 연구하는 데 있어서 골상학, 유전학, 화석학, 인간생태학, 지질학 등의 자연 과학적 연구가 응용되는데 이를 통해 인간의 생태학적 발전 과정을 주변 환경과 연관하여 특정 시기의 주거 환경 속에서 어떤 신체적 특징을 지닌 인간이 살아갔는지를 종합적으로 연구하는 학문이다. 육체인류학은 이를 바탕으로 다양한 문화권 속의 여러 인종들의 생활 방식을 규명하며 이것을 통해서 인종의 기원을 추적하려 한다.[2]
　육체인류학은 인종들의 신체적 특징을 생태학적 연구를 통해서 규명함으로 상호 유사한 종족들을 찾아 내며 그를 통해 문화의 특성을 연구한다. 이를 선교적 측면에서 활용할 때 육체인류학의 진

---

2) Ralph L. Beals, Harry Hoijer & Alan R. Beals, <u>An Introduction to Anthropology</u>(New York : Macmillan Publishing Co., 1977), pp. 6-8.

화론적 가설은 받아들이지 않지만 종족들의 유사성과 문화를 규명하는 데 있어서 육체인류학을 사용하여 유사 종족이나 유사 문화권의 특징을 가진 지역에 교회의 선교 자원을 전략적으로 배분하여 이를 통해 선교 효과의 극대화를 추구할 수 있다.

예를 들면 몽고 반점의 동일한 신체적 특징을 가진 몽고족 계열인 종족들을 대상으로 한국 교회가 선교할 때 언어의 유사성이 발견되며 문화에 있어서도 적응하기가 쉬운 유사점을 많이 가지고 있음으로 하여 한국 선교사의 문화 적응과 현지 언어를 익힘이 서구 선교사와 비교가 안 될 정도로 빠르고 선교에 큰 효과를 가져오는 경우이다. 이것은 실제적으로 한국 선교사들의 외몽고 지역 선교에서 나타났으며 서구 선교사들도 이를 인정하고 있다.

아리안 계열의 서남 아시아 종족들은 신체적으로 백인 계열에 속하는데 코카시안 계열의 백인 선교사들이 이들을 대상으로 선교를 할 때 언어와 문화 적응이 비백인 계열의 선교사들보다 훨씬 빠른 것이 입증되고 있다. 인도에는 몽고리안 계열인 종족들이 있는데 이들을 대상으로 한국 선교사가 선교 사역을 수행할 때 더욱 효과적일 수 있다는 기대를 이런 관점에서 가지게 된다.

이렇듯이 육체인류학은 선교 전략적인 측면에서 지혜롭게 교회의 선교 도구로서 사용될 수 있다.

2. 고고인류학

고고인류학은 인류의 문자적 기록이 나타나는 오천 년의 기간을 역사고고학으로 구별하고 문자 기록이 없는 시기는 선사고고학 (Prehistoric Archaeology)으로 구분한다. 역사적 고고학의 연구 방법은 역사학파의 역사 연구 방법과 동일한데 그 시대의 일차 역사 자료들을 중심으로 하여 이차 자료들을 참조하고 이것을 종합적으로 성찰하여 역사고고학자의 해석학적 사고를 통해서 그 시대의 인간의 삶을 복원하는 것이다.

역사적 고고학이 일반 역사학과 차이점이 있는 것은 주로 현장에서의 유물과 유적을 중심으로 연구를 진행시켜 나간다는 점이다. 선사고고학의 연구 방법은 문자 기록이 없기에 주로 현장에서의 유물과 유적을 중심으로 하여 자연과학적인 연구 방법을 사용하여 다른 인류학 분야의 도움을 받으면서 이것을 종합적으로 성찰하여 그 시대의 인간의 삶을 복원하는 일이다.[3] 역사고고학과 선사고고학은 성경 기록의 사실성을 입증하는 데 중요하게 사용되고 있으며 이것은 또한 성경 계시의 의미를 바르게 이해하고 해석하는 데 큰 도움을 주고 있다.

교회가 선교적인 면에서 이를 활용할 때 도움이 되는 상황은, 아시아와 아프리카의 이원론적 세계관과 윤회적 세계관의 지역에

---

3) Ibid., pp. 10–11.

서 역사 의식이 중요하지 않고 신화적 세계관으로서 시간과 공간의 발전적 구분이 없는 사람들에게 성경 계시의 역사적 사실성을 입증하는 데 이를 활용할 수 있으며 이를 통해 하나님의 말씀의 진실성과 실제성을 나타낼 수 있다. 이것은 특히 교육받은 젊은 세대에게 복음을 전하는 데 효과적인 메시지 전달 방법으로 사용할 수 있다.

3. 문화인류학

인간의 삶의 총체적 형태를 문화라고 규정할 때 모든 문화 형태와 유형을 상호 비교하고 분석하여 문화의 특징을 성찰하는 방법으로서 문화 외피인 사회 구조를 하나 하나 분석하는 방법이 있고, 문화의 심층 구조로서 세계관을 연구하며 이 세계관의 영향이 문화의 모든 구조에 어떤 영향을 주는지를 규명하는 방법이 있다. 연구 방법으로 주로 두 가지가 사용되는데, 문헌 자료 조사가 있고 현지에 최소한 일 년 정도 머무르며 현장 조사를 하는 참여적 관찰 방법이 있다. 이런 조사를 통해서 종족의 역사(Ethnohistory)와 종족지(Ethnography)를 만들게 되고 이것은 그 종족의 문화를 이해하고 파악하는 일차적 자료로서 사용된다.[4]

---

4) Stephen Grunlan & Marvin Mayers, <u>Cultural Anthropology</u>, pp. 54-58.

문화인류학에는 인간과 주변 환경과의 상호 작용을 연구하는 생태학적 인류학(Ecological Anthropology)이 있고, 개인과 문화와의 관계성을 규명하는 심리인류학(Psycological Anthropology)이 있으며, 최근에 대두된 인간의 근대적 삶의 환경으로서 도시 문화권 하에서의 인간의 삶을 성찰하는 도시인류학(Urban Anthropology)이 있다.[5]

문화인류학의 분야로서 심리인류학과 도시인류학을 살펴보자.

(1) 심리인류학

심리인류학은 인간의 심리적 요인들이 문화 형성에 어떤 영향을 미쳤는지를 규명하며 또한 주변 환경이 인간 심성을 형성하는 데 어떤 관련성이 있는지를 성찰하여 문화의 기원과 발전 과정을 연구하는 분야이다. 예를 들어 프로이드는 어린 아이들이 성장 과정에서 부모에게 의존하던 의타심이 성인이 된 다음에도 남아 있어서 이것이 신적인 존재를 만들어 삶의 위기 상황에서 신을 의지하는 종교로 발전시켰다고 종교의 기원을 해석한다.[6] 이것은 전형적인 심리인류학이다.

심리인류학은 문화 형성의 주요인을 인간이 생존하는 데 있어서 정서적인 안정감을 누리기 위한 집합적인 삶의 방식으로서 문화의

---

[5] Beals, Hoijer & Beals, op. cit., pp. 9–10.
[6] Sigmund Freud, The Future of an Illusion, W.D. Robson-Scott., trans. (London : Institute of Psychoanalysis, 1928).

기원을 접근한다. 심리인류학의 이런 진화론적 전제는 인간 기원을 발전주의적 측면에서 보는 것으로, 인간의 문화가 고도로 발달되고 인간이 진화의 성숙화의 단계로 접어들면 종교의 필요성은 없어지므로 종교는 자연히 소멸될 것으로 본다. 그러나 오늘날 사회가 발달하고 물질 문명이 고도로 발전하였어도 인간의 심리적 불안감은 여전하며 오히려 유사 종교들이 현대인들에게 더욱 홍기하고 있다.

특정 지역의 문화권 하에서 살고 있는 어느 종족의 동일한 역사적 삶의 경험과 주변의 생존적 환경 여건이 그 종족 공동체에게 어떤 공통적인 심리적 상태를 형성한다는 것은 일종의 민족성으로서 근거가 있으며, 이것은 선교의 대상으로서의 종족의 문화를 이해하며 복음을 효과적으로 전파하는 데 있어서 큰 도움이 된다.

(2) 도시인류학

현대 인류학에 있어서 세계적인 도시화 현상은 인간의 삶의 현장으로서 독특한 도시 문화의 형성을 인식하게 만들었으며, 이것은 도시 문화권 하에서의 인간의 삶의 방식과 그 특징을 연구하도록 하는 촉진제가 되었다. 도시인류학은 도시 구조의 특징을 분석하고 도시 유형에 따른 사람들의 삶의 형태와 제 심리적 요소들을 연구하여 도시 문화와 도시 안에서의 종교적 양상이 어떻게 나타나고 있는지를 규명한다.

도시인류학을 연구하는 두 가지의 주요 방법이 있는데, 도시학

(Urbanology)과 독일에서 시작된 도시에 대한 일종의 세계관 이론인 게스탈트(Gestalt)에 의해서 연구하는 것이다.[7] 도시학은 생태학적 측면에서 도시의 형성 과정과 주변 환경과의 관계 그리고 그곳에 거주하는 사람들의 삶의 양상들을 종합적으로 연구하는 것으로, 주로 구조 이론에 의해서 연구한다. 독일에서 비롯된 게스탈트 이론은 도시 구조 가운데 심층 구조로서 일종의 사람들의 집합적인 가치관인 세계관(Mind Set)이 존재하고 있으며, 이것은 도시의 모든 하위 제도나 기구 등에 영향을 미치고 있다는 것이다.

게스탈트 이론은 도시가 단순한 콘크리트 더미의 기계적인 집합체가 아니라 그 속에 살고 있는 사람들의 가치관의 표출이며, 삶의 욕구 충족이 이루어지는 장소라는 것을 잘 나타내고 있다. 이런 게스탈트 이론의 연장선 위에서 도시심리학이 연구되어지기도 하는데 이것은 도시의 가치관에 만족을 하지 못하고 이탈 현상이 심화되어질 때 도시 병리 현상이 일어나므로, 도시인들의 정서와 삶의 만족도를 측정하고 도시를 보다 쾌적한 환경으로 만들어 보려는 시도로서 연구되어진다.

이러한 도시인류학의 학문으로서의 연구 목적은 인본주의적인 삶의 발전적인 변혁을 추구하지만, 선교학에 있어서는 하나님 나라의 변혁 대상으로서 도시를 이해하는 데 주요 도구가 된다. 이

---

[7] 생태학적 측면의 도시학 연구와 일종의 세계관 이론으로서 도시를 연구하는 학자들로서는 로버트 팍, 존 팔렌, 기드온 조버그 등이 있다. See Robert E. Park, The City(Chicago : Chicago University Press, 1925), John Palen, The Urban World(New York : McGraw-Hill Book Co., 1981), Gideon Sjoberg, "The Rise and Fall of Cities : A Theoretical Perspective" in Urbanism and Urbanization, Neis Anderson, ed. (Leiden : Brill, 1964).

런 관점에서 현재 2000년도의 도시화의 세계 비율이 55%를 넘어가는 시점에서 도시 복음화는 세계 복음화의 첨경이 되므로, 도시인류학의 연구 결과들을 지혜롭게 활용하여 도시를 복음화하는 데 적극 활용해야 한다.

도시인류학은 도시의 형성 과정과 도시 속에 살고 있는 사람들의 삶의 방식을 이해하게 만들고, 그들의 가치관이 무엇이며 심리적인 양상은 어떤 식으로 표출되는지를 잘 나타내고 있다. 또한 도시의 크기와 도시 유형에 따라 그 속에 살고 있는 사람들의 삶의 방식이 어떤 식으로 나타나고 있는지를 연구함으로써 도시 선교에 있어서 도시를 이해하는 데 필수적인 통찰력을 제공하고, 도시 안에서의 효과적인 복음 전달의 방법과 전략을 수립하는 데 큰 도움을 주고 있다.

4. 사회인류학

인간 삶의 가장 근원적인 형태를 집합적인 사회 공동체적 삶이라 보고 사회 구조의 유형, 특징, 기능과 그에 따른 인간 삶의 방식을 연구하는 학문이다. 사회의 가장 기본 단위를 가정으로 보고 그 가정을 중심으로 양가의 인척과 친척의 유형과 호칭 문제를 살핀다. 그리고 사회 구조에 있어서 각 하위 조직의 형성 과정과 그 속의 구성원들의 역할과 지위, 관계성 등을 규명함으로써 사회의 역동성을 살피고, 사회 변화를 예측하며, 그 변화 요인을 살피고, 사회 속에서의 인간 삶을 총체적으로 연구하는 학문이다.[8]

사회인류학은 진화론에 근거한 발전주의 이론의 전제를 가지고 있는데, 시조는 에마일 두르크하임이며 신학자로는 독일의 종교사 학파의 한 사람인 에른스트 트뢸취에게 영향을 주었다. 두르크하임이나 트뢸취는, 사회 공동체의 질서를 유지하고 공동체의 안녕과 복리를 증진시키기 위한 목적으로 일종의 금기 사항인 사회 규범이 초기 형태로 토템이나 터부로 나타났는데, 이것이 사회가 발전함에 따라서 법리적인 체계로 나타났음을 주장하고 있다.[9]

이들은 종교의 기원을 이렇듯이 사회 공동체의 생존과 가치관의 유지를 위한 사회 규범을 종교적인 상징으로 표현한 것으로 보고, 사회가 고도로 발전하면 이런 유아기적 상태에서의 종교는 사라지고 결국 인간의 지성과 윤리성에 근거한 자율적인 인간의 삶이 이루어지게 됨으로써 궁극적으로 종교는 소멸될 것이라고 하였다.[10] 그러나 오늘날 현대 사회에 있어서 종교는 소멸되기는커녕 사상 유례 없는 종교의 흥왕기를 맞이하고 있고, 유사 종교가 성행하며 종교간의 차이로 인한 갈등이 도화선이 되어서 종교 전쟁 격인 국지전이 여기 저기서 터져나오고 있다.

프로이드는 사회진화론의 입장에서 네 가지의 사회 발전 과정을

---

8) Ingold, op. cit., pp. 737-755.
9) Emile Durkheim, The Elementary Forms of the Religious Life, J. W. Swain, trans. (London : Allen & Unwin, 1915), p. 8.
10) Emile Durkheim, The Rules of Sociological Method (New York : Free Press, 1938), pp. xxxviii-xxxix.

논하고 있는데, 성별이나 나이에 의거해 지도력이 자연적으로 구분되는 평등 사회(Egalitarian Society)와 족장을 중심으로 한 직급 사회(Ranked Society) 그리고 세분화된 직급에 의거해 많은 계층이 나누어지는 계층 사회(Stratified Society)와 그것이 더욱 발전된 형태로서 전문화된 제도와 기구를 가진 국가 사회(State Society)로 나누어진다는 것이다.[11]

이렇듯이 진화론적 가설 위에서 일종의 발전주의 형태로서 사회 인류학은 연구되어지는데, 이것은 이 이론의 몇 가지 핵심적인 전제가 실제로 입증이 되지 못함으로 이론으로서의 한계를 이미 나타내고 있다.

선교학에서는 사회인류학의 진화론적 가설을 받아들이지 않는다. 다만 사회의 가장 기본 단위로서의 가정의 유형과 그에 따른 인척과 친척의 개념과 사회 구성원들의 지위와 그에 따른 역할과 기능에 대한 연구 결과들을 활용하여 복음 전달의 방법과 전략을 강구하고, 궁극적으로 복음 선교로 말미암아 하나님 나라의 총체적인 변화가 사회 변화로서 나타나도록 최선을 다하게 된다. 여기에 사회인류학의 선교적인 면의 활용도가 있다.

---

11) Ingold, op. cit., pp. 947-949.

5. 언어인류학

　문화의 전달 매체로서 언어가 중시되는데 언어는 문화의 거울이요 가치관의 전달 매체이다. 따라서 언어의 형성 과정을 살피고 언어가 사회 구성원들에게 어떤 식으로 사용되고 있는지를 연구하며 다양한 문화권 속에서 언어가 상호 어떤 유사점과 상이점을 가지고 있는지를 종합적으로 연구한다.
　언어인류학의 연구 방법은 크게 세 가지로 나누어지고 있는데, 언어의 형성 과정과 그 유사성과 차이점을 상호 비교함으로 규명하는 역사언어학이 있고, 현재의 인간 삶의 현장에서 사용되고 있는 언어를 객관적으로 그 음운, 음성, 문법 체계, 억양, 기능, 의미성 등을 규명하는 기술언어학이 있고, 언어가 사회 구성원들에게 지위나 역할에 따라 어떻게 사용되고 있는지를 규명하는 사회언어학이 있다.[12]
　선교학에 있어서 이 세 가지 연구 방법은 모두가 요긴하게 사용되고 있다. 역사언어학은 선교 전략적인 측면에서 우랄 알타이어권에 속한 한국어와 비슷한 언어들을 찾아서 언어의 유사성과 상이점을 찾아 내고, 그에 따른 문화 가치관이 어떻게 형성되고 있는지를 살핀다. 이를 통해서 유사한 언어권과 문화권에 선교 자원

---

12) cf. Beals, Hoijer & Beals, op. cit., pp. 11-12, 한상복·이문웅·김광억, op. cit., pp. 329-332.

을 전략적으로 배분하면 선교 현장 적응이 빠르게 이루어짐으로 선교 효과의 극대화를 도모할 수 있다.

예를 들어서 만주 퉁구스 계열과 몽고족의 언어와 북방 유목 민족 출신인 투르크족의 언어를 연구하면 한국어와의 많은 유사점과 그에 따른 문화 가치관의 유사점들을 찾게 되는데, 실제로 이들 지역에서의 한국 선교사들의 문화 적응과 언어 익힘이 서구의 선교사들보다 훨씬 빠르게 이루어지고 있다. 투르크족의 지역 분포는 구 소련의 중앙 아시아와 중국의 서남 지역 그리고 터어키가 있는데, 인구 수효로는 1억에 가까우며 가장 대표적인 미전도 종족 중 하나로서 그 선교의 시급성이 요청되고 있다.

역사언어학은 이들 언어권에 대한 한국 교회의 선교 사명의 책임성을 나타내고 있다.

기술언어학은 언어는 있고 문자가 없는 지역의 종족들 가운데서 언어를 문어체로 만들어서 선교의 가장 기본 단계인 성경 번역을 수행하도록 실제적인 기술적 도움을 주며, 선교사로 하여금 현지 언어를 빠르게 익히고 복음을 혼잡되게 하는 것 없이 온전히 전달하도록 하는 데 도움을 준다.

사회언어학은 선교사로 하여금 사회 구성원의 지위나 역할에 따라 언어가 어떻게 사용되고 있는지를 파악케 함으로써 사회 구성원에 대한 적절한 언어 표현을 하게 하고, 선교를 통한 문화 변혁은 언어에도 영향을 미쳐서 궁극적으로 전반적인 사회 변혁을 언어적인 면에서도 일으킨다는 사실을 인식하도록 하는 데 통찰력을 준다.

Ⅳ. 문화의 다섯 가지 이론 전제들

　지금까지 인류학의 다섯 분야를 살펴보았다. 이들 중에 이미 총 제목이 나타내고 있듯이 선교의 대상으로서 문화에 그 초점이 맞추어져 있는데, 이런 측면에서 문화인류학의 연구 방법과 제 이론들이 선교학과 신학의 바탕 위에서 성찰되어질 것이다. 먼저 문화의 이론적 전제의 차이점에 따라 이것이 문화인류학의 제 분야들을 연구하는 데 있어서도 큰 차이점을 나타내고 있고, 따라서 선교학과 신학에도 영향을 미치고 있다.

　문화의 다섯 가지 이론적 전제들은 역사적 연구의 산물로서 연대기적 순서로 이루어져 있는데, 오늘날 이것이 시대적 순서대로 그 영향력이 약화되어 있지만 모두 함께 문화인류학에 공존하여 나타나고 있다.[1] 이들 이론적 전제들은 연대기적 순서대로 성찰할 것인데, 이것을 통해 문화 변혁에 있어서 바람직한 선교학적 모델

---

1) 연대기적 순서로서 인류학의 문화 이론들을 연구하는 대표적인 학자로서 마빈 해리스가 있는데 저자는 이 분의 연구틀을 사용한다. See Marvin Harris, <u>The Rise of Anthropological Theory</u>(New York : Harper & Row, 1968).

이 무엇인가를 규명하는 데 사용할 것이다.

1. 문화진화론(Cultural Evolutionism)

　문화진화론의 입장은 다윈의 '종의 기원'과 '인간의 출생'에서 취급된 생태학적 발전 이론에서 비롯된다. 다윈에 의하면 "모든 살아 있는 생명체들은 자연에 순응하여 생존하는 치열한 생존 과정을 겪고 있으며 열성은 도태되고 우성은 더욱 발전되어 이것은 중단되지 않고 보다 발전적으로 나아간다"고 한다.[2] 여기서 그의 유명한 적자 생존의 이론이 나오고 진화론적 발전주의 이론이 나오게 되었다.
　이러한 다윈의 이론은 인구학의 시조인 맬더스에게도 영향을 주어서 인구의 증감은 인위적으로 조정하지 않아도 자연 상황에서 스스로를 조절하는 기능이 자체 내에 있으므로 항상 이상적인 인구 수효를 유지한다는 이론이 나오게 되었다.[3] 언어학에 있어서는 막스 뮐러에게 영향을 주었는데, 뮐러는 사회의 발전 과정에 따라서 언어도 진화되어 발전된다고 하였으며, 사회의 구성 형태에 따

---

2) Charles Darwin, <u>Origin of Species</u> (New York : New American Library, 1958), p. 86.
3) T. R. Malthus, <u>An Essay on the Principles of Population</u> (London, 1949), p. 35.

라서 언어의 미개성과 고등성이 구별된다고 하였다.[4]

종교학에 있어서는 에드워드 타일러와 제임스 프레이저 그리고 루시엔 레비 브룰에게 영향을 주었다. 타일러는 진화론적 발전주의 입장에서 종교의 기원을 가장 초기 형태의 정령(Anima)에서 다신교와 최고의 신의 개념과 유일신교로 발전이 되었다고 하였다.[5] 프레이저는 종교의 기원을 자연 재해를 극복하기 위한 초기의 마술 형태에서 다신교와 유일신교로 발전이 되었다고 하였고[6], 레비 브룰은 초기의 종교 형태를 원시인의 사고 방식(Primitive Mentality)으로 규정하고 인간 삶의 진화론적 발전 과정에 따라서 고등 종교로 발전되었다고 하였다.[7]

신학에 있어서는 독일의 종교사학파로 불려지는 튀빙겐학파의 신학자들에게 영향을 미쳤다. 여기에서 대표적인 신학자들로 양식 비평학의 시조가 되는 줄리우스 벨하우젠과 헤르만 궁켈 그리고 에른스트 트뢸취가 있다.

벨하우젠은 진화론의 이론에 따라서 구약 성경을 연구하였는데 가장 초기의 종교 형태를 다신교적이라고 보고 이것을 성경에서 찾아 내어 구분하였으며, 이것이 후에 유일신교로 발전되었고 요시아 왕 시대에 법령적 형태인 율법 체제로 정착되었으며 가장 최종 형태는 정교한 성직자 제도로서 이스라엘의 종교가 정립되었다

---

4) F. Max Müller, The Science of Language, vol. 1(New York : AMS, 1978), p. 72.
5) Edward B. Tylor, Primitive Culture(New York:Torchbooks, 1958), p. 334.
6) James G. Frazer, The Golden Bough(New York:MacMillian, 1958), p. 826.
7) Lucien Lvy-Bruhl, Primitive Christianity(New York : Macmillian, 1928), pp. 344-345.

고 하였다. 바로 이런 이론에 의하여 구약 성경을 그 양식에 의거해 구분하였는데 J, E, D, P 문서로 나누었다.[8]

궁켈은 벨하우젠과 다르게 구약 성경에 있어서 가장 초기의 종교 형태를 신화적인 세계관에 의거한 마술적인 행위로 보고 이것을 특히 구전 전통에서 추적하였으며, 구약 성경을 당시의 메소포타미아, 이집트, 히타이트 종교의 신화적 세계관의 반영으로 보고, 이것이 이스라엘 사회의 발전 형태에 따라서 보다 진보적인 종교 형태로 발전되었다고 하였다.[9]

이러한 문화진화론의 입장은 공통적으로 다윈의 결론에 귀착되게 되는데, 그것은 보다 발전된 종들(Species)만이 생존할 수 있으며 열등하고 후천적인 것들은 도태되거나 소멸해야 할 운명에 처해 있다는 것이다. 이런 관점에서 에른스트 트뢸취는 고도로 발전된 문화 사회에서는 인간의 지성이나 윤리성이 종교를 대치하기에 종교는 결국 소멸된 운명에 처해 있다고 하였다.[10]

벨하우젠이나 궁켈의 진화론적 발전주의도 트뢸취나 두르크하임의 결론과 동일하게 종교진화론의 궁극적인 목표는 인본주의가 종교를 대치하는 인간주의의 극치인 이상적 시대를 제시하기에 이른다. 그러나 이 이론은 오늘날 문화인류학에서 검증되지 못한 낡은 이론으로 남아 있다.

---

8) 해리슨은 벨하우젠의 원문을 인용하면서 진화론에 영향을 받은 벨하우젠의 이론을 소개하고 있다. See Roland Kenneth Harrison, <u>Introduction to the Old Testament</u>(Grand Rapids : Eerdmans, 1969), pp. 19-24.
9) Ibid., pp. 35-38.
10) Benjamin A. Reist, <u>Toward a Theology of Involvement : The Thought of Ernst Troeltsch</u>(Philadelphia : Westminster, 1966), pp. 174-197.

인간의 지력이 발전하고 사회가 고도로 정교하게 개발되었음에도 불구하고 인간의 종교적 욕구는 물질적인 발전과 비례해서 더욱 요구되고 있으며, 이것은 오늘날 현대인들 가운데서 대중 종교나 유사 종교의 발흥으로 나타나고 있다. 또한 사회의 발전은 인간의 윤리성이나 덕성을 이상적으로 개발시키기보다 오히려 더욱 심각하게 인류 공동체의 생존을 위협할 정도로 나라들간의 군비 경쟁과 살상력이 높은 무기 개발과 자연 생태계의 파괴와 인간성의 상실 등으로 나타나곤 한다.

문화진화론과는 종교의 기원에 있어서 다른 입장을 취하지만 진화론의 연장으로서 발전주의의 일종인 확산주의(Diffusionism)가 있다. 이것은 유신론적 진화론으로 불려지기도 한다. 여기에 대표적인 신학자로서는 빌헬름 쉬미트가 있다. 쉬미트는 유일신교의 형태가 가장 초기의 종교 형태가 된다는 사실을 학문적으로 입증하였고, 이것이 특정한 문화 중심지로부터 시작해서 주변 문화로 확산되는 과정에서, 중심지에서 멀어질수록 다신교나 마술적인 형태의 종교를 섬긴다는 이론을 주장하였다.[11]

이러한 빌헬름 쉬미트의 확산주의에는 가장 진보적인 종교 발전을 이룩한 문화 중심지(Kulturkreise)가 있는데, 이것이 그 특정 지역을 중심으로 주변 지역으로 확산되어 나간다는 이론이다. 이 이론은 문화인류학에서 영국과 미국의 학자들을 중심으로 일반 문화 이론으로 발전되었는데, 그 요지는 문화의 중심 지역이 있고 문

---

11) Wilhelm Schmidt, <u>High Gods in North America</u>(Oxford : Clarendon Press, 1933).

화는 이 중심 지역에서 확산되어 발전되어 나간다는 이론이다. 이것의 대표적인 학자들로는 스미스와 크로버가 있다.[12]

오늘날 문화인류학에 있어서 생태학적 발전을 주장하는 순수한 진화론보다 쉬미트의 확산주의가 학문적으로 더욱 설득력이 있는 것으로 나타나고 있다.

2. 문화결정주의(Cultural Determinism)

문화결정주의는 문화에 대해서 정의하기를 "문화란 지정학적인 특성과 또한 그 속에 살고 있는 인간 공동체의 독특한 삶의 경험이 보다 유용하고 발전적인 삶의 정황을 형성하는 것으로 민족적 특성을 나타낸다"고 한다. 이 이론의 시발자로는 마가렛 미드가 있고 루스 베네딕트와 지오프리 고어 등이 있다.

미드는 프로이드의 생태학적 심리 형성을 그대로 받아들여 남태평양의 사모아 섬과 뉴기니아의 성인식을 연구하는 가운데, 혹독한 성인식의 과정을 거친 남태평양의 아이들은 사춘기의 신체적·정서적 혼란을 별로 겪지 않고 사춘기를 보내지만 동년배의 미국 아이들은 심각한 사춘기의 혼란을 겪는다고 하였다. 또한 이것이 영향을 미쳐서 남태평양의 청소년들은 성인이 된 이후에 사회 체

---

12) G. E. Smith, <u>The Diffusion of Culture</u>(London : Watts, 1933).

제에 순응하고 낙천적인 삶을 살아가지만, 미국의 청소년들은 성인이 된 후에 자아 의식이 강하고 독립적이며 진취적인 삶을 살아가게 된다고 한다.[13]

베네딕트와 고어에 따르면 일본 사람들의 민족성을 연구하는 가운데 어린 시절에 부모로부터 화장실을 깨끗이 하는 훈련을 혹독히 받아 온 일본인들은 성인이 된 이후에 모든 일에 질서 정연하고 항상 청결을 유지해야 하는 의식을 가지고 살아간다고 한다.[14] 고어는 이것이 강박 관념이 되어 병적으로 나타날 때 잔인한 성격으로 나타난다고 하였다.[15]

이렇듯이 이 이론은 문화의 행동 양식이 그 문화 속에 있는 사람들의 정서를 형성하고 이것은 종합적으로 일종의 민족성을 형성하게 된다는 이론이다. 이러한 문화의 행동 양식은 그 문화가 형성된 지정학적인 환경에 영향을 받음으로 생기는 것으로 일시적인 교정을 통해 수정하기가 거의 불가능함을 나타낸다. 이것은 그대로 행동심리학의 이론과 같은 결론에 귀착하게 된다.

여기서 문제가 되는 것은 좋은 지리적인 환경과 발달된 문화의 행동 양식은 그보다 훨씬 못한 환경과 행동 양식을 가진 문화권의 사람들보다 뛰어난 문화를 가지게 된다는 결론이다. 이것은 문화

---

13) Margaret Mead, "Cultural Determinants of Behavior" in Behavior and Evolution, G.G. Simpson, ed. (New york : Yale University Press, 1958), pp. 480−503.
14) Ruth Benedict, The Chrysanthemum and the Sword (Boston : Houghton Mifflin, 1946), p. 259.
15) G. Gorer, "Themes in Japanese Culture" in Transactions of the New York Academy of Sciences, Series Ⅱ, vol. 5, pp. 106−124.

간에 우열을 가리게 되며 따라서 종족 차별과 인종간의 갈등을 유발할 수 있게 된다.

극단적인 실례는 과거에 일본 군국주의가 한반도를 식민지화할 때 이를 정당화하기 위해 내놓은 반도인의 민족성 이론이다. 주변이 강대국에 둘러싸여 있고 대륙으로의 진출이 막혀 있는 한반도는 항상 강대국에 의존해야만 생존할 수 있었다는 이론이다. 이를 통해 새로운 강대국으로 등장한 일본과의 합병은 한반도의 역사에 있어서 당연한 귀결이라는 것이다.

이 이론에 있어 장점은 민족성의 근거를 입증하고 그것이 문화의 행동 양식과 밀접한 연관성이 있음을 규명한 일이다. 그러나 문화의 행동 양식을 통해 형성된 민족성이 거의 교정 불가능하다는 행동심리학적 전제와, 좋은 지리적 환경과 발달된 행동 양식은 우월한 문화를 형성하므로 문화간에 우열이 있으며 종족간에도 우수성에 차이가 있다는 결론은 인종 차별과 종족간에 분쟁을 일으킬 위험성이 있고 선교 무용론을 주장할 가능성이 있다.

오늘날 고도로 발달된 통신 매체와 미디어의 영향은 문화의 국제화와 급속한 문화 변혁을 일으키게 한다. 문화결정주의 이론은 문화가 정적이라는 전제를 가지고 있는데, 나타난 결과는 문화는 결코 정적이 아니며 변혁의 속도가 빠르고 서로 교차 지향적이며 신축성이 뛰어나다는 것이다.

선교무용론을 주장하는 문화결정론은, 선교 역사를 통해 기존의 문화가 성경적 가치관의 변혁을 일으켜서 더욱 세련되고 우아하고 아름다운 문화로 바뀌어지고 문화의 생존 능력이 훨씬 높아진 수많은 사례들 앞에서, 그 효용성을 상실케 된다. 문화결정론의 민족성 이론은 문화의 행동 양식이 그 문화 속에 살고 있는 사람들에게 정서적인 영향을 미치고 그것은 일종의 민족성을 형성케 된다는 것인데, 이것은 선교학적 측면에서 유용한 통찰력을 준다.

문화의 행동 양식이 사람들의 정서를 형성시킨다는 이론은 복음 선교의 대상이 되는 사람들을 정확히 이해하도록 하는 데 도움이 되며, 그로 인해 적절한 말씀 선포를 가능하게 한다. 또한 문화의 행동 양식이 복음을 통해서 성경적 가치관의 변혁을 일으킬 때 이것은 전 종족의 민족성을 변화시키는 심원한 성경적 가치관의 변혁으로 나타날 수 있다는 가능성의 확신을 준다.

3. 문화기능주의

이 이론은 문화의 중립적인 특징을 강조하고, 문화는 그 속에 살고 있는 사람들의 생존을 위한 필요 충분적 역할을 한다는 전제 위에서 문화를 주로 기능적인 측면에서 연구한다. 이 이론의 대표적인 학자들이 영국인이기에 프랑스의 구조주의 학자들과 구분하여 영국학파로 부르기도 한다. 대표적 학자로 말리노프스키가 있는데, 그는 인간의 생존을 위한 문화 형성에 있어서 일곱 가지의 기본적 욕구가 있다고 한다. 그는 이것을 생태학적 욕구, 정서적 안정감과 보호, 사회적 공동체의 필요성과 의사 전달, 그리고 개인에게 있어서 심미적인 성장과 성취 의욕, 권력 욕구 등으로 구

분한다.[16]

　말리노프스키에 있어서 문화란 전체 사회 구성원들을 위한 인간의 기본적인 욕구 충족의 장소이며, 이것은 그 문화 속에 살고 있는 사람들에게 최적의 삶의 조건이 된다. 그는 동쪽 뉴기니아 군도의 원주민들에게서 행해지는 쿨라(Kula)라는 의례적인 물물 교환 행위를 이런 기능주의 측면에서 그 의미를 규명하였다. 원주민들은 카누를 타고 주변의 섬들을 방문하여 조개 목걸이와 팔찌를 의례적으로 서로 선물한다. 이 행위는 규례가 있어서 목걸이는 시계 방향으로 선사되고 팔찌는 그 반대 방향으로 돌려진다.

　그는 이런 의례적 행위의 배후 의미를 기능적으로 규명하는데, 목걸이와 팔찌의 교환은 각기 대상자가 결정되어 있고 그것은 주로 지도층에서 이루어지며, 교환 이후에 서로간의 농산물들의 교환이 자연스럽게 이루어짐으로써 상거래 행위가 성립되고, 이것은 그들의 생존에 필수적인 요소가 되는 것이다.

　지도층에게서 먼저 이루어지는 교환 행위는 선물로서의 특권적 차원이므로 사회적인 안녕과 질서를 유지하는 중요한 메커니즘이고, 이것을 토대로 일반 백성들의 정상적인 상거래가 보장된다. 또한 섬을 항해하기 위해서 카누를 만드는 것은 생존을 위한 중요 기술과 경험을 축적하는 일이며, 항해를 위해 일종의 주술적인 종교 행위가 이루어지는 것은 그들 사회 공동체의 정서적 안정감과 보호를 유지하기 위한 메커니즘이 되는 것이다.[17]

---

16) B. Malinowski, "The Group and the Individual in Functional Analysis" in <u>American Journal of Sociology, 44,</u> pp. 938-964.

이렇듯이 말리노프스키에게 있어서 문화권 속에서 이루어지는 행위는 기능적인 측면에서 의미가 있으며, 이것은 그 문화권 속에 있는 사람들에게 생존을 위한 필요 충분적 조건이 된다.

또 다른 기능주의 학자로서 래드클리프 브라운이 있다. 그는 말리노프스키와 다르게 집합적인 사회 구조에 있어서 각 하위 제도 속에서 구성원들이 사회의 안녕과 질서를 유지시키는 방향에서 개인의 욕구를 충족시킴을 주장한다. 이것은 사회 제도와 개인의 욕구 충족의 기능의 상관성을 논한 것으로, 일종의 사회학적 기능주의라고 할 수 있다.[18]

예를 들어 부계 사회 구조를 가진 문화권 하에서 아들은 아버지로부터 상속을 받아야 할 위치에서 아버지에 대해서 존경을 표시하고 아버지를 어렵게 느끼게 되는데, 이것이 일종의 회피의 규칙(Rule of Avoidance)으로 작용한다는 것이다. 그러나 외삼촌과 조카 사이에는 서로 자연스럽게 농담을 주고받을 수 있는 사이가 형성된다는 것이다(Joking Relationship).[19] 이렇듯이 사회 구조가 구성원간에 관계성을 설정하고 각자의 역할과 기능에 영향을 미친다는 이론이다.

래드클리프 브라운은 말리노프스키보다 더욱 사회 구조의 결속을 강조하며 이 측면에서 개인의 욕구 충족을 조절하므로, 그를 가

---

17) B. Malinowski, "Kula : The Circulating Exchanges of Valuables in the Archipelagos of Eastern New Guinea" in Man, 20, pp. 97–105
18) A. R. Radcliff-Brown, "Functionalism : A Protest" in American Anthropologist, 51, pp. 320–323.
19) A. R. Radcliffe-Brown, "The Mothers Brother in South Africa" in South African Journal of Science, 21, pp. 542–555.

리켜서 기능주의와 구조주의의 중간 입장에 서 있는 기능·구조주의자라고 부르기도 한다.

　문화기능주의 이론은 문화의 역할이 그 문화 속에 살고 있는 사람들에게 어느 정도 최적의 삶의 조건을 산출한다는 전제를 내포하고 있다. 따라서 문화에 대해서 낙관적이며 토착 문화의 중요성을 강조하고 문화의 상대적 가치를 주장함으로써 다원적 문화의 길을 열어 놓는다.

　일반적으로 문화인류학자들은 기능·구조주의의 입장을 가지고 문화의 상대적 가치 및 각 문화의 효용성을 주장하면서 선교 무용론을 피력하고 선교를 통한 문화 변혁에 부정적이다. 선교학자로서 유진 나이다, 루이스 루즈베택, 찰스 크라프트 그리고 마빈 메이어스 등이 문화를 기능·구조주의 측면에서 보며 선교인류학을 연구하고 있다.[20] 이들의 공통된 특징은 문화를 기능·구조주의 측면으로 접근하기에 문화에 대해서 낙관적이며, 문화를 중립적으로 보고 문화 속에서의 선교 변혁을 크라프트처럼 종족신학(Ethnotheology)의 관점으로 접근한다.[21]

　이들의 문화에 대한 낙관성은 신학적 전제를 가지고 있는데, 그

---

20) See Eugine Nida, <u>Customs and Culture : Anthropology for Christian Mission</u>(New York : Harper and Brothers, 1954), Louis J. Luzbetak, <u>The Church and Cultures</u>(Maryknoll : Orbis, 1993), Charles Kraft, <u>Christianity in Culture</u>(Maryknoll : Orbis, 1984), Stephen A. Grunlan and Marvin K. Mayers, <u>Cultural Anthropology : A Christian Perspective</u>(GrandRapids : Zondervan, 1988).
21) 나이다는 이런 관점에서 성경적 문화상대주의(Biblical Cultural Relativity)의 신학을 주장하고 루즈베택은 선교 적용화(Missionary Accommodation)의 신학을 제시한다. See Nida, op. cit., pp. 48-52, Luzbetak, op. cit., pp. 67-69.

것은 문화가 하나님께로부터 기원되었다는 것과, 하나님의 구속 계시가 문화를 계시 도구로 사용하신 것과, 성경은 어느 특정 문화를 옹호하고 있지 않다는 점과, 문화는 사용자에 따라 달라지기에 중립적 특징을 가지고 있다는 것이다.

그러나 이 이론에 있어서 치명적인 결함은 문화를 중립적으로 본다는 점이다. 문화는 인간이 범죄한 이후에 인간의 죄성과 죄책에 굴복되어지고 따라서 하나님께 반역하는 특성을 소유하고 있다. 물론 문화에 대한 하나님의 은총적인 면이 있다. 이것은 하나님의 일반 은총 혹은 보통 은총의 영역 속에서 그 기능을 발휘하게 되어 있다. 그러나 보통 은총은 죄를 억제하고 인간의 존엄성을 유지하게 하며 하나님이 주신 창조 명령을 수행하도록 역사하지만 죄의 문제를 해결할 수 없으며, 더욱이 죄악 행위의 배후에서 역사하는 사탄의 활동을 제어할 수 없다.[22]

이런 점에서 보통 은총은 그 한계성이 분명히 있으며, 하나님의 구원 역사에 있어서는 접촉점이나 예비적 토대로 사용될 수 있을지 모르지만 구원과는 직접적인 상관이 없는 것이다. 따라서 문화에 대해 낙관적인 생각을 가지고 문화의 형태를 그대로 사용하여 성경적 의미를 전달하려는 것은 그 자체가 치명적인 결함을 안고 있으며 항상 혼합화의 위험성이 상주해 있다.

---

22) 아브라함 카이퍼는 보통 은총 속에 죄와 사탄의 역사가 있는 것을 철학적인 표현으로 반정립(Antithesis)의 기능으로 정의하고, 헨리 반틸은 이중 장애(Bipolar Obstacles)로 정의한다. See Abraham Kuyper, Lectures on Calvinism(Grand Rapids : Baker, 1983), p.124, Henry R. Van Til, The Calvinistic Concept of Culture(Grand Rapids : Baker, 1959), pp. 182-183.

4. 문화구조주의

　문화구조주의는 구조적인 측면에서 문화 기능을 연구한 래드클리프 브라운에게서 이미 나타났지만, 프랑스의 레비 스트로스에게서 비롯되었고 따라서 프랑스학파의 이론으로 불려지기도 한다.
　레비 스트로스는 문화 속에 기본적인 규칙들과 상호 결속적인 원리들이 있으므로 문화 속의 모든 것을 통합하는 구조적인 특성이 있음을 주장한다.[23] 이러한 그의 이론은 집합적인 사회 공동체 의식을 중요하게 여기며 이것이 문화의 모든 하위 구조 속에 반영이 되어서 문화의 기능과 역할을 조정한다는 것이다.
　스트로스에 의하면 집합적인 사회 공동체 의식은 개인에게서 비롯되며, 종교적인 특성을 가진 것으로 금지와 허용의 규범성을 가지고 있고, 초기에는 종교적 토템으로 나타난다고 한다.[24]
　그의 이론은 사회 구조 속의 인간 관계나 경제 원리에도 반영되며 또한 언어의 기능에도 나타나는 총체적인 특징을 가지고 있다. 인간 관계에 있어서는 부계 사회나 모계 사회의 사회 구조에 따라서 친숙한 인간 관계와 회피의 인간 관계가 결정이 되며, 경제 원

---

23) Levi-Strauss, "French Sociology" in Twentieth Century Sociology, G. Gurvitch and W. Moors, eds. (New York : Philosophical Library, 1945), pp. 524-525.
24) Levi-Strauss, Structural Anthropology (New York : Basic Books, 1963), pp. 47-48.

리에 있어서는 보상의 원리가 작용하여 경제 구조를 형성한다고 한다. 언어에 있어서는 유사어와 동의어가 반의어와 상호 대조가 됨으로써 인간의 집합적인 공동체 의식이 언어 구조에도 나타나고 있다는 것이다. 이러한 스트로스의 구조주의는, 동양의 고전적 세계관에 있어서 만물을 이원론적으로 접근하는 가운데 균형성과 조화를 추구하는 구조와 거의 동일하다.

구조주의는 신학에 있어서도 영향을 미쳤는데, 특히 성경해석학에 영향을 미쳤다. 성경 단어와 관용구적인 표현의 의미를 찾아 내는 데 있어서 그 시대에 사용된 용도로서의 의미를 탐색하며 이것은 구조주의 측면에서 연구되어지고 있다.[25]

그런데 구조적인 접근이 성경의 통일성을 파괴하고 상대주의를 조장할 때 성경의 권위는 도전을 받고 잘못된 용도로서 사용되기도 한다. 이런 점을 경계하며 오히려 구조적인 성경 연구가 성경의 계시 의미를 바르게 규명하는 거룩한 도구로서 올바르게 사용이 되어야 할 것이다.[26]

문화구조주의 이론은 근대에 문화상징주의의 이론이 나오는 배경이 된다. 구조주의 이론은 기능주의와 함께 받아들여지는 이론

---

[25] 구조주의 이론을 성경해석학에 도입한 대표적인 학자로 앤토니 시셀톤이 있고 르네 키퍼, 존 서여 등이 있다. See "Semantics and New Testament Interpretation" in <u>New Testament Interpretation</u>, I. Howard Marshall, ed. (Grand Rapids : Eerdmans, 1987), pp. 75-78.

[26] 웨스트민스트 신학교의 교수로 있는 번 포이드레스는 구조주의 성경 해석법의 위험성과 또한 장점을 잘 지적하고 있다. See Vern S. Poythress, "Structurism and Biblical Studies" in <u>Journal of the Evangelical Theological Society, 21, March,</u> pp. 75-78.

이기에 기능주의의 모든 문제점을 그대로 내포하고 있다. 또한 스트로스에 의한 초기 구조주의 이론이 사회의 집합적인 공동체 의식을 동양의 고전적인 세계관의 이론과 유사하게 접근한 것은 인간에 대한 유아기적인 이해로서, 하나님의 형상으로 지음 받은 인간의 모습을 바르게 성찰한 것이 못 되며, 그를 통한 사회 구조에 대한 분석은 지나치게 단순한 접근인 것이다.

5. 문화상징주의

　레비 스트로스가 집합적인 사회 공동체 의식을 종교적인 것으로 이해했을 때, 더이상 문화는 단순히 기능이나 구조성으로 여겨지지 않게 되고, 인간의 사물에 대한 존재론적이고 궁극적인 종교 인식에 대한 반영으로 이해되어졌다. 즉, 인간의 형이상학적이고 종교적인 인식이 문화 형태와 의미를 결속시키는 상징으로 나타난다는 것이다.

　이러한 문화상징주의 이론은 클리퍼드 게어츠, 메리 더글라스 그리고 빅터 터너 등의 문화인류학자들에게 받아들여졌다. 특히 게어츠는 문화의 심층 구조로서 세계관을 제시했으며, 그에 의하면 이 세계관은 종교적인 특성을 띠고 있는데, 사물에 대한 존재론적인 인식과 더불어서 정서적이고 윤리적인 측면으로 발전하는 통합 구조를 가지고 있다는 것이다.[27]

이 세계관은 문화의 모든 하위 구조에 영향을 미치며 통합적인 결속 기능을 하고 있다. 따라서 문화 속에서 이루어지는 모든 것은 세계관의 반영을 나타내며, 세계관은 일종의 문화 속에 가치관의 전제나 가정과 같은 역할을 하게 된다.[28]

더글라스는 또한 문화권 속의 사람들이 주변의 사물에 대하여 순수한 것과 더러운 것을 분류하고 거룩하고 속된 것을 구분하며 이것을 상징적으로 표현하여 범주화하는 것을 밝혀 내었다.[29]

터너는 게어츠가 논한 세계관이 문화 속의 사람들의 삶의 패턴에 반영이 되는데, 즉 이것이 삶의 통과 의례(Passage of Life Circle)에 나타남을 규명하였다. 삶의 통과 의례란 유아기로부터 시작해서 어린 아이 시기, 성인식 이후의 성년 시기, 결혼식, 장년기, 노년 시기, 장례식, 사후의 세계 등의 인간 삶의 통과시에 종교적인 세계관이 반영된 상징적인 의례가 문화 풍습으로 나타나는 것이다.[30]

이러한 문화상징주의의 이론은 인간이 하나님의 형상으로 지음받은 종교적인 존재이며 종교성이 인간 존재의 본질이라는 성경적 인간관에 비춰어 볼 때 타당한 이론이다. 그러나 문화상징주의 이

---

27) Clifford Geertz, "Religion as a Cultural System" in <u>Reader in Comparative Religion,</u> W. A. Lessa and E. Z. Vogt, eds. (New York : Harper and Row, 1972), pp. 168-169.
28) 세계관을 문화 속의 통합적 가치관이나 가치 체계로 보는 것은 기능·구조주의 학파에 있어서도 같으나 다만 차이점이 있다면 기능·구조주의 학파에게 있어서 종교란 세계관의 본질이 아니며 단지 문화의 하위 구조에 위치해 있을 뿐이다.
29) Mary Douglas, <u>Natural Symbols</u>(New York : Random House, 1970).
30) Victor Turner, <u>The Ritual Process : Structure and Anti-Structure</u>(Chicago : Aldine, 1969).

론에서 위험한 점이 나타나고 있는데, 세계관의 반영으로서 인간의 상징적 능력이 종교를 통해서 절정으로 나타나며 세계관은 그 상징 배후에 하나님의 자기 계시를 모든 종교 속에서 보편적으로 나타낼 수 있다는 종교다원주의 및 보편구원설의 입장이 그것이다. 바로 이런 위험한 경향이 폴 틸리히에게 나타났으며 로마 카톨릭 신학자인 로버트 쉬라이터에게도 나타나고 있다.

틸리히는 상징주의 이론을 근거로 해서 역동적 모형론(Dynamic Typology)를 주장하고 있으며, 이 모형론은 기독교와 세계 종교를 상호 비교하면서 상징을 통한 하나님의 자기 계시가 기독교뿐만 아니라 다른 종교 안에도 나타나는데, 예를 들면 기독교의 하나님 나라 개념과 불교의 열반 사상 그리고 기독교의 성육신 사상과 대승불교의 부처 사상과 힌두교의 성육신 사상 등이 역동적 모형의 증거라고 한다.[31] 이것은 자연히 종교다원주의와 보편구원설을 주장하게 된다.

쉬라이터는 틸리히의 역동적 모형론의 이론과 동일하게 이런 전제를 가지고 상황화 신학을 논하면서 성경과 지역 문화와 타 종교에 나타난 하나님의 자기 계시를 기반으로 신학화를 시도할 것을 주장하고 있다.[32]

문화상징주의 이론에 있어서 뛰어난 점은 세계관을 인간 상징의 능력의 반영으로 보며 종교적으로 본다는 것이다. 성경신학에 있

---

31) Paul Tillich, Christianity and the Encounter of World Religions(New York : Columbia University Press), pp. 96-97.
32) Robert J. Schreiter, Constructing Local Theology(New York : Orbit, 1985), p. 17.

어서 하나님이 인간의 상징 능력을 계시 도구로 삼으셔서 그의 구속의 뜻을 나타내셨다는 점에서 게하르두스 보스는 상징의 중요성을 성경해석학의 주요 원리로 제시하고 있다.[33]

그러나 여기서 상징은 틸리히처럼 보편화된 하나님의 자기 계시의 장소가 아니라, 특별히 그의 구속의 뜻을 나타내기 위하여 하나님이 선별하시고 보호하신 특별 계시 안에서의 도구 역할로서의 상징이다. 문화상징주의 이론은 또한 문화 형태와 의미가 하나로 결성된 상징의 중요성을 인식시켜 주었다.

---

33) Geerhardus Vos, <u>Biblical Theology</u> (Grand Rapid : Eerdmans, 1971), p. 161.

V. 문화 속의 인식 과정

문화를 이해하기 위해서는 문화 속에서 이루어지는 사물에 대한 인식 과정이 어떻게 이루어지는지를 파악해야 한다. 문화의 심층 구조로서 이미 문화상징주의 이론에서 논의된 세계관의 안경을 통해서 사물을 인식하게 되어 있고, 사물이 객관적인 실제와 인식자의 세계관에 의해서 투사되어 나타난 인식되어진 사물이 있다. 여기서 인식되어진 사물이 원래의 객관적인 사물의 실제인가의 물음을 던지게 되어 있다. 이안 바버는 이러한 사물의 인식 과정을 비평적 실제(Critical Reality)라고 불렀다.[1]

비평적 실제의 예를 들어 보면 A라는 사람이 B라는 사물을 인식할 때 A는 자신의 문화권의 가치관이 담겨 있는 세계관의 안경을 통해서 B를 인식하게 되어 있다. 이때 인식되어진 B는 실상 A의 가치관이 담겨 있는 세계관을 통해서 인식되기에 B의 실제 모

---

1) Ian G. Barbour quoted by Charles H. Kraft, <u>Anthropology for Christian Witness, vol. 1</u> (Pasadena : Fuller Theological Seminary, 1994), p. 42.

습이 아니고, A의 가치관이 반영된 B가 된다.[2] 이 상황이 서로 다른 세계관을 가진 문화권 하에서 이루어진다면 세계관의 차이로 인한 인식의 엄청난 오해가 있게 되고, 이것은 서로를 불신하게 하고 사소한 일에도 오해가 증폭됨으로써 진정한 마음의 교류가 이루어질 수 없다.

종종 문화적 차이에 대한 경험이 없는 복음 전도자가 다른 문화권에 가서 그곳의 불신자들에게 통역의 도움을 통해서 복음을 전할 때, 비록 현지인 통역의 도움이 있더라도 설교시에 비유를 드는 사례가 그 문화권 속에 있는 사람들에게 설교자가 의도하는 바와 전혀 다른 정서와 의미를 전달하게 된다면, 이것은 메시지의 큰 오해와 복음의 의미를 왜곡시키는 결과를 가져온다. 예를 들어 애완용 개일지라도 개에 대한 문화적 혐오감이 있는 말레이시아의 회교도들이 모여 사는 지역에서 복음을 전하게 될 때, 한국에서 일어난 주인을 구한 충성스러운 개에 대한 비유를 통해 충성의 의미에 대해 말씀을 전한다면 이것은 그 지역의 말라야 회교도들에게 충성의 의미로 이해되어지는 것이 아니라, 그 문화권 속의 세계관이 반영된 혐오스러운 개의 모습만을 연상함으로써 복음 전달자의 원래의 의도가 왜곡되어진다.

이렇듯이 인식되어진 사물이 실제의 사물과 다를 수 있다는 사실을 인식하고, 전달의 대상이 되는 문화권의 세계관을 파악하여 왜곡됨이 없이 바르게 전달이 이루어지도록 하는 것은 전달자의

---

2) 크라프트는 이러한 두 가지 실제를 구분하기를 객관적 실제와 주관적 실제로 말한다. See Ibidem.

책임이다.

　같은 문화권이라도 설교자가 메시지를 전할 때 너무 다른 하위 문화권의 사람들에게 그들의 삶에서 전혀 경험할 수 없는 비유를 들어 설교한다면 설교의 효과는 경감되어질 것이다. 예를 들어 농촌 지역에서 어렵게 살아가는 교인들에게 도시에서 온 목회자가 여가를 어떻게 활용할 것인가를 말하면서 문화 센터에서 수영을 함이 건강에 도움이 된다는 그런 비유를 드는 경우이다.

　이렇듯이 문화 속에서의 사물에 대한 인식은 자신의 문화권의 가치관이 반영된 세계관의 거울을 통해서 인식이 이루어진다는 것을 깨닫고, 바른 전달이 이루어지도록 노력하는 것이 문화권을 뛰어넘어 복음을 전하는 사람들에게 절대적으로 요청된다. 이러한 사실을 깨닫고 바른 인식이 이루어지도록 하는 것이 바로 비평적 실제라고 할 수 있다.

　루이스 벌코우프는 이런 비평적 실제의 과정을 의식하고, 그의 성경해석학의 이론에서 성경 해석자가 성경을 해석할 때 영향을 받을 수 있는 두 가지 요소를 언급하는데, 그것은 죄와 해석자의 문화적 요인들이다.[3] 저자는 이것을 좀더 확대하여 크게 세 가지로 구분해, 영적인 요소와 신학적인 요인들 그리고 문화적 요인들로 인해 성경 해석자와 복음 전달자가 영향을 받게 된다고 말하고 싶다.

　영적인 요소는 전달자의 하나님과의 관계성과 영적 상태 등을

---

3) Louis Berkhof, <u>Principles of Biblical Interpretation</u>(Grand Rapids : Eerdmans, 1974), p. 12.

의미한다. 전달자가 영적인 면에 문제가 있을 때에는 하나님의 영감으로 기록된 그리고 성령의 역사가 있는 하나님의 말씀을 제대로 전달할 수가 없을 것이다.

신학적 요인으로서는 전달자 자신이 속해 있는 교회의 신학적 전통과 그의 신학 교육의 배경 등이 전달자의 메시지 내용에 영향을 주게 된다.

문화적 요인으로서는 바로 전달자가 속해 있는 문화권 속의 가치관이 전달자에게 영향을 주게 된다. 과거의 서구 선교사들이 복음을 전할 때 순수한 성경적 메시지만 전달한 것이 아니라 서구적 가치관이 아울러 소개되었다는 것은 이런 경우에 해당이 된다.

주의할 것은 비평적 실제의 사물 인식이 아닌 위험한 사물 인식의 과정이다. 이것은 크게 두 가지로 구분이 되는데 다음과 같은 경우이다.

첫째는 낭만적 실제주의(Naive Realism)이다.[4] 이것은 A라는 사람이 다른 문화권에서 B라는 사물을 볼 때 B의 사물 인식이 오류 없이 원래의 B라는 인식이다. 이런 인식은 사실에 대한 인식자의 엄청난 왜곡과 오해가 언제든지 생겨나게 할 수 있다.

예를 들어 보자. 전형적인 미국 여성이 한국을 방문하여 관광을 하는 중에 길거리에서 두 한국 여성이 다정하게 서로 손을 마주 잡고 걸어가는 것을 보았다. 이 미국 여성은 이 두 한국 여성을 본 인의 세계관이 반영된 가치관을 통해서 동성 연애자로 판단하였

---

4) 크라프트는 이 용어가 이안 바버에 의해서 사용되었다고 밝히면서 동일한 의미로 사용한다. Kraft, op. cit., pp. 42-43.

다. 그러나 실제로 이 두 여성은 서로 다정한 친구 사이로서 한국적 세계관 속에서 친숙함을 표시한 것이지 이상한 관계는 아닌 것이다.

둘째로 이상적 실제주의(Ideal Realism)가 있다.[5] 이것은 A라는 사람이 B라는 사물을 볼 때 B의 사물 인식이 실제일 뿐만 아니라 이상적인 실제라는 확신이다. 예를 들어 보자. 선교사 후보생인 한 여전도사가 태국을 방문하여 단기 선교 사역을 하며 그곳에 있는 한국 선교사들을 도왔다. 이 여전도사는 한국 선교사나 태국의 목회자들이 서로 만나 반가운 인사를 할 때 손을 마주 잡아 합장하는 인사를 하는 것을 보고 불교의 가치관에 영향을 받은 인사법이라고 생각했다. 그리고 한국 선교사나 태국 목회자나 모두가 불교와 타협하는 혼합주의의 영향을 받았다고 생각하여 자신의 입장을 굽히지 않았다.

이 여전도사에게 있어서 한국 선교사나 태국 목회자들은 하나님 앞에서 심각한 죄를 짓고 있는 것으로 보였고, 본인은 타협하지 않는 하나님의 사람이라는 확신이 있었다. 그러나 실제 내용은 무엇인가? 과연 한국 선교사들이 타협하고 변질된 것인가?

합장 인사법은 태국에서 불교적 영향이라기보다 전통적인 인사법이며, 그 의미는 마음에 진실함으로 상대방을 대한다는 참으로 성경적인 뜻과도 부합되는 좋은 풍습이다. 이것을 설명해도 받아들이지 않고 만일 자신의 입장이 절대로 옳고 모두가 다 잘못됐다는 태도를 견지한다면, 이것은 전형적인 이상적 실제주의의 사물

---

5) Ibid., pp. 43-44.

인식인 것이다.

이렇듯이 문화권 속에서 이루어지는 인식 과정에서 비평적 실제에 의거한 사물 인식은 너무나도 중요하다. 저자는 이것을 이해하기 쉽게 다음과 같은 그림으로 나타내려고 한다.

문화권 속에서 이루어지는 인식 과정

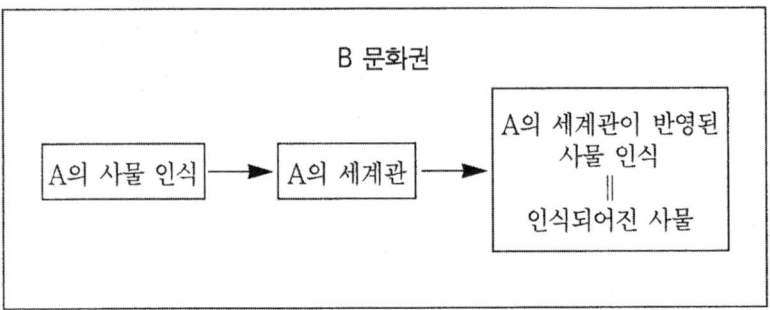

그러면 여기서 비평적 실제에 의거한 인식 과정은 어떻게 이루어질 것인가? 이것을 그림으로 표시해 보면 다음과 같다.

비평적 실제에 의거한 인식 과정

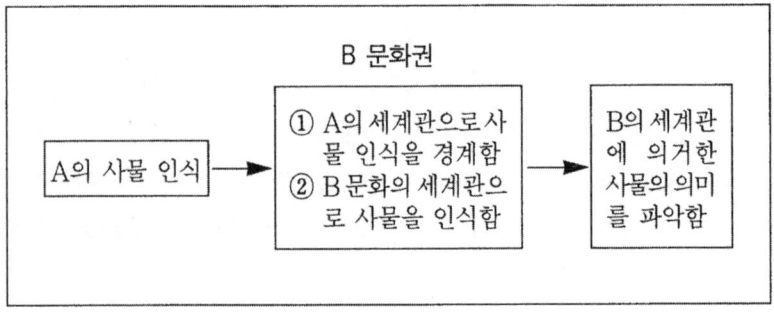

그러면 이러한 과정으로 문화권 속에서 사물에 대한 인식이 이루어질 때 인식자에게 영향을 주는 세계관은 무엇인가? 세계관의 이론은 사물에 대한 인식뿐 아니라 문화권 속에서 선교적 변혁을 일으키는 데 있어서 가장 핵심이 되는 부분이다. 만일 세계관의 변혁이 이루어지지 않는다면 그 선교는 헛된 것이 될 것이다.

목회 사역에 있어서도 마찬가지인데, 교인들의 삶 속에서 진정한 성경적 세계관의 변혁이 일어나서 참된 그리스도인의 삶의 모습이 나타나고 말씀과 행함이 일치되는 사역의 결실이 목회 현장에서 맺어져야지, 이런 열매가 없다면 그 사역은 헛된 것이 될 것이다.

Ⅵ. 세 계 관

　세계관의 정의는 크게 두 가지의 입장으로 나누어진다. 문화의 기능, 구조주의적 이론에 서 있는 학자들은 세계관을 주로 인식적 차원에서 보고 단지 사물에 대한 가치관의 총체적 형태로서 정의한다. 이 이론에 속한 로버트 레드필드는 사람들이 우주를 특징적으로 바라보는 방식이라고 하였고, 미카엘 커니는 실제를 바라보는 방식으로서 총체적인 가정이나 가치관이라고 하였다.[1]

　선교학자 찰스 크라프트는 이런 입장을 받아들여 세계관을 정의하기를, 문화권 속에서 이루어지는 사물에 대한 실제 인식과 그를 통해 나타나는 반응으로서, 문화적으로 구조적인 특징을 가진 가정(Assumption)과 가치와 헌신(Commitment)이라고 하였다.[2]

---

1) Robert Redfield, <u>The Primitive World and Its Transformation</u>(New York : Cornell University Press, 1953), p. 85, Michael Kearney, <u>World View</u>(Novato : Chandler and Sharp Pub., 1984), p. 41.
2) Charles H. Kraft, <u>Christianity with Power</u>(Ann Arbor : Servant, 1989), p. 20.

그러나 세계관은 단지 인식론적인 차원으로만 머무르지 않는다. 멘델슨은 세계관이 인식론적 차원뿐 아니라 정서적인 면에도 영향을 미치고, 윤리적인 행동에도 영향을 미치게 된다고 하였다.[3] 또한 클라이드 클러크혼은 세계관이 문화의 심층 구조로서 인식론적 차원뿐 아니라 정서적이고 윤리적인 면에까지 영향을 미친다고 하였다.[4] 이런 입장을 받아들이고 있는 선교학자로 폴 히버트가 있다. 그는 세계관을 정의하기를 문화의 심층 구조로서 사물에 대한 인식론적이고 정서적이며 윤리적인 판단이요 가정이라고 하였다.[5]

저자는 이런 히버트의 입장을 받아들인다. 세계관이란 문화상징주의에서 정의했듯이 본질적으로 종교적인 것이요 총체적인 것으로, 문화의 모든 영역에 영향을 미치고 인간의 인식뿐 아니라 정서적인 면과 윤리적인 행동에도 영향을 미치는 기본적인 가치 체계이다. 인간은 자신이 인식하고 있지 못하더라도 세계관의 영향을 받게 마련이며, 그 세계관은 죄의 영향을 받게 되어 있으므로 따라서 사탄이 활동할 수 있는 영역이 되는 것이다.

세계관에 대한 일반적 특성과 기능 및 문화 변혁과 선교 변혁의 모델에 대해서 알아 보자.

---

3) E. M. Mendelson, "Worldview" in <u>International Encyclopedia of Social Sciences, 16,</u> pp. 578-579.
4) Clyde Kluckhohn, "Covert Culture and Administrative Problems" in <u>American Anthropologist, 45,</u> p. 213.
5) Paul G. Hiebert, <u>Anthropological Insights for Missionaries</u> (Grand Rapids : BakerBook House, 1985), pp. 94-104.

1. 세계관의 특성

(1) 문화권 속에서 자연스럽게 전이된다[6]

이것은 세계관이 문화적 가치관으로서 총체적인 구조를 가지고 있고, 문화권 속의 사람들에게 무의식적으로 전수되어 감을 의미한다. 이 경우에 세 가지의 사례를 살펴보자.

첫째는 아프리카 종족들에게서 종종 발견되는 세계관의 영향으로서, 어린 아이가 태어났을 때 아이의 이름을 붙이는 1년이나 1년 반 이후에 비로소 인간으로 인정하지 그 이전에는 생물적인 존재로만 여긴다는 것이다. 그 이유로는, 이름을 사후의 조상의 존재와 연결이 되어 생명의 윤회가 이루어진 증거로 알아서, 그때부터 인간으로 인정한다는 세계관이 무의식적으로 작용하고 있기 때문이다.

둘째는 인도의 경우로서, 모든 생명체는 동일한 근원에서 나온 것으로 생각하며 가축의 새끼라고 할지라도 생명을 존중하는 경우이다. 이 경우에는 가축의 새끼를 우연히 해치게 되면 그들의 세계관에 의하면 이전에 사람이었던 영혼의 존재를 죽이는 경우와도 같게 된다. 이것은 보편적으로 인도인에게 영향을 미치고 있는데, 거기에 대해서 아무런 의문점도 붙이지 않고 당연한 것으로 대다

---

6) Kraft, <u>Anthropology for Christian Witness</u>, vol. 1, pp. 112–115.

수의 인도인들이 받아들이고 있다.

셋째는 현대인들은 질병에 걸렸을 때 자연주의 세계관의 영향을 받고 있기에 당연히 병원균에 의해 병이 걸렸다고 생각한다. 그러나 초자연주의 세계관의 영향을 받고 있는 아프리카나 아시아의 많은 사람들은 초자연적인 원인으로서 귀신의 영향으로 병이 생겼다고 본다. 이런 점이 세계관의 첫번째 특성으로 말미암는 경우이다.

(2) 문화권 속에서 사물을 인식하는 역할을 한다[7]

이것을 전문적인 용어로 사고의 도해도(Mental Mapping)라고 하는데, 이미 문화의 인식 과정에서 살펴본 내용이다. 문화권 속에서의 사물에 대한 인식은 반드시 세계관의 안경을 통해서 이루어진다. 세계관의 기능이 있다는 사실을 인식치 못하고 사물을 인식하게 되면 세계관의 차이로 인한 문화적 오해와 갈등이 생기게 된다. 이것이 심화되면 심지어 윤리적인 면까지도 의심하게 되고 신학적인 판단에도 영향을 미친다.

예를 들어 보자. 서남 아시아의 사람들은 음식을 먹을 때 오른손으로 직접 음식을 집어서 먹고 서양 사람들처럼 포크나 나이프를 사용하지 않는다. 이것을 서구인들이 보았을 때 서남 아시아의 사람들을 멸시하며 위생적으로 더럽고 미개하다고 판단한다. 그러

---

7) Ibid., p.115.

나 서남 아시아인들은 서구인들이 음식을 먹을 때 포크나 나이프를 사용하는 것을 보고 서구인들은 전쟁에서나 사용하는 나이프나 포크를 쓴다고 잔인하며 야만스러운 사람이라고 판단하는 것이다. 여기서 문제는 서로의 세계관에 의해서 서로를 판단한다는 점이다.

세계관을 이해하면 상대방을 이해할 수 있다. 서남 아시아인들의 세계관은 도구를 사용하는 것은 야만스럽고 미개한 것이요, 몸으로 들어가는 음식은 신체의 부분을 사용하여 먹는 것이 가장 위생적이요 인간다운 일이라고 생각한다. 반면에 서구인들의 세계관은 음식은 도구를 사용해서 먹어야 위생적인 것이며 인간다운 일이지, 신체의 부분을 사용하는 것은 불결한 것이라고 생각하는 것이다.

이렇듯이 각 문화권 속의 사람들은 각자의 세계관에 의해 사물을 판단하는데, 이것은 잘못하면 윤리적인 영역에서도 오해를 하여 상대방을 저급한 차원의 부류라고 잘못된 정죄를 하기가 쉽다.

(3) 모든 일을 세계관을 통해서 설명한다 [8]

세계관은 문화권 속의 심층 구조로서 모든 하위 문화의 제도나 기구 등에 영향을 미친다. 따라서 세계관은 문화 공동체를 결속시키고 사람들에게 정서적인 안정감과 삶의 의미를 제공해 준다.

---

8) Ibid., pp. 115-116.

세계관은 종종 문화의 내외적인 요인에 의해 기존 가치관의 도전을 받고 세계관의 변혁을 일으킨다. 이것은 개인적인 것에서부터 시작해서 전체 공동체로 확산되는데, 지속적일수록 세계관의 변혁이 심원하게 일어나고 결국은 기존의 문화를 변화시키는 결과를 가져온다. 특히 문화권 속의 지도층에게서 기존 가치관의 변혁이 일어난다면 세계관의 변혁은 급속도로 빠르게 진행된다.

세계관의 변혁 문제에 대해서는 따로 깊이 언급되어질 것이다. 그러면 세계관이 문화의 모든 영역에 어떻게 영향을 미치는지 그림으로 살펴보자.

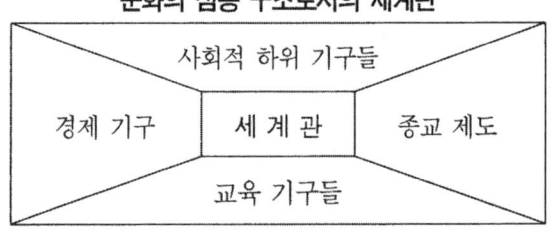

(4) 세계관의 차이는 긴장과 갈등을 일으킨다[9]

이것은 종종 타 문화권 속에서 사람들이 겪게 되는 문화 충격으로 나타난다. 서로의 세계관이 다르기에 가치관의 전제가 다르게 나타난다. 따라서 타 문화권의 세계관을 파악하지 않고는 그 문화

---

9) Ibid., pp. 116-118.

권 속의 사람들의 행동 양식을 이해할 수 없고, 마찬가지로 타 문화권 속의 사람들도 자신의 문화 속에서 고통받고 있는 다른 문화권에서 온 사람들의 어려움을 이해하지 못한다.

　예를 들어 보자. 한 한국 유학생이 미국인 가정에서 몇 개월을 살게 되었다. 식사할 때마다 그 미국인 가정의 주부는 음식을 더 먹을 것이냐고 질문을 하는데, 이 유학생은 그때마다 한국의 가치관에 의거해서 한두 번 거절하는 것이 예의일 거라고 생각하고 거절하였다. 원래 이 유학생은 음식을 많이 먹는 젊은이인데, 미국인 가정의 노부부는 소량의 음식을 먹는 일에 익숙한 사람으로서 이 유학생은 몇 개월을 그렇게 하다 보니 도저히 견딜 수 없었다.

　왜 이런 일이 일어났는가? 그것은 가치관의 차이에 따른 자연스러운 행동을 서로 이해할 수 없기에 상당한 갈등과 고통이 따르게 된 것이다. 서로의 다른 세계관의 차이로 인한 행동 양식이기에 각자에게는 아무런 의문점이 없이 한 행동이지만, 서로에게 불필요한 긴장과 갈등과 어려움이 수반되게 된 것이다.

　이것은 여러 모습으로 나타나게 되는데, 심하면 정신적인 것뿐 아니라 육체적인 질병으로도 확산될 수 있다. 여기에 대해서는 문화 충격이라는 주제로 따로 살펴볼 것이다.

2. 세계관의 기능

(1) 모든 행동 양식에 대하여 이를 해석한다 [10]

이것은 문화 형태(Cultural Forms)를 통해서 나타나는 세계관의 영향으로서 개인적으로 또한 구조적으로 나타난다. 예를 들어 언어도 문화 형태인데, 언어에 세계관의 영향이 반영되어 있지 않다면 문화권 속의 사람들은 언어를 사용할 때 그 의미를 이해할 수 없을 것이다.

세계관은 언어에 사물의 인식에 대한 개인의 인식론적이고 정서적이며 윤리적인 판단의 지침을 내려 주며, 이것은 각기 종류에 따라 범주화되고 의미가 부여되어서 구조적인 형태를 갖춘 언어로서 나타나게 된다. 또한 풍습이나 종교적 의식으로 공동체적 행위가 나타날 때, 이것은 세계관의 반영이며 상호 분리된 의미가 아니라 서로 결속되어 있는 총체적인 세계관의 부분적인 반영인 것을 알 수 있다.

예를 들어 삶의 통과 의례를 연구한 아놀드 반 겐네프는 문화권 속에서 이루어지는 탄생, 어린 시절, 성인식, 약혼, 결혼, 임신, 부모 시기, 노년기, 장례식, 사후 세계 등과 관련된 모든 풍습과 종교 의식 등에 세계관이 반영되어 있으므로, 이것을 따로 구분하

---

10) Ibid., pp. 118-123.

여 그 의미를 생각할 수 없고 함께 결속된 것으로 이해하여 해석해야 한다고 하였다.[11]

(2) 세계관에 따른 적절한 행동을 하게 한다[12]

세계관은 문화 형태를 통해서 세계관에 따른 의미를 부여할뿐만 아니라 개개인의 적절한 행동을 유도한다. 여기에는 정서적이며 윤리적인 판단이 작용하여 그에 따른 행동을 하게 하는데, 개인적이며 구조적으로 나타난다.

예를 들면 불교적 세계관을 가진 사람은 몸에 기어 다니는 이를 볼 때 이것을 단순히 없애야 할 해충이라고 생각하지 않고 윤회의 과정 속에서 나타난 생명체라고 생각하여 죽이지 않는다. 그러나 기독교적 세계관을 가진 이나 자연주의적 세계관을 가진 사람은 이것을 해로운 것으로 생각하고 죽이는 것을 주저하지 않는다.

세계관이 구조적으로 나타나는 경우로서 노인들에 대한 젊은이들의 태도를 들 수 있다. 서구의 세계관은 노인에 대해서 늙고 병이 들어 약하며 다소 성가신 존재라는 의식이 집합적으로 있는데, 동양의 세계관은 노인을 공경하고 존중하는 가치관을 가지고 있기에 젊은이들의 노인에 대한 태도가 예의 바르게 된다.

---

11) Arnold van Gennep, The Rites of Passage(Chicago : The University of Chicago Press, 1960), pp. 3-4.
12) Kraft, op. cit., pp. 123-129.

(3) 민족적 동질감과 정서적 안정감을 준다[13]

　세계관이 모든 문화권 속에서 이루어지는 일들에 대하여 인식론적이고 정서적이며 윤리적인 가치 판단을 하도록 그 문화권 속에 있는 사람들에게 영향을 주고 있다는 사실은, 동일한 세계관을 소유하고 있는 사람들로 하여금 서로 비슷하게 정서적으로 또한 의지적으로 행동하도록 하게 함으로써, 집합적인 유사성이 사람들의 행동 양식에 나타나게 되어 있다. 이것을 민족적인 특성이라고 말할 수 있다. 또한 이러한 세계관의 작용은 사람들로 하여금 모든 행동 양식에 대한 가치 기준을 제공함으로써 예기치 못한 행동에 대한 판단을 하게 하고, 사물의 변화에 대한 동일한 해석을 하게 하며, 정서적인 동질감을 형성하여 삶의 안정감을 제공하게 된다.
　예를 들면 집합적인 특성이 강한 일본인들이 여행을 할 때 안내자의 인도에 따라 일사불란하게 여행하는 것을 즐거워하고 이를 편안하게 받아들인다. 여기에 일본인들의 세계관의 두 가지 영향이 나타나는데, 군집된 행동을 하는 민족적인 특성과 그렇게 행동할 때 정서적인 안정감을 누리게 된다는 것이다.
　반대로 한국인의 경우에는 일본인들보다 개체적이고 자율적인 경향이 강하며 서로 좋아하는 사람들끼리 모이는 특성이 있는데, 이것이 여행시에도 그대로 나타난다. 이런 특성을 가진 한국인을 억지로 일본인처럼 다루려고 하면 불필요한 긴장이 생기게 된다.

---

13) Ibid., pp. 129-132.

(4) 사물의 변화를 통합하고 이에 적용한다 [14]

 문화권 속의 사람이 기존의 세계관에서 경험할 수 없는 새로운 가치관의 도전을 받았을 때는 세 가지 반응이 나타난다.
 첫번째는 기존의 세계관을 유지하면서 부분적으로 새로운 것을 받아들이는 것이다. 이것은 특히 지도자 계층이 새로운 것을 부분적으로 수용하게 될 때 그 확산 속도가 빠르다. 부분적인 변화는 느리게 지속되나 장기적인 차원에서 볼 때 세계관의 전반적인 변혁을 가져올 수 있다. 예를 들어 구한 말에 실학파 양반 지도층이 솔선수범하여 서구의 기술을 받아들이되 서구의 사상은 받아들이지 않은 태도이다. 이것은 부분적인 수용을 의미하나 결국은 기존 가치관의 전반적인 변혁을 일으키는 계기가 되었다.
 두 번째는 기존의 세계관에 대해 거부 반응을 가지고 외래의 가치관을 전폭 수용하는 태도이다. 이것은 자신의 문화에 대하여 부정적인 생각을 가지고 외래의 것을 이상적인 것으로 생각하여 외국의 가치관을 전폭적으로 수용하고 무조건 따르려는 경향이다. 과거에 필리핀 사람들이 미국의 식민지로 있을 때 필리핀이라는 나라가 없어지더라도 상관없이 미국의 한 주가 되기를 원하던 그런 태도이다.
 세 번째는 기존의 세계관과 외래의 가치관을 창의적으로 혼합하여 새로운 가치관을 형성하려는 태도이다. 구한 말에 서구의 세력

---

14) Ibid., p.132.

이 물밀 듯이 조선에 진출하고 조선의 전통적인 사상과 가치관이 붕괴되어지는 때에, 서구의 기독교 사상을 부분 수용하고 불교와 유교와 민속 종교인 샤머니즘을 혼합하여 새로운 종교적 가치관인 동학을 창설하고 이를 통해 나라의 위기를 극복해 보려는 시도가 있었다. 이것은 일종의 메시야적인 신흥 종교 운동으로 나타나는데, 이슬람의 탄생 배경에서 이것을 찾아 볼 수 있다.

이슬람의 창시자가 되는 마호메트가 당시 사막 지역에 은거하였던 기독교의 이단 세력인 경교와 접촉하고, 유대인들과 교류하면서 전통적인 아랍 종족의 정령 숭배 사상을 기조로 하여 새로운 계시 종교 운동을 벌였는데, 이것이 이슬람의 기원이 되는 것이다.

3. 세계관의 보편 요소들

(1) 범주화(Classification)[15]

세계관은 인식론적이고 정서적이며 윤리적인 판단을 통하여 사물을 좋은 것과 나쁜 것, 유익한 것과 해로운 것, 기쁜 것과 슬픈 것, 깨끗한 것과 불결한 것, 성스러운 것과 세속적인 것 등 다양하게 범주화시키는 경향이 있고, 이것이 언어의 문어체에 있어서

---

15) Ibid., p.134.

유사어와 동의어 그리고 반의어에 잘 나타나고 있다. 언어의 이런 특성을 연구하여 세계관을 규명하는 방법도 있다.

(2) 개체와 집합체 [16]

세계관은 사물을 범주화할 때 이것을 개체적이고 집합적인 것으로 구별하는 경향이 있다. 세계관 자체가 인간의 마음 속에서 시작되는 것이기에, 자기 자아와 주변의 사람들과의 관계성을 규명하기 시작하고 또한 사물과의 관계성을 규명한다. 이런 점에서 사람은 본질적으로 사회적인 존재로 지음을 받았고 또한 하나님 앞에서 개체적인 실존적 존재임을 알 수 있다.

(3) 인 과 성 [17]

세계관은 문화권 속에서 이루어지는 모든 일들에 대해서 원인을 규명하며 그 이유를 찾는다. 예를 들어 자연주의 세계관을 가졌다면 병이 걸렸을 때 병의 원인을 생물학적 요인에서 찾을 것이요, 초자연주의 세계관을 가졌다면 병의 원인을 귀신이나 초자연적 힘의 요인으로 해석할 것이다. 세계관은 이런 인과성을 규명할 뿐만

---

16) Ibidem.
17) Ibid., p. 135.

아니라 예방 조치도 하는데, 자연주의 세계관에서는 의약품을 써서 문제를 해결하려 할 것이요, 초자연주의 세계관은 영적 세계의 매개체인 영매자나 마술을 사용하여 문제를 해결하려 하게 마련이다.

(4) 시 간[18]

세계관은 그 세계관이 반영된 시간의 개념을 가지고 있다. 종종 시간 개념은 그 문화권에 있어서 세계관의 기원과 발전에 대한 시간관을 가지고 있는데, 이것은 크게 신화적 시간과 종교적 사건의 시간과 역사적 사건의 시간으로 나누어진다.[19]

신화적 시간이란 종족의 종교관이 반영되어 나타난 것으로 역사성이 결여된 경우가 많으며 신과 인간과의 관계, 인간과 사물의 관계, 인간과 인간과의 관계에 대한 원래의 시작을 의미하는 경우가 많다. 종종 이런 신화적 시간은 종교적 상징물인 집회소, 예배 도구, 그림, 춤, 노래, 절기 등으로 나타난다. 이런 신화적 시간을 나타내는 종교적 상징물에 노출되거나 참여할 때, 참여자는 신화적 시간의 세계로 귀환해서 문화권의 본래의 세계관을 만나게 된다.[20]

---

18) Ibidem.
19) Barbara Adam, "Perceptions of Time" in Companion Encyclopedia of Anthropology, pp. 503-526.
20) 정진홍, 기독교와 타 종교와의 대화(서울 : 전망사, 1980), pp. 45-48.

종교적 사건의 시간이란 종교가 역사 속에서 창설되던 때를 기점으로 그 종교를 신봉하는 사람들이 시간의 흐름을 성별한 것으로, 시간은 종종 강한 종교적 의미를 담고 있다. 대표적인 경우로서 이슬람의 시작으로부터 시간을 구분하는 이슬람교의 회력이 있다. 기독교의 시간관도 마찬가지인데, 이것은 오늘날 기독교를 받아들이지 않는 사람도 보편적으로 사용하는 양력으로 통용되고 있다.

역사적 사건으로부터 비롯된 시간관은 종종 민족주의와 연결되어 특정한 인물의 탄생으로부터 시간을 계산하는 경우가 있다. 이 때 이 인물은 일종의 민족주의 구현의 구심력적인 존재로 의미가 부여된다. 대표적인 경우가 북한에서 사용되는 주체력이다.

(5) 공 간 [21]

세계관은 문화 형태 속에 의미로 구현되어 나타날 때 각기 다른 공간에 의하여 그 의미가 다르게 나타난다. 예를 들면 다듬은 대리석이 채석장에 쌓여 있을 때는 그냥 대리석이지만 건축가에 의하여 건축물로 사용되었을 때 그것은 아름다운 건물 외벽이거나 집을 나타낸다.

또한 종교적 세계관이 종교적 상징물을 나타내는 공간에 의하여 표현되기도 하는데, 예를 들면 불교의 법당이나 귀신의 전각이나

---

21) Kraft, op. cit., pp. 135-136.

이슬람교의 모스크 회당 등을 통한 공간에 저들의 세계관이 표현되어 나타나기도 한다. 이것은 또한 중세의 로마 카톨릭 교회당 안의 건축물 공간에 모자이크나 벽의 그림이나 조각 등의 조형물에 기독교의 세계관을 표출하는 것으로 나타나기도 하였다.

(6) 관 계 성[22]

세계관은 문화 속의 모든 것들에 대하여 개체나 집합체, 범주화의 기능에 따른 관계성을 정립한다. 세계관으로 문화권 속의 모든 일들이 서로 관계성을 맺고 있지 않다면 문화 형태의 용도나 의미가 파악되지 않으며, 이것은 가치관의 아노미 현상을 일으키게 됨으로써 문화는 존립할 수 없다.

관계성은 세계관의 인식론적이고 정서적이며 윤리적인 가치 판단에 따라 종합적으로 이루어지는데, 구조적인 특징을 가지고 있고 범주화와 밀접한 관련이 있으며 상관적이고 대조적인 특징을 가지고 있다. 문화권 속에서 이루어지는 개체나 집합체 또는 범주화의 관계성을 규명하면 세계관을 파악하게 된다.

이것은 인간과 사물의 관계에 있어서도 마찬가지이다. 예를 들면 부계 사회에서는 아버지를 중심으로 인척이 중요하게 구별되고, 모계 사회에서는 어머니의 가족, 즉 외척을 중심으로 인척이 정교하게 구분된다. 이것은 재산의 상속이나 가정의 권위, 주거 형

---

22) Ibid., p. 136.

태 등과 밀접하게 상호 연결되어 있다.

4. 성경적 세계관

지금까지 문화인류학의 세계관 이론을 기본적으로 살펴보았는데, 그러면 성경적 세계관은 어떻게 나타날 것인가? 그 구조는 어떻게 되고 특징은 무엇인가? 특히 선교학적 관점에서 성경적 세계관을 규명해 보자.

성경적 세계관은 세 가지 차원으로 되어 있다. 이 세 가지 차원이 각기 독자적인 세계관의 차원으로 나누어지는데 이것을 살펴보자.[23]

(1) 삼위 하나님의 절대적이며 초자연적 영역이다

첫번째 차원에만 속한 세계관이 있는데 이것은 고등 종교의 가

---

[23] 폴 히버트가 그의 인디언 선교 사역의 경험을 통해서 문제 의식을 느끼고 종교적인 세계관으로 구분한 삼 계층의 세계관 모델을 성경적 세계관의 모델로 통합화하여 살펴보려 한다. 히버트는 이 모델을 통해서 중간 영역의 세계관 지역에 서구 교회의 적절한 선교 신학이 결여되어 있음을 지적하고 있다. See Paul G. Hiebert, <u>Anthropological Reflections on Missiological Issues</u>(Grand Rapids : Baker, 1994), pp. 189-201.

치관을 가지고 사는 사람들에게서 발견된다. 이들은 절대적인 존재나 궁극적인 실제를 믿고 있으며, 교리적이고 규범적이며 윤리성을 강조한다. 이런 형태의 세계관을 가진 종교로서 이슬람 정통주의에 입각한 근본주의적 수니파와 시아파가 있으며, 소승불교가 있고, 정통주의 유대교가 있다.

이들 지역외 사람들을 대상으로 선교할 때는 선교사의 인격적이며 거룩하게 성별된 삶의 모범이 필요하다. 말씀을 전함에 있어서도 저들의 교리 체계를 잘 파악하여 기독교의 진리를 변증적으로 확실하게 증거해야 한다.

(2) 초자연적이나 절대적이지 못한 천사와 사탄의 영역이다

두 번째는 중간 영역의 세계관으로서 절대자로서의 신적 존재를 인정하나, 그 신은 너무 초월적이고 절대적이므로 인간의 삶에 간섭을 하지 않고 오히려 그의 영적 피조물인 중간적 존재들이 인간의 삶에 영향을 미친다는 것이다. 이 영역의 세계관을 가진 사람들은 천사나 선한 영이나 귀신이나 조상신의 존재를 믿으며, 이들이 인간의 삶에 직접적인 영향을 미친다고 확신한다. 따라서 언제든지 이들 중간 존재들을 달래거나 기쁘게 하거나 경고하거나 이용해야 하며, 이를 통해 길흉화복을 경험하게 된다.

이 중간 영역의 세계관을 가진 사람들의 특징은 매우 종교적이며, 현실적인 기복 신앙을 가지고 있고, 현세에서의 복과 번영을 추구하며, 또한 영적으로 귀신을 환영하는 세계관을 가지고 있기에 집합적으로 귀신들림의 상태에 놓여 있다.

이 영역에서 타 종교의 선교가 이루어질 때 기존의 중간 영역의 세계관이 강력한 혼합주의적 성격을 가지고 있기에 혼합화되기가 쉬우며, 이것이 이 영역에서 민속 이슬람과 민속 불교가 생기게 된 주요 요인이다. 또한 이 영역에서 기독교의 선교가 이루어질 때 하나님의 말씀이 종종 체험적으로 증거되어지며 힘의 충돌이 일어난다.[24]

힘의 충돌은 중간 영역의 세계관을 가진 지역에서 자주 일어나는데, 집합적으로 귀신의 영향력 하에 있는 사람들에게 하나님의 존재가 표적과 능력으로 나타나는 경우이다. 이런 힘의 충돌을 통해서 사람들이 집단적으로 복음의 수용성을 형성하게 되고, 이것은 대규모의 집단 개종을 일으키기도 한다.[25]

복음의 수용성이 있을 때 이것을 회심한 것으로 보고 아직 중생의 은혜를 받지 못한 사람들에게 집단적으로 세례를 준다면, 이교적 가치관이 사람들의 마음에 그대로 숨어 있으므로 결국 시간이 지나가면 기독교 이교주의의 형태를 가진 사이비 기독교가 나타날 위험성이 있다. 따라서 이것을 경계하고, 어디까지나 복음의 수용성은 예비적 과정이지 중생이 일어난 것이 아님을 명심하여, 계속

---

24) 피터 와그너는 중간 영역의 세계관 지역에서 서구 선교가 잘 대처하지 못했음을 지적하며 힘의 충돌의 신학을 발전시킬 것을 주장한다. See C. Peter Wagner, The Third Wave of the Holy Spirit(Ann Arbor : Vine Books, 1988), pp. 30-35.
25) 중간 영역의 지역에서 힘의 충돌이 자주 일어남으로 이것이 종족들에게 복음의 수용성을 형성함으로 이것을 놓치지 말 것을 주장한 선교학자로서 알란 티페트가 있다. See Alan Tippett, Introduction to Missiology(Pasadena : William Carey Library, 1987), pp. 82-85.

해서 말씀을 전하고 가르쳐야 한다.[26] 이때에 하나님의 은혜로써 중생의 회심 역사가 일어나는 것이다.

개신교 교단 가운데 이 지역에서 가장 빠르게 성장하는 교회는 오순절이나 카리스마틱교회들이다. 이 현상은 오순절교회의 신학이 하나님의 현재적 능력을 강조하고 성령의 역사를 기대하며 현상계에서의 체험과 능력을 추구하는 신학의 경향을 가졌는데, 이것이 중간 영역의 세계관과 공통 분모가 있기에 일어난다.

그러나 이 현상은 또한 위험성이 있는데, 그것은 중간 영역의 세계관이 가진 기복 신앙적이며 체험 지향적인 신학이 오순절신학과 연관되어, 더욱 체험 중시적이고 현세에서의 번영만을 추구하는 기복신학이나 번영신학의 올무에 빠지므로, 성경적인 교회와는 상관없는 사이비 집단으로 전락할 가능성이 있다는 것이다. 이것을 경계해야 한다.

이 중간 영역의 세계관 지역에서는 하나님의 능력에 대한 바른 성경적 이해가 필요하며, 선교적 상황이나 복음의 적대적인 상황에서의 교회 공동체에게 주신 성령의 은사로서 외적 은사를 인정해야 한다. 그러나 표적과 기사의 하나님 나라의 신학이 아니라 하나님의 말씀 중심의 하나님 나라의 신학이 되어야 하며, 말씀 안에서의 전인적인 성장이 이루어지는 선교의 결실이 맺어져야 한다.

---

26) 히버트는 이런 점에서 힘의 충돌은 반드시 진리 충돌이 되어야 하고 전인적인 변화가 일어나야 함을 강조한다.

(3) 인간의 삶이 이루어지는 문화 영역이다

세 번째는 자연주의 세계관의 영역으로서 합리주의, 과학주의, 경험주의, 불가지론주의, 공산주의, 이성주의 등등의 세계관의 영역이다. 이 영역에 속한 세계관은 공통적으로 초자연적인 세계를 인정하지 않으며, 인간 중심적이고 인간의 이성이나 경험을 중시한다. 이 영역의 세계관이 신학에 영향을 미칠 때 신학은 자유주의 신학의 온상이 되는 것이다.

이 세계관에 속한 사람들에게 복음을 전할 때 말씀은 감정적이기보다 논리적이어야 하며, 설득적이고 인내심이 필요하며, 하나님의 살아 계심을 경험케 하는 하나님의 역사가 일어나도록 항상 간구해야 한다. 성경적 세계관은 개별적으로 있는 이 세 가지 세계관을 전부 포함하는 총체적인 세계관이요, 모든 기존의 세계관의 불완전함을 채워 주는 완전한 세계관이며, 또한 그 자체가 선교적 세계관이 된다.

성경적 세계관을 그림으로 표시해 보자.

총체적인 성경적 세계관

고등 영역의 세계관	절대자 하나님 ‖ 궁극적 실제	절대적이며 초자연적 영역
중간 영역의 세계관	천사, 사탄	비절대적이며 초자연적 영역
자연주의적 세계관	자연, 사람	비절대적인 문화 영역

5. 세계관의 변혁

세계관이 대내외적 요인에 의하여 변화가 일어나는 양상은 이미 세 가지로 살펴보았다. 세계관은 변혁이 되기가 쉽지 않지만 그러나 언제든지 변화될 수 있는 특성을 가지고 있으며, 여기에 선교의 시급성이 요청되고 있다. 여기서 세계관이 변화되는 데 있어서의 두 가지 모델을 패러다임의 이론과 연관하여 살펴보고, 세계관의 변혁에 있어서 주의점들이 무엇인가를 알아 보자.

(1) 변혁 모델

1) 앤토니 월리스의 혁신(Revitalization) 모델

이 모델은 세계관의 변혁을 크게 세 과정으로 나누는데 기존 세계관의 안정 시기(Old Steady State), 위기 시기(Crisis State), 새로운 세계관으로 인한 안정 시기(New Steady State) 등이다. 이것을 좀더 세부적으로 나누어 보면 기존의 안정 시기, 개개인의 스트레스, 문화적 이탈, 혁신의 시기, 새로운 안정 시기이다.

기존 세계관의 안정 시기는 전통적인 가치관에 만족하고 불만없이 살아가는 시기이다. 개개인의 스트레스는 자연적 재해나 전쟁 혹은 사회 불안 요소에 의해 문화권 속에 사는 개개인이 불안감을 느끼고, 기존의 가치관에 대한 불신임과 불만족이 쌓여 가는 시기이다. 문화적 이탈은 개개인의 스트레스를 받는 시기가 계속 될 때 이것이 사회병리적 현상으로 나타나서, 범죄가 많아지고 사람들이 기존의 가치관을 거부하며 새로운 것을 시도하는 모든 면에 불안전한 시기이다.

혁신의 시기는 문화적 이탈이 계속되면 기존의 가치관은 무너지고 세계관의 붕괴와 함께 아노미 현상이 생기므로 사람들이 생존할 수 없는데, 이때에 특정한 메시야적 지도자가 나타나서 선지자적 역할을 하면서 새로운 세계관을 제시하며, 문화를 혁신하는 운동을 조직적으로 벌인다. 이것이 성공적으로 이루어지면 새로운 안정의 시기에 접어들게 된다.[27]

여기서 주목할 것은, 세부적 시기를 구분함에 있어 두 번째와 세 번째의 개개인의 스트레스와 문화 이탈 시기가 선교에 있어서 가장 복음의 수용성이 높은 시기이며, 복음을 통해서 기존의 세계관을 성경적 세계관으로 변혁하고 문화를 안정적으로 변화시킬 수 있다는 점이다. 그러나 선교에 있어서 이 시기를 놓치면 토착적인 메시야적 종교 운동이 일어나서 저들에 의한 문화 변혁이 자체적으로 일어나므로, 복음 선교의 시기를 놓치게 된다.[28]

---

27) 이 모델은, 궁극적인 사회 변혁은 종교적 세계관의 변혁 운동으로 나타난다는 전제를 내포하고 있다. See Anthony F. Wallace, "Revitalization Movements" in American Anthropology, No. 8, 1956, pp. 264-281.
28) 크라프트는 윌리스의 혁신 모델이 선교 변혁을 일으킴에 있어서 유용한 통찰력을 주는 것을 인정하고 이것을 활용할 것을 주장한다. See Charles H. Kraft, Anthropology for Christian Witness, vol. 2(Pasadena : Fuller Theological Seminary, 1994), pp. 866-869.

이 시기에 있어서 복음 선교가 성공적으로 이루어진 예를 들어 보자. 19세기 말엽에 한국에 복음이 들어오던 시기는 대외적으로는 서구와 일본의 제국주의적 야심에 의해서 한국의 국력이 약해지던 때요, 대내적으로는 기존의 가치관인 유교마저도 무너지고 전통적인 샤머니즘이 기승하던 시기로서, 개개인이 스트레스를 받고 문화적 이탈 현상이 심화되던 시기였다.

이때에 하나님은 섭리적으로 한국에 복음의 문을 여시고, 복음의 수용성이 형성되던 시기에 선교사들이 대량으로 들어와서, 기독교적 세계관의 변혁을 사회 구석구석에 일으키게 되었다. 만일 복음이 한국 땅에 들어오지 않았더라면 토착적인 메시야적 종교 운동으로 일어난 천도교에 의해 가치관의 변혁이 일어났을지도 모르는 일이다.

현재 북한 내에서 벌어지고 있는 일들이 이 이론을 적용할 수 있게 한다. 북한은 대외적으로 위기 상황을 맞이하고 있는데, 주변의 우방국인 사회주의 국가들이 무너지고, 중국은 공산주의 이데올로기는 견지하지만 경제 체제는 자유 시장 경제를 도입함으로써 북한이 전폭적으로 신뢰할 수 없는 상황이 되었다. 대내적으로는 김일성이 죽고 4, 5년째 반복되는 기근과 홍수로 말미암아 흉작이 계속됨으로써 전국적인 식량 부족 현상이 생기고, 국가에서 책임지던 식량 배급이 끊어짐으로 아사자가 속출하여 4, 5백만의 인구가 줄었다는 믿을 수 없는 보고도 있다.

북한 사회는 심각한 사회병리 현상을 겪고 있는데, 수십만의 인구가 북한 전역에서 식량을 구하기 위해서 중국으로 월경하고, 부모 잃은 아이들이 꽃제비로 불리면서 전국을 떠돌고 있다. 북한 사회가 아무리 사회 규범을 확립하고 김정일을 중심으로 한 새로운 가치관의 변혁을 일으키려고 몸부림쳐도, 그것은 이미 무익한 것으로 판명된 기존의 가치관 위에서의 시도이기에, 결정적인 한계가 있다.

최근 북한의 지도층은 김정일을 메시야적 인물로 부각시키며 국가의 위기를 극복하려고 하나, 이것이 얼마나 실효성이 있을지는 의문점이 있다. 북한 내에 세계 어디에서도 유례를 찾을 수 없는 국가가 주도하는 사이비적인 종교적 메시아 혁신 운동이 일어나고 있다.

이때에 기독교의 복음 선교는 최적의 시기를 맞이하고 있다. 이미 중국에 찾아온 북한 월경자들에게서 하나님께서 섭리적으로 예비하신 복음의 수용성이 형성되어 있다. 저들을 대상으로 한 선교가 성공적으로 이루어져 저들 가운데 심어진 복음의 씨가 누룩처럼 확산되어 북한 사회 내에서 변혁의 씨가 되고 있다.

또한 북한 내의 심각한 문화 이탈 현상은 전국적으로 지하에 숨어 있던 하나님의 교회가 하나님의 나라를 위해서 활동할 수 있는 문을 더욱 넓게 열었고, 이것은 궁극적으로 북한 사회를 변화시키는 성경적 세계관의 변혁을 일으키게 될 것이다. 이런 상황은 북

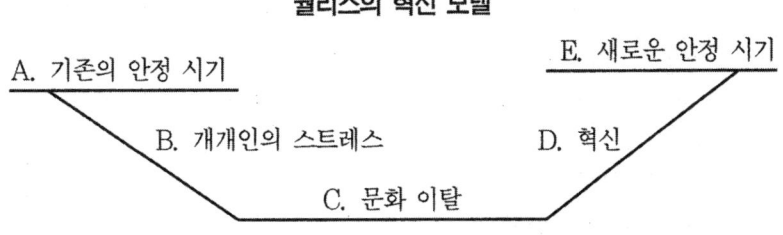

월리스의 혁신 모델

A. 기존의 안정 시기
B. 개개인의 스트레스
C. 문화 이탈
D. 혁신
E. 새로운 안정 시기

한에 대한 한국 교회의 선교적 책임을 엄중히 하고 있다.

2) 알란 티페트의 혁신 모델

티페트는 선교인류학자로서 남태평양의 솔로몬 군도 지역에서 선교사로 활동하였다. 그는 자신의 경험에 의하여 종교학자인 월리스의 혁신 모델을 창의력 있게 발전시켰는데, 그의 모델을 살펴보자. 그는 세계관의 변혁 과정을 네 시기로 구분하는데 퇴폐 시기(Demoralization), 잠수 시기(Submersion), 회심 시기(Conversion), 혁신 시기이다.

퇴폐 시기는 기존의 가치관이 붕괴됨으로써 도덕성이 무너지고 사회 혼란이 일어나는 때이다. 잠수 시기는 이것이 계속 심화되는데 표면적으로는 아무런 변화도 없는 것과 같은 시기이다. 그러나 실제로는 문화 이면에서 기존의 세계관이 붕괴되어 가는 과정이다. 회심의 시기는 결국 기존 세계관이 붕괴되고 새로운 가치관이 등장함으로 이것을 통해 사회 변화를 시도하게 된다. 혁신의 시기는 이런 새 가치관에 의한 변혁 운동이 조직적·구조적으로 일어나는 시기를 의미한다.[29]

그의 모델의 장점은 기존 가치관의 붕괴가 가견적으로 급작스럽게 나타나는 것이 아니라, 오랜 세월의 과정을 통해서 보이지 않는 잠수의 시기를 걸쳐서 나타난다는 점을 규명한 것이다. 선교 전략가는 선교의 대상 지역에서 이런 잠수 시기가 형성되어 있는지,

---

29) Tippett, op. cit., pp. 157-182.

이것이 어떻게 발전되는지를 파악할 수 있는 능력이 있어야 한다. 티페트의 모델을 그림으로 나타내면 다음과 같다.

티페트의 혁신 모델

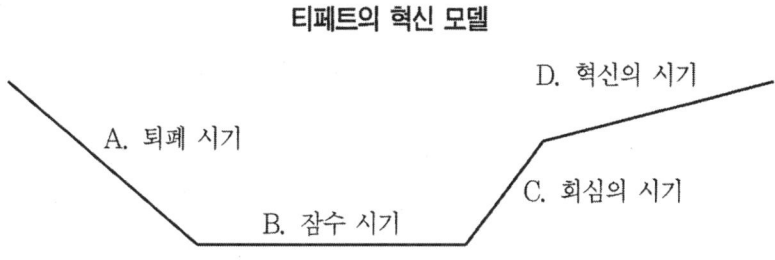

(2) 패러다임의 변혁

세계관의 변혁에는 패러다임의 이론이 적용되어진다.[30] 패러다임은 과학철학자인 토마스 쿤에 의해 이론적으로 정립이 되었는데, 그 의미는 문화 공동체에 있어서 그 공동체의 사람들에게 공유된 가치 체계와 공통적으로 받아들이는 일반화된 상징의 의미 체계(Shared Symbolic Generalizations and Values)이다.[31]

세계관의 변혁은 반드시 패러다임의 변화(Paradigm Shift)를

---

30) 패러다임의 변혁을 통한 세계관의 변혁을 선교 변혁에 적용한 선교학자로서 찰스 크라프트가 있다. See Charles H. Kraft, Christianity in Culture(Maryknoll : Orbis, 1984), pp. 24-33.
31) Thomas Kuhn, The Structure of Scientific Revolutions(Chicago : University of Chicago Press, 1970), pp. 158-159.

통해서만 일어난다. 기존의 패러다임이 변화되어지지 않았는데 표면적인 문화 형태만 변화시킨다고 진정한 세계관의 변혁이 일어나는 것은 아니다. 타 문화권에서 선교 변혁을 일으킬 때 그 문화권의 패러다임이 무엇인가를 구별하는 것이 무엇보다 중요하다. 그러면 세계관을 파악하기 위해서 패러다임을 어떻게 분별할 것인가?

첫째는 세계관의 보편 요소들이 그 문화권 속에서 어떤 의미를 가지고 있는지를 규명하는 일이다. 여섯 가지의 보편 요소들을 이미 살펴보았는데, 이것이 그 문화권 속의 사람들에게 어떻게 사용되고 있는지를 파악해야 한다.

두 번째는 삶의 통과 의식들이 어떤 의미로 사용되고 있으며, 이것은 상호 어떻게 총체적으로 결속이 되었는지를 규명하는 일이다. 삶의 통과 의식의 의미를 파악함으로써 세계관의 패러다임을 찾아 낼 수 있다.

세 번째는 종교 의식이나 종교 절기들과 종교 상징물의 의미를 규명함으로써 세계관의 패러다임을 찾아 낼 수 있다. 세계관은 종교적 표현을 통해서 절정으로 나타난다.

네 번째는 이 모든 과정에 있어서 그 문화권의 내부인에 의해서 도움을 받아야 한다는 것이다. 문화의 외부인은 세계관을 파악하는 데 있어서 한계가 있음을 인식해야 한다. 이것은 문화 변혁의 주제에서 자세하게 다루어질 것이다.

이런 과정을 통해서 세계관의 패러다임을 구별하게 되면, 그 패러다임을 성경적 세계관의 패러다임으로 하나하나 충돌을 일으켜서 성경적 세계관의 변혁을 일으키게 한다. 이 과정에서 요하네스 바빙크는 성령의 역할을 인식하여 엘렝틱스 이론을 주장하였고, 바로 여기서 중생의 열매가 맺어진다고 하였다.

패러다임의 변혁을 통하여 이교적 세계관을 변화시키고 성공적인 선교 사역을 수행한 사도 바울의 경우를 살펴보자. 자유주의 신학자들은 바울을 평가하는 데 있어서 크게 두 부류로 나누어진다.

고전적 자유주의자들은 예수 그리스도보다 저들의 진화론적 전제에 의해서 바울을 기독교의 완성자로 본다. 그 이유는 바울이 소위 헬라 사상을 받아들여 기독교를 더욱 발전시켰다고 보는 것이다.[32] 최근의 신자유주의자들은 예수 그리스도에게 초점을 맞추고, 바울을 주변의 헬라 사회에 타협한 인물로 보고 그의 문제점을 지적한다.[33] 그들이 바울을 비난하는 것 가운데 하나가 바울이 당시의 노예 제도에 대하여 침묵하였다는 것이다.

그러나 고전적 자유주의자나 신자유주의자나 예수 그리스도와 바울에 대하여 너무나도 잘못되게 접근을 한다. 그들은 성경적 세계관을 이해하지 못하는 것이다. 바울이 노예 문제를 다룸에 있어서 그는 패러다임의 변화를 통한 근본적인 세계관의 변혁을 추구하였다.

빌레몬서에 나타난 오네시모의 경우를 들어 보자. 오네시모는 빌레몬의 노예로서 도망을 하여 로마에 있다가 바울을 통해 복음을 듣고 그리스도인이 되었다. 그는 바울의 동역자로서 바울의 사

---

32) 고전적 자유주의 신학자들로서 이런 입장을 가진 대표적인 19세기의 학파는 튀빙겐학파이고 바우르, 젤러 등이 있다.
33) 이런 입장은 후기 불트만학파나 오늘날의 정치 신학자들에게서 나타나는 경향이다. 케세만, 후크, 메츠 등이 있다.

역에 함께 동참하였고 귀한 역할을 한 것 같다. 그러나 오네시모는 빌레몬의 노예로서 도망을 하였기에 당시의 법률에 의하면 그의 생사 박탈권은 빌레몬이 결정을 하게 되어 있다.

바울은 오네시모를 가리켜서 그의 아들이라고 표현하였고(몬 1 : 10) 그의 심복(11절)이라고 하였다. 바울은 빌레몬에게 보낸 서신을 통해서 빌레몬이 오네시모에 대한 결정을 하되 그리스도의 복음법과 당시의 세상법 중에 그리스도의 법을 따를 것을 확신한다는 말을 하고 있다. 이에 어떤 일이 일어났는가? 빌레몬은 당연히 그리스도의 법을 따른 것이다.

당시의 노예 제도는 단순히 문화 속의 경제 형태로만 존재한 것이 아니라 세계관과 연결이 되어 있었다. 당시의 세계관은 헬라 철학의 영향을 받아서, 플라톤이 말한 대로 도시의 거주민들을 이데아의 반영에 따라서 귀천을 구분하고, 노예의 신분을 합리화시키고 있었다. 이것은 그리스도의 복음법과 정면으로 대립이 되고, 결국은 빌레몬에게 있어서 이교적인 세계관을 반영하는 패러다임이 복음의 패러다임을 통해서 성경적 변혁이 일어난 것이다.

이런 변혁은 근본적인 변혁이기에, 복음이 확산되는 지역마다 이런 근본적인 변혁이 일어나게 되고, 이것은 궁극적으로 로마의 노예 제도를 붕괴시키는 결과를 가져오게 하였다. 그런데 이런 세계관의 변혁 없이 단순히 노예 제도만을 강제적으로 없애게 했을 때 노예 제도가 진정 없어질 수 있었을까?

세계관의 변혁이 없는 제도적인 변화는 세계관의 특성상 다시 원점으로 돌아오게 될 것이다. 바울의 선교 변혁은 세계관의 차원에서 이루어지는 근본적인 변혁이요 그렇게 될 때만 노예 제도는 뿌리 뽑히게 되는 것이다.

　예수 그리스도를 통한 선교 변혁은 어떠했는가? 누가복음 10장 25절로부터 37절까지의 말씀에 따르면 예수님은 선한 사마리아인의 비유를 통해서 이웃 사랑의 의미를 제자들에게 말씀하셨다. 이 비유의 말씀은 단순한 선한 일에 대한 교훈의 말씀이 아니다. 이것은 유대인의 기존 세계관을 무너뜨리고 그리스도를 통한 복음의 세계관을 명쾌하게 제시하시는 놀라운 말씀이다.

　유대인의 세계관으로는 사마리아인은 용납이 될 수 없었는데, 이 비유의 주인공은 사마리아 사람이었고, 사마리아인이 가장 선한 이웃이 된 것이다. 이것은 그리스도의 복음을 통하여 원수가 사랑의 대상이 되고, 그리스도 안에 나타난 하나님의 사랑은 인간의 모든 장벽을 무너뜨리고, 하나님과 화목하게 하고, 사람들을 화해하게 만든다는 복음의 진수가 담겨 있는 말씀이다.

　만일 유대인들이 사마리아인을 이웃으로 받아들인다면 그것은 오직 복음의 패러다임을 통한 변혁이 일어났을 때만 가능하게 된다. 이렇듯이 성경적 선교는 이교적 세계관의 패러다임을 철저하게 뿌리를 뽑아 버리고 성경적 세계관의 변혁을 일으키는 것이다.

(3) 세계관의 변혁에 있어서 조심해야 할 점

1) 세계관 변혁의 주축은 문화권 내부자가 되어야 한다[34]

　문화권 외부자가 문화권의 세계관을 파악하는 데는 한계성이 있음을 알아야 한다. 반드시 문화권 내부자의 도움을 받아야만 그 한계성을 극복할 수 있고, 온전한 세계관의 변혁을 일으킬 수 있다.[35] 기존의 세계관의 영향을 완전히 극복하는 데 최소한 세 세대가 지나가야 한다는 통계를 기억하고, 토착 교회 공동체를 통한 철저한 성경적 세계관의 변혁이 끊임없이 계속되어야 한다.[36]

만일 그렇게 되지 않으면 혼합주의적 결과가 나타날 수 있는데, 이것은 고의성이 있는 것이 아니라 외부자가 보지 못한 문화 의미가 문화 형태 속에 숨어 있어, 혼합주의적 영향을 나타내기 때문이다. 이것을 경계해야 한다.

2) 가치관의 변화는 부작용을 낳을 수 있다

아프리카의 한 종족에게서 일어났던 일이다. 그 종족이 전통적으로 섬기는 최고의 신은, 그 신이 정해 놓은 규율을 어겼을 때 항

---

34) 메이어스는 이것을 모국 문화화(Enculturation)와 타국 문화화(Acculturation)로 규정하고 선교 변혁시 양자를 균형 있게 다룰 것을 요구한다. See Stephen A. Grunlan & Marvin K. Mayers, Cultural Anthropology, pp. 71-84.
35) 크라프트는 이런 관점에서 문화권 외부에서 들어간 선교사는 문화권 내부자가 아니며 선교 변혁에 있어서 촉진자(Advocate)가 되어야 함을 전제하고 촉진자의 역할을 하는 문화권 외부자의 사람에 의해서 문화권 내부자의 사람이 변혁을 받아들이는 혁신자가 되고 이 내부자가 문화권 안에서 동료들에게 변혁을 촉진시키는 촉진자가 됨으로 궁극적으로 총체적인 선교 변혁이 일어난다는 이론을 주장한다. See, Kraft, Anthropology for Christian Witness, vol. 2, pp. 796-800.
36) 폴 히버트는 문화권 하에서 토착 교회가 이교적 가치관을 극복하고 온전한 토착 교회로 뿌리를 내리는 데 최소한 삼 세대가 필요하다고 말한다. See Hiebert, Anthropological Reflections on Missiological Issues, pp. 147-158.

상 이에 대해 복수하고 형벌을 주는 무서운 신이었다. 그들은 이런 신에 대한 세계관 속에서, 신이 제정한 그 종족의 규율을 지키는 가운데 종족 사회를 안정되게 지탱해 갈 수 있었다.

이 종족이 선교사에 의해 복음을 듣고 하나님을 믿게 되었을 때 선교사를 통해 알게 된 하나님은 그들이 이전 세계관 속에서 정해 놓은 규율을 어겨도 용서해 주시는 사랑의 신이었다. 따라서 더이상 그들은 그들의 전통적인 가치관을 지키지 않아도 되었고, 그 종족의 규율을 어겨도 용납이 되었다. 이로 인해 젊은이들은 노인들을 더이상 공경하지 않게 되었고, 그 종족의 지도력의 구조는 붕괴되었고 무법 천지가 되는 일이 일어났다.[37]

왜 이런 현상이 일어났을까? 이것은 성경적 가치관이 그 종족들에게 제대로 전달이 되지 않고 왜곡되게 나타났으며, 또한 성경적 세계관의 변혁이 그 종족 사회에 총체적으로 나타나지 않은 결과이다. 가치관의 변혁은 하루아침에 일어나는 것이 아니라 오랜 세월을 걸쳐서 이루어지며, 성경적 세계관이 온전히 전달되어야 부작용을 극복할 수 있다.

3) 신학적 변혁은 기능적 변혁을 수반해야 한다

나이지리아에서 행해지던 하우사 부족의 일부 다처제는 그들의 세계관의 반영이었다. 이 제도는 부족간의 전쟁이 흔하게 일어나는 상황에서 여성들을 보호하는 일종의 사회 복지 제도였다. 전통

---

37) Kraft, Anthropology for Christian Witness, p. 141.

적으로 하우사 부족은 부계 사회로서 여성에게 상속권이 없었고, 만일 남편이 죽었다면 그들은 그 사회에 정식 구성원이 아니므로 생존할 방법이 없었다. 여성들을 한 남자가 여러 명 거느릴 수 있게 함으로써 하우사 부족은 이 문제를 극복하려 하였다.

또한 하우사 부족은 남자는 수렵 및 전쟁을 수행하였고 여성은 집에서 가사일을 하며 농사일을 하였다. 여성의 노동력은 많은 소출을 가져오게 하고, 이것은 집안 재산을 증식하는 유일한 방법이었다. 따라서 이런 사회 구조에서 여성을 한 남자가 많이 거느릴 수 있다는 것은 그만큼 많은 재산을 소유할 수 있다는 것이며, 그 남자는 또한 덕이 있는 남성으로 그 사회의 지도자의 자격을 인정받게 되어 있었다.

이런 하우사 부족이 복음을 받고 가족 제도에 성경적 세계관의 변혁이 일어나게 되었을 때, 당연히 하나님의 창조 질서로서의 가정은 일부 일처 제도이기에 일부 다처의 풍습을 버리게 되었다. 이것은 신학적 변혁이 일어나는 것이다.

그러나 여기서 만일 기능적 변혁이 일어나지 않는다면, 신학적 변혁만 가지고 온전한 세계관의 변혁이 일어날 수 있을까? 이것은 선교적 변혁에 있어서 심각한 결점을 가지게 되고, 결국 일부 다처제를 근본적으로 없애지 못하는 결과를 가져온다. 이것을 극복하기 위해서 반드시 신학적 변혁은 기능적 변혁을 수행해야 한다.

이런 경우에 하우사 부족의 여성들이 일부 다처 제도 안에서 생존하지 않아도 스스로 생존하며 그 사회에 공헌할 수 있도록 기술을 가르쳐서, 여성들만이 할 수 있는 소규모의 가내 기업을 하게 하거나 일을 할 수 있도록 해야 한다. 그래서 한 여성만의 힘으로도 집안 가계에 경제적인 도움이 되게 함으로써 재산 증식을 위해서 많은 여성을 거느리지 않아도 되는 경제 구조의 변혁이 있게 되는 것이다.

이렇게 되면 많은 시간이 걸리지만, 많은 여성들을 거느리는 것이 지도력의 자질처럼 여겨지지 않게 되고, 궁극적으로 진정한 성경적 세계관의 변혁이 온전하게 일어나게 된다.

4) 기능적 변혁은 신학적 변혁을 수반해야 한다

아프리카나 아시아에서 환자의 병을 치료하는 행위는 단순히 주술적으로만 이루어지는 것이 아니라, 그 지역의 토속 의학에 훈련을 받고 그 지방의 약초에 박학한 지식을 가진 전문적인 의료인들에 의하여 행해진다. 그들은 때론 주술적인 행위를 하기도 하지만 이것은 심리적인 것이며, 실상 치료는 약초를 사용함으로 행해진다.

그들의 세계관은 병의 원인을 단지 자연적인 것으로 보지 않고 심리적이며 영적인 것으로도 보는데, 이것은 전인적이고 총체적인 치료를 요하게 된다. 따라서 그들은 환자와 오랜 시간 동안 많은 대화를 나누며 환자의 병의 원인을 규명하고 소위 총체적인 치료를 시도한다.

서구의 의료 선교사들이 이런 세계관을 가진 지역에서 환자를 치료하며 선교 사역을 수행할 때, 그들은 종종 그들의 서구적 자연주의 세계관의 영향을 은연중에 받고 있으므로, 단지 약을 투여함으로 병을 치료하려는 기계적인 행동을 하기가 쉽다. 이렇게 되면 그 지방의 원주민들에게 선교사들이 전파한 하나님의 모습은, 능력은 있지만 사랑이 없고 무정한 기계적인 분으로 여겨질 수 있다는 것이다.

여기에서 문제점은 무엇인가? 기능적인 변혁은 이루어졌지만, 신학적인 면에서 온전한 복음을 그 지역의 세계관에 합당하게 전하지 못함으로 생겨난 부작용인 것이다. 이런 것들을 경계해야 한다.

Ⅶ. 문화 연구

　문화의 인류학적이고 성경적인 정의는 무엇인가? 문화는 어떤 특성을 가지고 있고, 문화가 서로 다를 때 어떤 현상이 일어나는가? 문화가 서로 교차하는 상황 속에서 복음 선교자는 어떤 자세를 취해야 하고, 문화를 어떻게 분석하고 변혁시켜야 하는가? 교차문화 상황 속에서 선교 변혁을 일으킬 때 바람직한 성경적 선교신학의 모델은 어떤 것인가? 문화 유형의 다양한 이론은 무엇이며, 무엇이 성경적이고 개혁주의 신학에 부합한 문화 유형이 될 것인가? 본 장에서는 이러한 것들을 집중적으로 살펴볼 것이다.

1. 문화 정의

　문화에 대한 인류학자들의 정의는 다양하나 대체로 공통적인 특색을 가지고 있다. 키이싱 부부가 소개하는 인류학자들의 문화 정의를 보면 다음과 같다.

타일러는 문화란 복합적인 전체로서 지식, 믿음, 예술, 도덕, 법, 관습, 사회 구성원인 남성에 의해 획득되어진 습관과 다른 능력을 포괄하고 있다고 한다. 린톤은 문화란 특정한 사회 구성원에 의해 나누어지고 전수되어지는 지식, 태도, 습관적인 행동 패턴의 총체물이라고 하였다. 크로버와 클러크혼은 문화란 인간 그룹의 특징적인 성취물로서, 예술품을 포함해서 상징에 의해 획득되고 전수되어지는, 행동을 위한 내연적이고 외연적인 패턴이라고 하였다.[1] 그리고 선교인류학자인 폴 히버트는 문화를 정의하기를, 문화란 사회를 특징짓는 행동, 사상, 생산물의 배운 패턴의 통합된 제도라고 하였다.[2]

이러한 정의들을 근거로 해서 저자는 문화를 다음과 같이 정의한다. 그것은 특정 개인의 산물이 아니라 사회 공동체의 산물이며 세계관의 구현으로서 사상, 행동 양식, 생산품 등에 나타나며, 사회를 통해 전수되어지는 통합적인 체계이다.

그러면 문화에 대한 신학적 정의는 어떻게 되는가? 이 물음에 대해서 저자는, 1978년에 로잔느 복음화 대회의 신학분과위원회가 모여 버뮤다의 윌로우뱅크에서 내린 복음과 문화에 대한 신학적 정의를 소개하려 한다. 존 스토트를 필두로 전세계의 복음주의 신학자 33명이 모였는데, 여기서 문화에 대한 성경신학적인 정의

---

1) Roger M. Keesing, Felix M. Keesing, <u>New Perspectives in Cultural Anthropology</u> (New York:Holt, 1971), p. 20.
2) Paul G. Hiebert, <u>Cultural Anthropology</u> (Grand Rapids:Baker, 1983), p. 25.

와 이에 근거한 문화의 총체적인 정의를 내리고 있다.

보고서는 문화의 기원을 하나님의 형상으로 지음 받은 인간에게 주신 하나님의 창조 언약으로부터 설명하는데, 그것은 창세기 1장 26절로부터 28절까지의 말씀이다.[3] 여기에는 하나님이 지으신 모든 피조 세계에 대하여 인간에게 생육하고 번성하여 땅에 충만하고 모든 생명체들을 다스리라는 말씀이 나온다.

프랜시스 니글리는 이 구절에다가 창세기 2장 15절의 말씀을 연관하여 에덴 동산을 다스리도록 한 하나님의 명령이 이 창조 언약 속에 내포되어 이것이 바로 문화의 기원이 된다고 하였다.[4] 니글리는 더 나아가서 문화 용어의 기원에 대해 28절의 '정복하라'는 라틴어 용어 'cultura'에서 영어의 문화를 의미하는 'culture'가 기원되었다고 하는데, 원래 이 용어는 한국어에서 번역된 '정복하라'가 아니고 '경작하라'는 뜻이다.[5]

윌로우뱅크 보고서나 니글리나 이렇듯이 문화의 기원을 하나님의 창조 언약으로 보는데, 문화를 인간에게 주셔서 하나님이 지으신 피조 세계를 다스리도록 하신 목적은 동일하게 하나님의 영광을 위한 것임을 밝히고 있다.

이렇듯이 하나님의 영광을 위해 주어진 문화는 모든 피조 세계에 대하여 청지기적인 책임을 지도록 요청하고 있으며, 이것은 인

---

3) Robert T. Coote, John Stott, eds., <u>Down to Earth : The Paper of the Lausanne Consultation on Gospel and Culture</u>(Grand Rapids : Eerdmans, 1980), pp. 311-312.
4) Francis N. Lee, <u>The Central Significance of Culture</u>(Philadelpia : Prpco, 1976), pp. 24-25.
5) Ibid., p. 18.

간 자신에게도 해당된다. 니글리는 이 창조 언약을 인간이 하나님께 부여받은 모든 피조 세계를 통치할 수 있는 '통치의 헌장'(Dominion Charter)이라고 하면서 이것이 인간으로 하여금 문화적 행위를 통하여 하나님의 뜻을 수행하도록 하는 원동력이 된다고 하였다.[6]

전통적으로 개혁주의 신학에서는 이 창조의 언약을 보통 은총으로 규정한다. 보통 은총의 핵심은 문화인데, 칼빈은 보통 은총을 정의하기를 인간이 범죄 이후에도 문화적 삶을 영위하고 생존할 수 있는 것은 보통 은총이 있기 때문이라고 하였다. 이러한 문화적 삶은 인간으로 하여금 죄를 억제케 하고 선한 것을 증진하며 하나님의 창조 언약을 수행하게 하나, 죄를 없이 할 수 없으며 더욱이 사탄의 영향력에서 벗어날 수 없다.[7]

이런 관점에서 개혁주의 신학자들은 보통 은총은 구원과는 상관이 없기에 성령의 특별한 은총인 성경 계시를 통한 그의 구속적인 사역이 요청되어지고, 이것을 찰스 핫지는 '효과적인 은총'(Efficacious Grace)이라고 불렀다.[8] 윌로우뱅크 보고서는 문화가 인간의 타락에 영향을 받고 있음을 명기하면서, 문화의 핵심인 세계관에 인간 중심적인 이기심이 작용하고 있고, 이것은 그리스도의 주재권 하에서 변화되어져야 한다고 말한다.[9]

---

6) Ibid., p. 24.
7) John Calvin, <u>Institutes of the Christian Religion</u>, vol. 1, John T. Mcneill(Philadelphia : Westminster Press, 1967), pp. 51-69.
8) Charles Hodge, <u>Systematic Theology</u>, vol. Ⅱ(London : James Clark, 1960), pp. 675-689.

이런 점에서 문화는 중립이 아니다. 문화는 보통 은총으로 인간에게 주어졌으나 인간이 범죄한 이후에 죄와 사탄의 영향을 받게 되었으며, 따라서 모든 문화는 그리스도의 복음으로 새롭게 거듭나는 역사가 있어야 한다. 윌로우뱅크 보고서는 이런 신학적 바탕 위에서 문화에 대한 최종 정의를 내리는데, 그것은 다음과 같다.

"문화란 믿음(하나님 혹은 궁극적인 실제), 가치(참되고 선하고 아름답고 규범적인), 관습(어떻게 행동하고, 타인과 관계하고, 대화하고, 옷을 입고, 일하고, 놀이하고, 상거래하고, 농사 짓고 먹는지)과 이런 믿음과 가치와 관습을 표현하는 기구들의 통합된 제도로서, 사회를 결속시키고 사회에 정체성, 존엄성, 안정성, 계속성을 부여한다.[10]

2. 문화의 보편적 특성들

문화 정의를 토대로 해서 문화에 관한 실제적인 특성들을 살펴보자. 먼저 문화는 네 가지 종류로 구분되고 있다. 이것은 외향적 문화(Explicit Culture), 내향적 문화(Implicit Culture), 이상

---

9) Robert T. Coote, John Stott, eds., Down to Earth(Grand Rapids : Eerdmans, 1980), p. 312.
10) Ibid., p. 313.

적 문화(Ideal Culture), 실제적 문화(Actual Culture)이다.[11]

외향적 문화는 전형적인 서구인의 문화인데, 가치관을 간접적으로 표현하기보다 직접적으로 표현하는 문화이다. 이 문화는 희로애락의 정서와 윤리적인 판단을 직접적으로 하며, 이것이 또한 미덕으로 알려지고 있다.

내향적 문화는 전형적인 아시아인의 문화이며, 동양에 있어서 유교적 가치관의 영향을 많이 받았다. 내향적 문화에 해당하는 것으로 체면 문화, 수치 문화 등이 있다. 내향적 문화는 희로애락의 정서와 윤리적인 판단을 간접적으로 표현하며, 직접적인 표현을 하는 것을 큰 결례로 생각한다.

이상적 문화는 모든 문화마다 이상적인 기준이 있음을 의미한다. 문화는 실제로는 도달하지 못하지만 그 문화에 있어서 최고의 가치 기준을 설정하고 있으며, 이것에 도달하려고 노력하고 있다. 이것이 문화에 있어서 자체적으로 문화 변혁이 일어날 수 있는 가능성이 되는 것이다.

실제적인 문화는 문화의 현 상태를 의미하는 것으로, 항상 이상적 문화를 추구하는 성향을 가지고 있다. 이것이 문화 변화의 요인이 된다.

이러한 문화의 네 종류의 구분에 이어서 문화의 보편적 특성들을 살펴보자. 이것은 다음과 같다.

---

11) Kraft, <u>Anthropology for Christian Witness, vol. 1</u>, pp. 99-101.

(1) 삶의 총체적인 구조를 가지고 있다[12]

이미 문화 정의에서 살펴보았지만 문화는 통합된 체계로서 인간의 삶의 모든 영역에 관여하고 있다. 문화의 핵심이 세계관임을 이미 살펴보았지만, 세계관은 문화 형태를 통해서 인간의 삶의 모든 영역에 나타나며, 이것은 총체적인 구조를 가지게 되어 있다.

문화의 총체적인 구조는 세계관을 심층 구조로 해서 다양한 하위 문화(Subculture)로 나누어지는데, 이것은 크게 사회 단위적 하위 문화, 경제적 하위 문화, 교육적 하위 문화, 정치적 하위 문화, 언어적 하위 문화, 종교적 하위 문화로 나누어진다. 이것을 그림으로 표시하면 다음과 같다.

문화의 총체적 구조

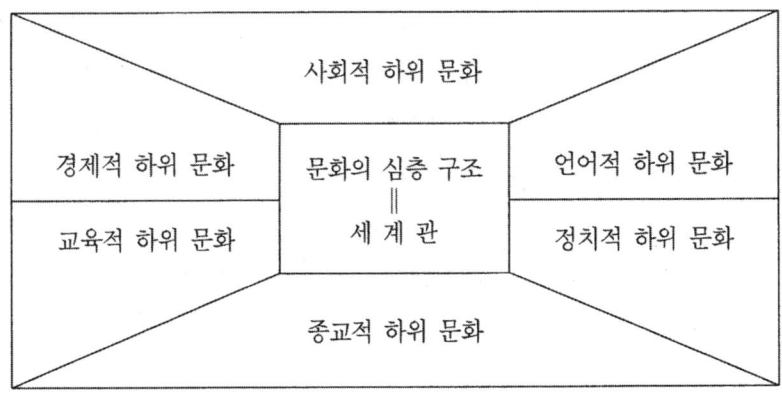

---

12) Ibid., p. 93.

이렇듯이 문화는 총체적인 구조를 가지고 있기에 문화권 속에서 이루어지는 어떤 일도 소홀히 간과해서는 안 되며, 면밀한 관찰과 그 의미를 추적하는 노력이 필요하다. 문화권 속의 사람들의 비음성적 의사 표현이나 제스쳐나 독특한 특징적 행동은, 우연히 나타나는 것이 아니라 문화의 통합된 체계에서 나타나는 것임을 명심해야 한다.

(2) 적응 체계(Adaptive System)를 가지고 있다[13]

문화는 사람들이 생존하며 문화적 행위를 하는 데 있어서 그 문화가 속해 있는 지정학적 환경이나 삶의 경험에서 발전되기에, 생태학적 환경과 사회적 환경에 이미 적응하는 체계를 가지고 있다. 이런 적응 체계는 문화로 하여금 문화권 속에서 이루어지는 모든 일들에 대하여 본질적으로 응답케 하는 신속성을 가지게 하며, 그 문화권 속의 사람들로 하여금 최선의 삶을 살 수 있게 한다.

예를 들어 보자. 중국은 동북쪽이나 서남쪽의 몇 군데 산악 지역을 제외하고는 대체적으로 토양이 석회층으로 되어 있고, 물에 석회분이 많이 포함되어 있어서 사람들이 생수를 식수로 사용할 수 없고 정수된 물이라 할지라도 식수로 쓰는 데 한계가 있다. 이에 사람들은 옛날부터 물을 끓여서 녹차나 화차를 사용하여 식수 대용으로 쓰고 있다. 이것은 문화의 적응 체계를 보여 주는데, 식

---

13) Ibid., p. 94.

수의 문제를 식수 대용의 차 문화로 전환하여 그 문화권에서 사람들은 생존을 하는 것이다.

 저자는 동남 아시아를 여름에 여행할 때 무더운 기후에 적응하는 생존 비결을 배웠다. 이것은 그 나라 음식 문화에 빠르게 적응하는 것이다. 그 나라의 음식 문화는 그 나라의 기후에서 생존하는 데 최선의 지혜를 담고 있으며, 토속 음식에 빠르게 적응할수록 그 나라의 기후를 극복할 수 있는 면역성이 생기게 된다.

 일년 내내 무더위가 계속되는 아프리카나 아시아의 일부 적도 지역이나 열대 기후의 지역에서는 사람들이 오후에 낮잠을 자는 습관을 가지고 있고, 그 시간대에는 일반 상점도 문을 닫으며 심지어는 국가 사무소도 문을 닫는다. 그러나 태양이 지고 서늘한 밤 시간이 되면 사람들은 광장이나 시장에 모여들기 시작하고, 밤을 새며 영업하는 상점이나 음식점들이 많고 밤의 문화가 발달되어 있다. 이런 지역에 사는 사람들은 시간에 있어서 여유가 있으며 급한 약속을 하지 않고, 대체적으로 시간 약속에 있어서 한두 시간 늦는 것은 여유로운 마음으로 이해한다.

 이런 기후 지역에서 생겨난 문화는 그 지역에 살고 있는 사람들에겐 최선의 생존 조건을 제공한다. 그런데 이것을 무시하고 추운 기후나 몬순 지역의 기후권에서 형성된 문화적 가치관을 가지고 이런 문화권의 사람들을 판단하고 자기 문화의 가치 기준으로 행동하는 것은 문화 충격에 걸리기 쉽고 그 충격에서 헤어 나오기가 어렵게 만든다.

 만약 복음 전도자가 이런 문화적 특징을 무시하고 자기 문화의 기준으로 행한다면, 이것은 현지인들로 하여금 마음의 문을 닫게 하는 비극을 가져온다. 이런 경우에 있어서 현지인들은 복음을 거부하는 것이 아니라 문화적 편견을 거부하는 것이다.

(3) 모든 행동 양식에 대하여 문화적 의미를 부여한다[14]

이 말은, 의미 없는 문화 행위는 이루어지지 않으며, 문화권 속에서 행해지는 모든 것은 제각기 문화로 말미암는 의미를 내포하고 있다는 말이다.

저자는 미국에서 아이들을 교육시켜 본 경험이 있다. 어느날 학교에서 과제물을 내어 주었는데, 그것은 손으로 하는 표식을 통해 의미를 전달하는 것을 파악하는 것으로서, 미국 문화에서 비롯된 상징적인 의미를 알아 보라는 것이었다. 거기에는 여러 예제가 있었는데, 저자가 이해할 수 없는 손의 표식이 많았다.

예를 들어 오른손을 활짝 펴서 높이 치켜들면 오늘 안에 서로 연락하자는 뜻이고, 엄지 손가락과 집게 손가락을 모아 타원형을 만들고 다른 손가락을 펴서 손을 들면 이것은 행운이라는 뜻이다. 만일 이런 손의 표식을 통한 그 문화권에서 통용되는 묵음의 언어(Silent Language)의 뜻을 알지 못한다면, 이것이 무엇을 의미하는지를 파악하지 못할 것이다.

나이지리아의 하우사 부족은 장례식을 치를 때 반드시 죽은 사람의 관을 어깨에 매는 풍습이 있다. 그들의 문화에 의하면 죽은

---

14) Ibid., pp. 95-97.

사람만을 어깨에 매게 되어 있지 산 사람을 어깨에 매어서는 안 된다는 것이다. 미국에서 온 선교사가 미국의 가정 놀이 문화대로 아이를 어깨에 올려 놓고 집 앞의 풀밭에서 놀았다. 이것을 본 하우사 부족의 사람들은 그 미국 선교사를 평가하기를, 자신의 아이를 너무나도 미워하기에 죽은 사람만 올려 놓을 수 있는 어깨에 올려 놓는다고 엉뚱한 생각을 하고, 그 선교사가 전하는 복음을 거부한 것이다.

죽은 사람만을 어깨에 올려 놓는 문화의 의미를 초년생 선교사가 아직 파악하지 못했기에 생겨난 에피소드이지만, 이것은 선교 사역에 치명적인 결과를 초래할 수 있다. 선교사가 자기 문화의 기준을 계속해서 고집하고 현지인의 문화를 무시한다면, 본인 자신을 문화 충격에 빠지게 함으로써 사역에 있어서 큰 낭패를 가져올 수 있다.

(4) 다인적(Multiindividual)이며 개인을 통해서 변화된다[15]

이것은, 문화 변혁은 본질적으로 문화권 속의 개개인의 변화를 통해서 이루어진다는 말이다. 문화 구조가 기계적인 영향을 가지고 있기에 그 문화권 속의 사람들을 기계로 찍듯이 구조적인 영향을 주므로 개인은 이런 구조적인 세력 앞에서 아무런 힘도 없다는

---

15) Ibid., p. 97.

그런 이론이 아니다. 만일 그렇다면 개인은 문화 속에서 아무런 역할도 하지 못하고 다만 문화의 희생물이 된다.

문화 변혁은 개개인의 변화 과정을 통해서 총체적인 구조적 변화로 나타난다. 문화의 심층 구조인 세계관은 사람들의 마음 속에서부터 비롯되며, 이것이 문화 속의 개개인들을 통해서 총체적인 영향을 나타내는 것이다.

이러한 문화의 특성은 복음주의 선교신학의 명제와도 부합이 된다. 사회 구조 속의 개개인이 먼저 복음 선포를 통한 성령의 중생케 하시는 역사를 통해서 거듭나야 하며, 하나님과의 관계가 회복이 되어야 그들의 삶이 변화되며 그들의 삶의 현장을 변화시킬 수 있다.

그러나 에큐메닉 진영에 속한 많은 신학자들은 개인의 중생과 거듭남은 아무런 의미가 없으며, 그 개인의 변화가 구조악의 문제를 전혀 해결할 수 없다고 본다. 개인은 구조 앞에서 너무나도 무력한 존재인 것이다. 따라서 그들은 구조적인 변혁을 먼저 추구하며, 그 이후에 개인의 변화가 가능하다고 판단한다. 그러나 이런 신학적 입장은 문화인류학에서 입증이 되지 못하고, 오히려 복음주의 입장을 가진 선교학자들의 주장을 뒷받침한다.

실제로 선교 변혁은 선교 현장에서 어떻게 일어나는가?

문화권 속의 영향력 있는 여론 형성의 지도자(Opinion Leader)가 선교사를 통해 복음을 받고 회심하게 되면, 그는 자신의 영향력의 범위(Network) 안에 있는 사람들에게 복음적 영향을 나타내게 되어 있다. 이를 통해 선교사는 복음 증거의 접촉점을 계속해서 확보하게 되며, 이것으로 궁극적으로 많은 사람들을 회심케

하는 결실이 맺어진다. 이후에 그들의 삶이 복음으로 변화됨으로써 가치관의 변혁이 일어나서 문화 속의 세계관의 변혁으로 나타나며, 이것은 궁극적으로 구조적인 변혁을 일으키게 되어 있다.

저자는 여기서 원론적인 문화 변혁의 특징을 논하는 것이지, 영과 육을 구분하고 내세 지향적인 이원론적 구원관을 가진 폐쇄적인 근본주의적 선교 방법을 옹호하는 것은 아니다.

(5) 축적된 배움의 창고와 같아서 계속성을 유지한다 [16]

문화적 가치는 문화의 하위 구조인 교육 제도의 공적 · 비공적 · 준공적인 방법을 통해서 그 문화권의 사람들에게 전수되어진다. 또한 문화의 다른 하위 영역 안에서도, 의식적이든지 무의식적이든지 그 하위 영역의 가치관이 사람들에게 다양한 방법을 통해서 전달이 된다. 이런 과정을 통해서 문화권의 세계관은 공유되어지며, 전 세대와 현재 세대와 미래의 세대들에게 문화적 가치가 보존되거나 또는 부분적으로 개량이 되거나 혹은 혁신적인 변화가 일어난 채 그 체계는 계속 계승되어진다.

예를 들어 보자. 문화적 가치가 그대로 보존되는 경우를 보면, 한국 문화권에 있어서 나이 어린 사람이 웃어른을 만났을 때 전 세대의 전통대로 머리를 숙여서 인사하지 악수를 하지 않는 것이 일

---

16) Ibid., pp. 97-98.

반적 습관이다. 문화적 가치가 개량되어 나타나는 경우로는, 과거에 대가족 제도 하에서 장남이 부모를 모시는 것이 필수적인 일이었지만, 지금의 문화 상황 속에서는 이런 가치관이 개량되어 나타나는 것을 볼 수 있다. 즉, 여전히 장남이 부모에 대하여 가장 큰 책임 의식을 느끼고 부모도 장남에 대하여 부모가 가진 가장 좋은 것을 물려주려 하지만 반드시 그렇게 되는 것은 아니다. 종종 부모가 사랑하는 자녀들 중 하나와 함께 살거나, 자원해서 부모를 모시려는 자녀와 살거나, 자식의 신세를 지지 않고 부모끼리 살려고 하는 다양한 양상이 나타난다.

문화의 가치관이 혁신적으로 변화하여 나타나는 경우, 과거 세대의 문화가 제한된 기술과 물질 문화의 미숙한 발전으로 인하여 일반적으로 경제적인 어려움이 있었고, 생활이 어려웠을 때 되도록 물자를 아끼고 절약하는 것이 미풍이었지만, 오늘의 풍요한 물질 문화의 발전은 서구 사회에 있어서 사람들로 하여금 필요로 하는 상품을 적극적으로 사게 하고, 소비를 적절히 장려함으로 경제가 활성화되게 하여 모든 사람이 풍요로움을 누리도록 하는 가치관을 추구한다. 이것은 주로 서구의 부유한 나라의 상황으로서, 그곳에서는 소비가 미덕이지 절약이 미덕이 아닌 것이다.

이런 문화의 가치관의 변혁은 문화에 있어서 혁신적인 변화이다. 복음 선교사는 문화권에서의 이런 가치관의 전수가 어떤 양상으로 나타나는지를 면밀하게 관찰해야 하고, 복음을 전함에 있어서 정확하게 메시지를 전할 수 있어야 한다. 또한 현지 문화 형태를 사용할 때, 이런 현지 문화의 가치관의 전수가 어떤 양태로 나타나는지를 바로 파악하고 혼란이 있어서는 안 된다.

(6) 용도를 재해석(Reinterpretation)한다[17]

기존의 가치나 믿음에 크게 어긋나지 않는 한도 내에서 문화는 문화 형태의 용도를 변경하거나 재해석함으로써 항상 발전하고 변화하는 경향이 있다. 여기에는 세 가지 형태가 있는데 그것은 다음과 같다.

첫째는 외래 문화권에서 빌려 온 문화 형태가 그 문화권에서 완전히 다른 의미로 사용되는 것이다. 하와이에서 훌라 춤은 종교적 의례 행사시 추는 거룩한 의식의 춤이었다. 이것이 미국인들에 의해 미국의 한 문화 형태로 받아들여졌을 때, 그 종교적 의미는 완전히 사라지고 선정적인 이국적인 춤으로 유흥가에서 사용되고 있다. 근동에서 서구인들이 밤에 잠옷으로 입는 파자마는 원래 낮 시간에 입는 평상복이다. 이것이 서구로 수입되어 사용되어질 때 잠옷으로 그 용도가 재해석된 것이다.

둘째는 그 자체의 문화권에서 기존의 문화 형태의 의미를 새롭게 재해석하여 사용하는 것이다. 서남 아시아에서 우산은 전통적으로 왕이나 신분이 높은 귀족 계층이 나들이할 때 뜨거운 햇빛으로부터 보호하기 위한 장신구로서 신분의 고귀함을 상징하였다. 그러나 사회가 평등 사회로 발전하고 서민들의 인권이 신장되는 문화 변화가 일어나자, 우산은 더이상 장신구나 신분의 고귀함을 상

---

17) Louis J. Luzbetak, The Church and Cultures(Maryknoll : Orbis, 1993), pp. 310-312.

징하는 것이 아니라, 비를 피하는 일반 용도의 우산으로 사용되게 되었다.

셋째는 외래의 문화에서 받아들여진 문화 형태가 문화권에서 동일한 의미로 사용되는 것이다. 기존의 문화에 존재하지 않는 문화 형태가 외래 문화로부터 받아들여졌을 때, 그 용도 그대로 사용되는 경우가 많이 있다. 예를 들어 한국에 존재하지 않았던 노래방이 일본에서 한국에 수입되어 사용되어질 때, 일본에서 사용되던 의미 그대로 노래만 부르는 장소로서 사용된 경우이다. 이러한 세 번째의 경우는 문화 접변시에 기존 문화가 외래 문화로부터 새로운 가치관을 받아들이는 과정에서 많이 발생한다.

복음 전도자는 문화 접변시에 일어나는 문화 형태의 재해석을 주의 깊게 살펴보아야 한다. 이것이 진정한 복음적 변화를 의미하는 것인지 아니면 기존 가치관과의 혼합으로 생긴 문화 형태의 재해석인지를 파악해야 한다.

한국 선교사가 인도차이나의 한 부족민에게 복음을 전하는 과정에서 그들이 예수를 믿겠다고 하여 교회를 세우고 그들을 주기적으로 방문하였다. 어느날 이 부족민을 방문했을 때 한국 선교사는 그들이 성경을 이전에 사용하던 부적 대신으로 귀신을 쫓아내는 의식이나 병을 고치는 마술적 의식에 사용함을 보았다.

이것은 그들이 성경을 하나님의 말씀으로 안 것까지는 좋았으나, 성경의 의미를 제대로 파악하지 못하고 자신들의 문화권에서 행해지던 이교적 용도로서 그 의미를 재해석하여 사용한 것이다. 이런 경우에는 성경의 의미를 바르게 다시 가르치고, 혼합주의를 극복하고 세계관의 차원에서의 진정한 문화 변혁이 일어나도록 해야 한다.

3. 교차문화 상황에서의 문화 오해

문화의 가치관의 전제와 세계관이 서로 다르기에, 문화가 서로 교차될 때 문화적 차이(Cultural Difference)로 인하여 교차문화 오해(Cross-cultural Misunderstanding)가 생길 수 있다. 이런 오해가 장시간 오래 지속되면 심각한 문화 충격이 발생하고, 잘못하면 상대방의 문화에 대하여 윤리적이며 신학적인 차원에까지 오해로 인한 비난과 부정적인 가치 판단의 결론을 내리게 된다.[18]

그러면 이런 상황을 어떻게 극복할 것인가? 교차문화 오해의 사례와 문화 충격에 대해서 살펴보자.

(1) 교차문화 오해

에드워드 홀은 그의 대작인 '묵음의 언어'(The Silent Language)에서 시간과 공간에 따른 문화의 차이로 인하여 교차문화 상황시에 시간과 공간 개념에 대한 문화 의미가 완전히 다르게 사

---

18) Hiebert, op. cit., pp. 33-41.

용된다고 하였다.[19]

　이집트인들에게 있어서 시간 약속은 한 시간 정도 늦게 와도 용납이 되는 것이 그들의 예의 문화이다. 오히려 한 시간 정도 늦게 오는 것이 상대방에 대한 예의요, 본인을 믿을 만한 사람으로 여기게 한다. 그러나 미국인에게 있어서 이런 시간 관념은 용납이 되지 않으며, 15분만 늦으면 미국 문화의 가치 기준으로 볼 때 그 사람은 전혀 신임할 수 없는 사람이 되고 상대방에게 대해서 큰 실례를 범하는 것이 된다. 그런데 만일 이런 시간 관념의 차이가 있다는 것을 알지 못하고 자신의 문화 가치 기준에 젖어 있는 이집트인과 미국인이 서로 약속을 정했다고 하면, 거기에 교차문화의 오해가 있게 되는 것이다.

　공간의 의미에 대한 문화적 차이로 인하여 발생하는 교차문화 오해는 어떤 경우가 있는가?

　미국인에게 있어서 부부 사이는 한 발자국의 거리 안에서 서로 대화를 나눈다. 친구 사이의 경우에는 2피트 정도의 거리에서 대화를 나눈다. 처음 만나는 사교적인 대화시에는 최소한 4피트 정도 떨어져서 대화를 나눈다. 그러나 남미인의 경우는 다르다. 그들은 기본적으로 공간의 관념이 없고, 아무나 대화를 나눌 때 가까이서 대화를 나누려고 하며, 소리를 크게 하며 말을 한다. 만일 서로의 공간에 대한 문화 차이를 알지 못하는 미국인과 남미인이 만나 대화를 나눈다면, 반드시 서로 오해가 생겨 불쾌한 경험으로

---

19) Edward T. Hall, <u>The Silent Language</u>(New York : Doubleday, 1959), pp. 204-209.

끝날 것이다.[20]

  교차문화 오해의 예로서, 남아시아에서는 동성끼리 친근한 사이를 나타내는 표시로 손을 마주 잡거나 어깨동무를 하는 경우가 있는데, 미국인들이 이것을 볼 때는 저들의 문화 기준에서 비정상적인 관계로 오해를 한다.

  말레이시아나 인도네시아에서는 사람의 머리 위에 손을 대는 것을 아주 예의에 어긋나는 막 돼 먹은 행동으로 본다. 그들의 문화권에서는 사람의 존엄성이 그들의 머리에 있다고 보는 것이다. 그런데 이곳 지역을 여행하러 온 한국인이 그곳 현지인의 어린 아기가 너무나도 귀엽고 예뻐서 한국에서처럼 머리를 쓰다듬었다. 어떤 반응이 현지인 부모로부터 나올 것인가? 이런 행위는 현지인들을 노발대발하게 만들고, 잘못하면 큰 봉변을 당하게 되는 것이다.

  중국에서는 현지인들로부터 서로 잘 알지 못하는 상황에서 초대를 받고 대접을 받았다고 하면, 반드시 답례로서 그 현지인을 초대해야 하는 문화의 불문율이 있다. 이것을 무시하고 초대를 받았음에도 후에 초대한 사람을 대접하지 않는다면, 그곳에서 사는 한 인간 관계에 있어서 큰 어려움을 겪을 것이다.

(2) 문화 충격

  한 문화에 젖어 있던 사람이 새로운 문화권에 정착해서 살게 되

---

20) Hiebert, op. cit., p. 35.

면 문화적 차이와 교차문화 상황시의 오해로 말미암아 정신적이며 육체적인 충격을 받게 되고, 이것이 심하면 신체의 면역성이 저하되어서 질병에 쉽게 걸리게 되고, 영적인 면에서도 큰 타격을 받는다. 이것을 문화 충격이라고 부르는데, 문화 충격이 일어나는 원인과 그로 인한 정신적이며 신체적인 현상과 문화 충격이 일어나는 과정과 그것을 극복할 수 있는 방법을 살펴보자.

1) 문화 충격이 일어나는 주요 원인들

1 언어 충격[21]

윌리암 스멀리는, 자신의 문화를 떠나 타 문화권에 정착해 살게 된 사람이 현지 언어를 모르므로, 현지인들에게 바보 취급을 당하고 멸시를 받게 되는 일이 누적되면, 현지 언어에 대한 두려움이 생기고 언어 배우는 것을 거부하고 현지인을 만나는 것을 꺼려하는 현상이 생긴다고 하였다. 이것을 초기에 극복하지 못하면 문화 충격의 올무에 빠지게 되고, 현지 언어를 배우지 못하는 결과가 생긴다.

2 일상 생활의 변화에 대한 충격[22]

타 문화권에서 살게 된 사람은 자신의 모국 문화권에서 익숙하던 생활 패턴이 깨어지고, 모든 것이 어색한 상황에서 정서적인 불

---

21) Hiebert, Anthropological Insights for Missionaries, pp. 66-67.
22) Ibid., pp. 67-69.

안감을 느끼게 된다. 이것이 오래 지속되면 문화 충격이 되어 그 곳의 생활을 두려워하게 되고, 늘 모국에 돌아가기만을 바라는 비정상적인 생활이 되기 쉽다.

③ 관계성의 변화로 인한 충격[23]

모국 문화권에서 자신에게 주어진 역할과 인간 관계가 타 문화권에서 완전히 바뀌게 될 때, 사람은 누구나 불안감을 느끼게 되고 충격을 받는다. 선교사의 경우에 모국 문화권에서는 목사로서 존경을 받고 자신의 역할이 확실히 정해져 있었으나, 선교지의 문화권에서는 현지 목사의 사회적 위치가 지극히 낮음으로 본인도 열등 의식을 느낄 정도이며, 교회에 대한 적대적 상황에서 스스로의 사역을 개척해야 할 필요가 있을 때, 자신의 역할을 어떻게 해야 할지 방황하는 경우가 있다.[24]

이런 상황에서 문화 충격으로 인한 비정상적인 지위와 역할을 추구하는 경우가 있는데, 이것은 자신을 선교사요 목사로 여기기 보다 사회 사업가나 부유한 외국인으로 보이게 하거나, 현지의 권력자들과의 관계를 돈독히 하는 가운데 권력을 함께 향유하는 세력가가 되는 경우이다. 이 경우에 있어서 선교사의 신분은 완전히 망각된 것이며, 이런 비정상적인 역할과 지위를 추구하게 되면 그 사람은 선교사로서의 역할을 전혀 감당할 수 없는 사람이 될 뿐 아

---

23) Ibid., pp. 68-69.
24) 메이어는 역할에 대한 갈등이 심각해지면 사회병리적인 현상으로 발전할 수 있음을 언급하는데 교차문화 상황 속에서도 마찬가지이다. See Grunlan & Mayers, op. cit., pp. 133-135.

니라, 그 나라 교회를 망치는 해악이 된다. 이것을 선교사는 항상 경계해야 한다.

④ 이해의 능력이 결여됨으로 생기는 충격[25]

문화의 차이를 이해하지 못하고 모든 것을 의심하고 부정적인 판단을 하면, 현지인들과의 관계가 소원해질 뿐 아니라 정상적인 교류를 할 수 없고, 잘못하면 패쇄적인 사람이 되기 쉽다. 선교사가 현지에 선교하기 위해서는 사람들을 만나고 교류하며 활동을 해야 하는데, 자신의 집 안에서 머물기를 좋아하고 현지인들에 대하여 아주 부정적인 생각을 가지며, 이것이 심해서 현지인들을 마치 자신의 종처럼 함부로 대하는 경우가 있다. 이것이 심각하면 그는 선교사로서의 자신의 정체성을 상실하고, 현지인들을 모든 면에서 비난하고 정죄하는 절대 군주형의 파탄적 인격으로 변하게 된다. 아프리카의 초기 선교 사역에서 C.T. 스터트가 이런 함정에 빠졌다는 사실을 기억해야 한다.

⑤ 정서적이고 판단적인 혼란의 충격[26]

이것은 ④와 연결되는 것으로서, 현지 문화를 이해하지 못함으로 생기는 결과이다. 현지인들의 행위에 대해서 이해를 하지 못함으로 부정적인 생각을 하게 되고, 이것은 정서적인 불안감을 증폭시키며 심하면 윤리적인 면에까지 판단을 하게 된다. 나중에는 현

---

25) Hiebert, op. cit., pp. 69-70.
26) Ibid., p. 70.

지인들의 모든 행위에 대해서 거부 반응을 일으키며, 현지인들을 미워하는 지경에까지 이른다. 이렇게 되면 선교사로서의 자격이 상실되고, 선교 사역을 더이상 수행할 수 없게 된다.

그러면 이런 문화 충격을 복음 전도자가 받게 되면 정신적이고 신체적인 면에서 어떤 현상이 생길 수 있는가? 그것에 대하여 살펴보자.

2) 문화 충격시 생기는 현상들

폴 히버트는 토마스 홀스와 마수수의 스트레스 지수 통계표를 가지고 문화 충격시에 일어날 수 있는 상황을 예견하고 있다. 이 통계표는 서구의 문화권에서 자라난 사람들에게서의 조사 결과이기에 아시아권의 상황과는 다소 다르게 나타날 수 있지만, 이것을 살펴보면 배우자가 사별한 경우의 스트레스 지수가 제일 높게 나타나는데, 이것이 100이다. 이혼의 경우가 73이며, 가족 구성원이 죽었을 때가 63으로 나타난다. 재정적인 변화는 38이며, 삶의 환경의 변화는 25이다.

이런 지수표를 계산해서 스트레스 지수가 150 이상으로 나타나면 적어도 삼분의 일 정도가 2년 내에 질병에 걸리게 된다고 한다. 만일 스트레스 지수가 300 이상으로 나타나면 즉시 심각한 건강의 문제가 발생할 수 있다.

히버트는 또한 제임스 스프레드리와 마크 필립스의 연구 결과를 통해서, 타 문화권에서 선교사가 언어를 배우는 자체가 스트레스 지수 50이며, 초년 선교사의 경우 한 임기를 마치기 전에 보통 스

트레스 지수가 400까지 넘어간다고 했다.[27]

샐리 휠거 다이는 문화 충격으로 인한 심리적인 현상들을 나열하는데, 문화 충격을 받는 사람이 의도적으로 아무렇지도 않은 듯한 기만(Denial)을 하거나, 지나친 자기 억제(Repression)를 하거나, 억압된 감정을 다른 곳에 돌리는 감정 전이(Displacement)를 하거나, 자기 자신을 고립시키는 것으로 충격에 적응하거나(Insulation Mechanism), 고국에서의 모든 것을 지나치게 미화하는 퇴행 반응(Regression Reaction) 등이 나타난다는 것이다.[28]

이러한 심리적인 현상들은 결국 중추 신경을 통해서 육체와 정신이 서로 밀접히 연결되어 있는 사람에게 각종 스트레스를 일으키고, 이것은 신체 내에서 호르몬과 다른 내분비 물질의 화학적 불균형을 가져옴으로, 정상적인 상황에서는 충분히 견딜 수 있는 질병들이 면역력이 약화된 문화 충격의 과정에 있는 사람에게 나타날 수 있다는 것이다.[29]

맥밀렌 박사는 문화 충격으로 인해 생길 수 있는 질병들을 다음과 같이 나열하는데, 그것은 다음과 같다. 소화 장애의 질병으로 위궤양, 설사, 변비가 있고, 순환 계통의 질병으로 고혈압, 동맥경화, 관상 동맥 혈전증, 심장 마비 등이 있으며, 비뇨기 장애 질병으로 생리통, 냉증, 음위 항욕, 신장염 등이 생기며, 신경계 장애 질병으로 알콜 중독, 간질, 노이로제, 정신 분열 등이 생길 수

---

27) Ibid., pp. 71-74.
28) Bill & Gloria Kornfield, <u>Cross-cultural Communication,</u> MTI Syllabus, 1991, pp. 38-43.
29) Ibid., p. 49.

있다고 하였다.[30]

이렇듯이 문화 충격은 극복되지 않으면 엄청난 파괴적인 결과를 가져오고, 타 문화권에서의 복음 전도자의 사역에 치명적인 해독을 끼칠 수 있는 실제적인 위협 요인이 된다. 그러면 문화 충격을 어떻게 극복할 수 있겠는가?

3) 문화 충격의 극복

문화 충격이 일어나는 과정은 크게 네 단계로 구분이 되는데, 3개월 정도까지는 낯선 외국의 풍물이나 풍습들이 신기하게 여겨지고 모든 것이 재미있는 밀월의 단계이다. 이후에 계속 머무르게 되면, 문화 충격이 일어나는 원인들로 인해 불편해지고 불안감이 느껴지게 된다. 이때에 새로운 문화에 적극적으로 적응하느냐 아니면 문화 적응을 포기하느냐의 기로에 놓이게 된다.

만일 문화 적응에 성공한다면 이중 문화를 경험하게 되고, 생활에 불편이 없게 되고, 인격적으로도 성숙해지는 계기가 된다. 그러면 문화 충격을 구체적으로 어떻게 극복할 것인가?

1 **문화 충격의 원인을 고찰하고 적극적인 대안을 찾아라**
① 언어의 충격이 있다면 언어 배우는 것을 두려워하지 말고 자신을 어린 아이처럼 간주하고, 현지인들에게 이해를 구하면서 말의 실수를 두려워하지 말고 적극적으로 배우라.

---

30) Ibid., p.51.

② 일상 생활의 변화로 인한 두려움이 있다면, 수영이나 여행 혹은 본인이 좋아하는 운동 등의 프로그램을 만들어, 주기적으로 이에 적극 참여함으로써 낯선 외국 생활의 두려움을 감소시켜라.
③ 관계성의 변화로 인한 충격이 있을 시에는 경건의 훈련을 강화하고, 따로 기도하는 시간을 가지며, 현지 목회자들과의 만남을 통해서 저들의 처지를 긍휼히 여기는 마음을 가지라.
④ 이해의 손실과 정서적이고 판단적인 혼란이 있을 시에는, 현지에 먼저 온 선배 선교사들에게 문화권에서 이해되지 못하는 부분을 부끄럽게 생각하지 말고 의논을 하며, 또한 현지의 성숙한 지도자들에게 문화의 의미를 물어라.

② 새로운 문화를 겸손하게 배워라

현지 문화를 비판하는 마음으로 대하지 말고, 모든 문화가 다 하나님 앞에서 근본적으로 문제가 있으나 동시에 하나님의 은총적인 면이 있음을 인식하라. 현지 문화의 선교적 변혁을 위해서, 마치 어린 아이가 된 심정으로 그리스도의 도성인신의 자세를 가지고 문화를 배우려고 노력하라.

③ 현지 문화를 개방성, 관용성, 수용성으로 대하라

현지 문화를 어떠한 선입 관념이나 편견을 대하여 보지 말고 있는 그대로 관찰하며, 문화에 마귀적인 면과 동시에 하나님의 은총이 있음을 알고, 문화를 불쌍히 여기는 마음과 문화 속에서의 하나님의 은총을 발견하고 배우며, 하나님께 영광을 돌리려는 자세를 가지라. 선교 변혁이란 성경적 가치관으로 현지 문화를 변혁시키는 것이요, 그것을 통해서 문화가 하나님께 영광을 돌리는 참된 문화로 거듭나게 하는 일이다. 따라서 문화는 정죄의 대상이 아니라 변화의 대상이요, 하나님의 영광의 도구가 되는 것이다.

④ 자신의 문화 충격과 우려를 솔직히 말하고 도움을 구하라

한 선교사 부부가 동남 아시아의 한 지역에서 정해진 기간의 선교 사역을 마치게 되었다. 이 부부는 남들에게 말하지 못하는 고민을 가지고 있었는데, 그것은 도마뱀의 문제였다. 언어의 문제도 극복했고 현지인과의 관계도 좋은데, 방 안을 온통 거닐며 심지어 침대에까지 기어 들어오는 도마뱀에 대해서는 강박 관념이 생길 지경이었다. 이것이 너무나 심각해서 현지를 떠날까 하는 기로에 놓이게 되었다.

이 문제를 가지고 고민하다가 현지의 나이가 지긋한 목사님에게 상담을 하였고, 그 결과 도마뱀 퇴치가 현지의 전통 약물을 통해서 쉽게 해결될 수 있음을 알게 되었다.

⑤ 자신에 대한 기대감을 최소화하라[31]

모국 문화권에서 자신에게 주어진 역할과 기능을 100% 발휘하던 사람도 선교 현지에서는 자신에 대한 기대치를 최소한 50% 이상 낮추어야 한다. 본국에서 아무리 유능한 사람이라고 할지라도 선교 현지에서는 자신의 역량을 100% 사용할 수 없는 것이 당연

---

31) Hiebert, op. cit., pp. 85-86.

하다. 이것을 무시하고 타 문화권에서도 본국에서처럼 자신에 대한 기대치를 동일하게 생각한다면, 기대치가 높을수록 좌절이 심하고 스트레스를 받으며 문화 충격의 올무에 빠지기 쉽다.

선교 현지에 정착하는 초기에는 겸손해야 하고 현지 문화를 배우며 삶을 익히는 학생의 자세를 가져야 한다. 현지 문화를 빠르게 익히고 현지의 삶에 적응이 되어야 자신의 역량을 발휘할 수 있다는 사실을 기억해야 한다.

4. 교차문화 전망

모든 문화는 하나님의 일반 은총의 산물이나 죄와 사탄의 영향을 받고, 그것 자체로는 구원에 이를 수 없지만 인간이 생존하는 데 있어서 어느 정도 적절한 보호와 안녕을 도모하는 기본적인 가치 체계를 가지고 있다. 이런 점에서 모든 문화는 나름대로의 효용성과 유용성을 가지고 있으며, 이것을 문화적 가치(Cultural Validity)라고 부른다.[32] 교차문화 상황에서 이런 문화적 가치를 인식하고 상대방의 문화를 이해하는 자세를 교차문화 전망(Cross-cultural Perspective)이라고 부른다.[33]

---

32) Kraft, Christianity in Culture, pp. 49-52.
33) Kraft, Anthropology for Christian Witness, vol. 1, pp. 157-158.

교차문화 전망은 문화를 바르게 인식하는 데 필수적인 자세이며, 타 문화권에서의 선교 사역을 수행시 교차문화 전망의 자세를 가져야 한다. 이렇게 될 때 문화권에서의 선교 사역을 바르게 수행할 수 있다.

교차문화 전망으로 문화를 파악하는 것과 정반대의 대조적인 문화 전망이 있다. 이것을 살펴보고 교차문화 전망으로 문화를 평가하는 구체적인 방법을 살펴보자.

(1) 단일문화주의(Monoculturalism)

이것은 일곱 가지의 특징을 가지고 있다. 종족 중심적이며 절대적인 성향을 가지고 자신의 세계관으로 보는 사물 인식이 실제의 사물 인식이며 또한 이상적인 인식이라는 생각을 가지고 있다. 따라서 다른 문화권에 대하여 우월 의식을 가지며 자신의 문화적 가치 기준, 즉 세계관에 의해서 모든 문화를 평가하고 다른 문화에 대하여 공정성을 상실하고 왜곡된 시야를 가지고 있다.[34] 이런 단일문화주의는 세 가지 종류가 있는데 이것을 살펴보자.

1) 상층적 단일문화주의

이것은 여러 이질적인 문화 속에서 자신의 문화에 유용한 것들

---

34) Ibid., pp. 147-154.

을 마치 솥에 모든 것을 넣어서 끓이듯이(Melting Pot) 전부 다 활용하여 자신의 문화에 편입시키는 그런 자세이다. 대표적인 문화 정책으로 미국 문화가 있는데, 이 정책은 계속되는 인종간의 갈등과 흑인 폭동 등으로 인하여 실패한 정책으로 알려지고 있다.[35]

오히려 각자의 문화적 특징을 인정하고 다양성 속에서 통일성을 추구하는 화합과 연합의 문화 정책이 최근 행해지고 있다.

2) 도피적 단일문화주의

자신의 문화에 대해서는 매우 부정적인 생각을 가지고 외래 문화에 대해서는 호의적인 생각을 가지므로, 외래 문화의 가치를 전폭적으로 수용하는 경우이다.[36]

이러한 실례가 한국 역사에 있다. 즉, 중국 문화를 가장 이상적인 문화로 보고 한국 문화의 정체성을 부정하며, 중국의 문화를 무조건적으로 받아들이려는 소위 사대주의 문화 혹은 모화 사상이다.

3) 단세계 단일문화주의

이것은 서구에서 생긴 다국적 기업군이나 서구의 기원을 가진 국제적인 선교 단체에서 찾아 볼 수 있는 문화 의식이다. 즉, 문

---

35) Ibid., pp. 154-155.
36) Ibid., pp. 155-156.

화의 기준을 서구적이라고 보고, 모든 문화의 궁극적인 목표는 서구화라고 보는 것이다.[37]

현대화는 이 입장을 가진 사람들에게는 서구화가 된다. 국제적인 선교 단체는 인종, 문화, 교단의 구별을 하지 않고 공통적인 신앙 고백과 기본 신조와 선교 철학을 바탕으로 서로 연합하여 사역을 하는데, 실상은 서구인의 가치관이 팽배해 있고 이것을 모든 사람들에게 은연중에 강요하며 모든 것을 서구적 기준에 의하여 판단하고 결정을 내린다.

이것은 잘못된 일이다. 비서구 교회가 가진 문화적 특성이 성경에 어긋나지 않는 한 받아들여져야 하고, 비서구 선교사들이 가진 하나님께서 주신 은사와 은총이 인정을 받고, 또한 이것이 적극 활용되어 국제적인 선교 단체의 장점으로 만들어져야 한다.

국제적인 선교 단체는 특정 문화권의 가치 기준에 의한 일방적인 단세계 단일문화주의로 나갈 것이 아니라, 공동체적이며 유기체적 사역이 이루어져야 한다. 이렇게 될 때 단세계 단일문화주의를 극복할 수 있다.

(2) 교차문화 전망으로 문화를 평가하는 방법

교차문화 전망으로 문화를 평가할 때 이것은 크게 세 가지 방법으로 나누어진다. 첫 번째 방법과 두 번째 방법은 서로 함께 연결

---

37) Ibid., pp. 156-157.

되어 있지만 접근 방법이 다르기에 구별하고 있으며, 세 번째 방법은 세계관의 변혁에서 부분적으로 언급했지만 교차문화적 차원에서 연구하게 될 것이다.

1) 내부자 관점인 에믹(Emic) 차원으로 보아야 한다

위클리프 성경번역선교회의 케네스 파이크는, 문화를 이해함에 있어서 문화 내부자의 관점으로 보는 에믹 방법을 주장하였다.[38] 이것은, 문화의 세계관은 그 문화 속에서 태어나고 자라난 사람만이 정확히 이해할 수 있으며, 또한 그 문화의 문제점을 누구보다도 잘 알 수 있다는 것이다.

문화의 내부에서 자라고 그 문화에 적응하는 에믹의 과정을 또한 모국 문화화(Enculturation)라고 한다. 이것은 문화의 특성을 살펴보면 충분히 이해될 수 있는 말이다. 문화 내부자가 아니면 문화의 모든 부분에 영향을 미치는 세계관을 세밀하게 파악할 수 없다. 따라서 선교 변혁시에 변혁의 대상이 되는 문화권 안에서 선교 변혁을 주도적으로 이끌어 가고 항구적인 변화를 일으킬 현지 지도자들이 확보되어야 한다. 이렇게 될 때 온전한 선교가 이루어지는 것이다.

성경 번역시에도 마찬가지이다. 문화 외부자인 선교사가 주도하여 성경을 번역할 때, 현지 문화의 거울인 언어를 활용함에 있어

---

38) Kenneth Pike, Language in Relation to a Unitied Theory of the Structure of Human Behavior(The Hague : Mouton, 1967), pp. 37-72.

언어 배후에 숨겨져 있는 세계관을 다 파악할 수가 없다. 선교사가 이해할 수 없는 그 문화권의 내부자만이 알 수 있는 숨겨진 뜻이 항상 있는 것이다. 이런 점을 무시하고 문화 외부자가 주도하여 성경을 번역할 때, 그 성경은 반드시 이런 숨겨진 이교적 의미들이 번역된 성경을 통해서 나타나게 되므로, 나중에 문제가 발생하고 결국은 용도 폐기될 위험성이 있다. 따라서 성경 번역시에 문화 내부자로서 성경 번역을 도와줄 현지인 지도자들의 수효가 충분히 확보되어야 한다. 이것은 최소한 50% 정도의 비율이 되어야 한다.

예를 들어 보자. 아프리카의 한 부족민에게서 사역하던 선교팀이 성경을 그 종족의 문어체로 번역하기 시작하였다. 언어는 있으나 문자는 없었던 이 종족들에게 문어체를 만들어 주고 성경을 번역할 때, 선교팀은 종족인들 가운데 성경 번역을 도와줄 조력자를 확보하지 못하고, 또한 그럴 필요성을 별로 느끼지 못하면서 성경 번역을 하였다. 결과로 어떤 일이 일어났는가? 이 종족이 다신교적 의미로 사용하던 신의 개념이 내재된 용어로 하나님의 이름을 번역한 것이다.

이것은 선교사들의 이해 부족으로 말미암은 실수였지만 결과는 치명적이었다. 이 종족에게는 원래 최고의 신이며 절대적인 의미를 가진 신의 용어가 있었다. 그러나 이 용어는 중간 영역의 세계관을 가진 저들에게 별로 친숙하게 사용되지 않는 이름이며, 특별한 종교 행사시에 이 이름이 거명되고 사용되었다. 따라서 선교사들은 이런 용어가 있음을 알지 못했고, 그 종족의 수호신과 같은 역할을 하는 지역신의 호칭에 성경의 하나님의 이름을 붙인 것이다.

2) 외부자 관점인 에틱(Etic) 차원에서 보아야 한다

에틱이라는 용어도 파이크에 의해 소개되었다. 그는 문화를 변화시키는 데 있어서 에믹의 중요성을 논했지만, 에틱의 역할도 인정하였다. 다만 그에 의하면 문화권 외부자인 에틱의 역할은 문화 변혁에 있어서 제한성이 있다는 것이다. 에틱은 문화권 외부에서 들어와 그 문화권 안에서 문화를 이해하려고 애쓰며 문화 적응을 시도하는 과정인데, 이것을 또한 타국 문화화(Acculturation)라고 한다. 그러나 바람직한 문화 변혁은 에믹과 에틱이 함께 역할을 하는 것이다.

그러면 에틱의 역할은 어떻게 이루어질까? 선교 초기에 있어서 선교사는 개척적인 상황에서 부모와 같은 역할을 할 수밖에 없다. 타 문화권에서 단지 손님처럼 있을 수는 없다. 그러나 이런 시기라도 히버트는 도성인신의 그리스도의 자세를 선교사가 취해야 한다고 주장한다.[39]

크라프트는 선지자적인 역할을 해야 한다고 말한다. 이 말은 선교사의 한계를 인식하고, 현지 문화권 하의 지도자를 빠르게 양육하고, 이 지도자를 통해서 궁극적인 선교 변혁을 도모해야 한다는 의미가 내포되어 있다.

선교사의 역할은, 에틱적 관점에서 문화권 속에서의 선교 변혁

---

39) Hiebert, Anthropological Insights for Missionaries, p. 91.

에 현지 그리스도인들의 조력자요 촉매자요 또한 감독자가 되어야 한다. 조력자요 촉매자라는 말은 많이 언급되지만, 감독자의 역할은 별로 강조되지 않는다. 현지 교회가 성장하는 과정에 있고 신앙의 연륜이 짧기에, 선교사는 감독자의 책임을 다해야 한다. 이것은 현지 교회가 하나님의 말씀 위에서 건전하게 뿌리를 내리고 성장하고 있는지를 항상 살피는 일이다. 그러나 어디까지나 현지 문화의 선교 변혁의 주체는 현지의 그리스도인이 되어야 함을 항상 명심해야 한다.

3) 문화를 세계관의 차원에서 평가하는 일이다

교차문화 상황시에 문화를 평가할 때에는 세계관의 바탕에서 평가해야 한다. 세계관의 차원을 이미 살펴보았지만, 인식론적이고 정서적이며 윤리적인 측면으로 각 문화의 세계관이 어떻게 다양한 문화 형태에 대하여 영향을 미치고 있는지를 분석하고, 그 의미를 정확히 파악해야 한다. 대체적으로 문화의 특정 주제를 중심으로 해서, 각 문화권에서 그 주제에 대해 인식론적으로 정서적으로 그리고 윤리적으로 어떻게 반응하는지를 규명하고, 그 문화권 하에서의 정확한 의미와 용도를 파악하는 것이다.

이 문화의 특정 주제는 세계관의 보편 구성 요소로부터 출발해도 무리가 없고 오히려 자연스럽다. 저자의 선교 현장에서의 사역의 경험을 바탕으로 해서, 북한인들의 세계관과 남한인들의 세계관이 어떻게 다른지 분석해 보자.

남북한인의 세계관 비교표

인식론적 측면	역사관	경제관	사회관
북 한 인	왜곡된 민족주의 사관	집합체적 공영주의	획일화된 집단 의식
남 한 인	자유민주주의 사관	자율적 능력주의	개체적이며 개방 의식
정서적 측면	역사관	경제관	사회관
북 한 인	민족지상주의	개인의 책임 의식 결여, 비자발성	집합적 상황에서 안정감, 개체성 거부
남 한 인	자유 및 개인의 존엄성	경쟁성, 책임성	자아성, 공익성
판단적 측면	역사관	경제관	사회관
북 한 인	국가지상주의적 평가	거저 나누는 것 당연함	집단 기준으로 평가
남 한 인	자유민주주의 사상	근면성, 성실성	개체, 공익성이 평가

위 도표는 저자가 중국에서 북한 월경자들을 수백여 명 만나면서, 저들을 대상으로 한 선교 사역자들의 보고 및 사역 경험을 토대로 한 실제적인 현장 조사 결과이다. 이 도표는 개괄적이며 대략적인 부분만을 간략하게 소개한 것이다.

이 도표를 통해서 알 수 있는 것은 북한인과 남한인의 세계관이 완전히 외국인처럼 다르며, 실제로 북한인들을 대상으로 선교 사역을 수행시에 이런 세계관의 차이로 인하여 엄청난 갈등이 생겨나고, 종종 불미스러운 일이 사역 현장에서 발생하는 것을 본다. 남쪽에서 온 선교사나 조선족 사역자들이 이런 북한인의 세계관을 이해하지 못하고 저들을 자신들의 세계관의 관점으로 평가하면 갈등은 한없이 증폭이 되고, 이것이 문화 충격이 되어 이에서 헤어

나오지 못하면, 사역을 중단하거나 혹은 저들을 돕기는 돕지만 미움의 감정이나 우월 의식으로 돕게 된다. 이것은 서로간에 참된 이해의 바탕 위에서 이루어지는 사역이 아니기에 선교 사역은 실패할 수밖에 없다.

북한인들의 세계관 속에도 귀한 부분이 있는데, 그것은 공동체적 의식이 강하고 민족의 정체성에 대한 뿌리 의식이다. 북한인들의 세계관으로 인한 무의식적 행동이 나타날 때 이것이 그들의 세계관에 의해서 나온 행동인 것을 알면 저들을 이해할 수 있다. 따라서 인내심을 가지며 무엇보다도 북한인들의 세계관이 변혁되도록 해야 한다.

저들의 행동 양식을 당장에 고치려 하는 것은 불가능하며, 우선적으로 세계관의 변혁이 선행되어야 하는데, 이렇게 하는 것은 오랜 세월이 걸리므로 성경적 세계관으로 저들을 가르치고 훈련하는 일이 이루어져야 한다. 성경적 세계관으로 변화된 북한 성도들은 누구보다도 자신들의 이교적 세계관의 문제점을 알기에, 저들을 통해서 북한인들을 변화시키는 일이 궁극적으로 이루어져야 한다.

남한의 선교사들도 자신의 세계관이 진정 성경적 세계관에 의한 모습인지를 끊임없이 자아 성찰해야 한다. 선교 변혁의 주체는 삼위 하나님이시며 그의 기록된 계시 규범의 가치관이라는 것을 항상 명심해야 한다.

5. 문화 분석

　문화 변혁을 위해서는 문화를 정확하게 분석해야 한다. 문화 분석이 제대로 바른 방법에 의해서 이루어지지 않으면 문화에 대한 선교적 변혁은 여러 가지 부작용을 낳을 수 있다.
　문화를 분석함에 있어서 다양한 문화를 상호 비교하면서 분석하는 방법이 있고, 개체 문화를 집중적으로 분석하는 방법도 있다. 여기에 문화인류학에서 대표적으로 통용되는 네 가지의 방법을 소개하려 한다. 이 분석 방법들은 하나만 사용되는 것이 아니라 모두가 사용되므로, 문화 분석의 정확성을 기하게 된다.

(1) 인간의 공통성에 근거한 문화 분석

　기능주의 인류학자로서 루즈베택은 인간의 공통성이 세 가지의 인간 생존에 필요한 부분으로 말미암는다고 주장한다. 그에 의한 세 차원의 필요성은 기본적인 필요로서 생태학적인 것이 있고, 그것을 기반으로 한 사회적인 필요성이 있으며, 또한 통합적인 것으로서 윤리적이며 영적인 필요성이 있다.[40] 그러나 크라프트는 이것을 비판하면서, 인간 존재에 있어서 세 가지 차원의 필요성은 단

---

40) Luzbetak, op. cit., pp. 173-179.

계적이며 유출적인 것이 아니라 본질적인 것이며, 대등한 필요성 이라고 하였다.[41]

저자는 크라프트의 이론을 받아들이는데, 그는 네 가지 분야의 필요성을 다음과 같이 분석하고 있다. 생태학적 필요성으로서 음식, 거주처, 공기, 성, 배설, 건강 등이 있다. 심리적인 필요성으로서 의미를 추구함과 개인 정서의 안정감이 있다. 사회 문화적 필요성으로서 의사 소통과 교류의 필요성이 있다. 영적인 필요성으로서 사물의 근본을 아는 것과 신적 존재를 인식하는 일이 있다.[42]

이러한 네 가지 분야의 필요성에 의해서 인간의 문화는 형성되는데, 이것을 공통 기반으로 하여 각 문화가 인간 생존을 위하여 어떻게 필요성을 채우는지를 분석해야 한다. 이 방법을 사용하여 문화를 분석하는 경우를 그림으로 표시하면 다음과 같다.

인간의 공통성을 근거로 한 문화 분석표

	A문화	B문화	C문화
생태학적 필요성	수렵 및 농경	농업 및 가내 수공업	기계 농업 및 산업
심리적 필요성	동질 단위의 결속을 통한 안정감	동질 단위 및 전문 집단 형성을 통한 안정감	전문 기술 및 개인 성취를 통한 안정감
사회적 필요성	공동체적 집단 의식 평등 사회	공동체적 집단 의식 위계 사회	이익 집단 및 이질 집단
영적 필요성	중간 영역의 종교	중간 영역의 종교	고등 영역 및 자연주의 세계관

---

41) Kraft, op. cit., p. 241.
42) Ibid., p. 240.

위 그림은 간략하게 인간의 공통성으로 말미암는 네 분야의 필요성이 세 문화권에서 어떻게 채워지고 있는지를 분석한 것인데, 이를 통해 각 문화의 특성을 파악할 수 있다.

(2) 세계관의 상호 비교에 의한 거시적 문화 분석

각 문화의 세계관을 상호 비교하여 그 문화의 특성을 파악하고, 세계관이 각 문화 속에서 어떤 역할을 하며 문화의 각 하위 영역에 어떤 의미를 제공해 주는지를 파악하는 일이다. 저자는 이것에 대한 단계적인 세 가지 방법을 소개하고, 또한 그림으로 나타내려 한다.

먼저 첫번째 방법은 세계관의 특성을 거시적으로 파악하여, 이것을 통해서 다른 문화들을 상호 비교 분석하는 방법이다. 두 번째 방법은 세계관의 보편 요소들을 중심으로 하여 각기 다른 문화권을 상호 비교 분석하는 일이다. 이 경우에 사용된 마빈 메이어스의 방법을 그림으로 소개하려 한다. 세 번째 방법은 셔우드 링겐펠터에 의해 제시된, 사회적 메커니즘을 중심으로 한 네 가지 문화권을 분석하는 방법이다. 이것도 그림으로 나타낼 것이다.

1) 세계관을 통한 다양한 문화 분석

네 가지의 세계관을 임의대로 규정하여 이것들이 각기의 문화권에 어떤 영향을 주고 있는지를 파악하는 방법이다. 예를 들어 A

세계관은 유목·농경 사회의 중간 영역의 세계관이며, B 세계관은 농경 사회의 중간 영역의 세계관이고, C 세계관은 농경 사회의 고등 영역의 세계관이며, D 세계관은 산업 사회의 자연주의 세계관이다. 이렇듯이 세계관의 특징적인 부분들을 중심으로 이 세계관이 각 문화에 어떤 영향을 주는지 거시적으로 살펴보는 일이다.[43]

세계관을 통한 다양한 문화 분석표

A문화	B문화	C문화	D문화
A세계관	B세계관	C세계관	D세계관

2) 세계관의 보편 요소들을 통한 상호 비교 분석

이 방법은, 마빈 메이어스와 셔우드 링겐펠터가 남태평양의 에프섬의 주민들을 대상으로 그들의 세계관과 서구 선교사들의 세계관을 상호 비교 분석하여, 이것이 성경적 세계관과 어떤 차이가 있는지를 규명하는 일에 있어서 사용하였다. 저들은 세계관의 보편 요소들을 12가지로 구분하여 이것을 중심으로 양 문화를 비교 분석하였고, 이것을 통해 양 문화에 적응하는 소위 150%의 사람이 될 것을 촉구하였다.[44] 저자는 저들이 구분한 12가지 범주를 중심으로 하여 그들의 방법을 그림으로 나타 내어 살펴보려 한다.

---

43) Ibid., pp. 238-239.
44) 링겐펠터와 메이어스는 에프섬의 세계관을 12개의 범주로 나누어 살펴보았는데 저자는 이것을 간략히 요약해서 소개하려 한다. 셔우드 링엔펠터·마빈 메이어스, 왕태종 역, 문화적 갈등과 사역(서울 : 조이선교회, 1989).

세계관의 보편 요소들을 통한 문화 분석표

〈 에프섬 세계관 〉	〈 서구인의 세계관 〉
행사 성향	시간 성향
1. 행사에 대한 관심이 큼 2. 행사 완성에 관심 3. 개방적 태도 4. 행사가 보상이 됨 5. 현재가 중요함	1. 시간 엄수와 시간의 양에 관심이 큼 2. 시간 세심히 할당해 시간 내에 완수 3. 목표 지향적 활동 4. 시간이 보상함 5. 날짜와 역사가 중요함
성경의 경우	

성경에 계시 도구로 사용된 유대인의 문화는 이 경우에 있어서 에프섬의 문화와 가깝다고 한다. 그 예로 히브리 시간은 하루를 8등분(오전, 낮, 오후, 일몰, 저녁, 한밤중, 새벽, 아침)하며 예수님의 시간관도 마찬가지이다(요 1 : 39, 3 : 2, 4 : 42).

총체적 사고	분석적 사고
1. 상황적 모든 요소들을 고려해 판단 2. 공동체적 관계성 중요함 3. 유기적 결속, 그에 따른 의미 부여	1. 매 상황에 특정 기준이 있음 2. 개체적 지위와 역할 3. 조직화, 전문화 강조함
성경의 경우	

사도 바울의 경우는 분석적이고 언어에 탁월하며 이성적인 특징을 나타내고 있는데 예수님은 총체적이며 유추적이며 시적인 특징을 나타내고 있다. 이것은 성경은 양쪽의 경우가 모두 나타나 있다는 것이다.

비위기 의식 성향	위기 의식 성향
1. 위기를 염두에 두지 않음 2. 매일의 경험이 중시됨 3. 즉각적 결정을 유보함 4. 전체 의사를 중시함	1. 위기를 항상 예상함 2. 계획표가 준비됨 3. 즉각 결정함 4. 전문가의 조언을 중시함
성경의 경우	

메이어스는 성경에는 두 경우가 다 나와 있다고 한다. 즉, 디모데후서 4장 2절을 보면 사역자의 인품은 비위기 의식 성향이어야 하지만 사역에 있어서는 위기 의식의 성향을 가져야 한다는 것이다.

VII. 문화연구

신분 중심	성취 중심
1. 사회적 지위와 역할이 미리 주어짐	1. 개인의 능력과 업적에 의해 지위가 부여됨
2. 지위에 따른 대우와 존경이 수반됨	2. 업무 수행 능력에 따라 존경이 수반
3. 계층별로 교류함	3. 전문 분야별로 교류함
4. 사회적 지위가 고정됨	4. 개인 능력에 따라 지위가 주어짐

성경의 경우

성경은 신분이나 본인의 능력을 중시하는 인본주의가 아니라 이 경우에 있어서 철저하게 신본주의적이며 하나님께로 말미암는 그의 의를 중시하는데 예수님의 말씀을 통해 나타났다고 한다(눅 14 : 7-11, 18 : 21).

연약함의 은폐	연약함의 노출
1. 자아 방어와 실수를 은폐	1. 실수와 실패를 부끄러워 안 함
2. 업무 수행의 질을 강조함	2. 업무 완수를 강조함
3. 익숙한 일만 행함	3. 모험을 두려워 안 함
4. 자신의 약점을 숨김	4. 자신의 약점을 노출시킴
5. 타인의 비판을 못 참음	5. 타인의 비판에 개방적임

성경의 경우

성경은 이 두 가지 경우를 다 나타내는데 예수님의 말씀 속에서 찾아 볼 수 있다고 한다(눅 14 : 28-33, 20 : 1-8).

사람 중심	업무 중심
1. 인간 관계를 중요시함	1. 일과 원칙을 중요시함
2. 인간 관계성의 증진에 만족함	2. 일의 목표 달성에 만족함
3. 공동체적 친우 관계	3. 상호 이익적 친우 관계
4. 공동체의 이익이 우선함	4. 개인의 발전이 우선함

성경의 경우

성경은 이 경우에 있어서 업무 중심보다 사람 중심의 성향을 가지고 있다.

메이어스와 링겐펠트는 세계관의 보편 요소들이 에프섬과 서구 사회에서 어떻게 대조적으로 이해되고 있는지를 성공적으로 잘 보여 주고 있다. 또한 성경은 이 두 문화 사이에서 어떤 문화에 대해서도 특별한 기호나 편견을 가지고 있지 않다는 사실을 규명하였다.

메이어스와 링겐펠트가 전달하려는 메시지는, 문화에 대해서 편견을 가지지 말고 공정하게 문화를 그들의 세계관에 의해서 파악하며, 성경적 세계관으로 변혁을 시키되 성경은 어느 특정 문화권의 전유물이 아님을 나타내고 있다. 이런 점에서 교차문화 상황시에 선교 사역을 하는 사람들은 이중 문화를 넘나드는 150%의 사람이 되라고 하는 것이다.

3) 사회 질서 유형을 통한 문화 분석

셔우드 링겐펠트는 사회 질서 유지를 위해서 두 가지의 메커니즘이 작용하고 있다고 하였다. 그는 메리 더글라스의 사회적 통제(Grid)와 그룹성(Group)을 바탕으로 해서 네 가지의 사회 유형을 구분하고, 이를 통해서 세계관의 부분 요소들을 설정해서 상호 비교함으로써 문화를 분석하고, 성경적 세계관의 변혁을 시도하고 있다.

사회적 통제의 의미는 사회가 구조적으로 사회 구성원 개개인에게 사회적 행동을 하도록 압력을 가하는 정도인데, 여기서 사회적 지위와 역할이 주어진다. 예를 들어서 압력이 약한 경우는 개인주의적 사회이고, 압력이 강한 경우는 집합주의적 사회이다. 그룹성은 사회적 응집력의 정도를 나타내는 것인데, 사회 전체의 공익을 위해서 개인에게 압박을 가하는 정도와, 개인의 활동이 우선되어서 공동체의 헌신을 결정하는 정도의 차이를 나타낸다.

사회적 통제와 그룹성을 기준으로 네 가지의 사회를 구분해 보면 다음과 같다. 즉, 사회적 통제와 그룹성이 낮은 개인주의적 사회(Individualist Society), 사회적 통제는 약하지만 그룹성이 높은 집합적 사회(Collectivist Society), 사회적 통제가 높고 그룹성이 약한 관료적 사회(Bureaucratic Society), 사회적 통제도 높고 그룹성도 높은 협력적 사회(Corporate Society) 등이다.[45]

그는 이 네 가지 사회 유형을 중심으로 재산, 노동, 경제 교환, 가정 권위, 공동체 권위, 갈등 해결 양상 등의 범주를 설정해서 이것을 상호 비교 분석함으로 각기 다른 사회 구조의 문화를 분석하고 있다. 그는 개인주의적 사회로 서부 브라질에 있는 데니 인디언 종족을 소개하고, 집합적 사회에 수리남에 있는 아프리카 출신의 흑인 사회를 선정하고, 관료적 사회로 미국의 기독교 대학 사회를 소개하며, 협력적 사회로 남태평양의 야프섬의 종족 사회를 선정하고 있다.[46]

이 네 사회 유형을, 다섯 가지 범주를 놓고 상호 비교할 때 어떤 결과가 나타나는지 그림으로 살펴보자.

---

45) Sherwood Lingenfelter, <u>Transforming Culture</u>(Grand Rapids : Baker, 1992), pp. 25-26.
46) Ibid., pp. 33-42.

사회 질서 유형을 통한 문화 분석표[47]

	A 개인주의 사회	B 집합적 사회	C 관료주의 사회	D 협력적 사회
재 산	경쟁성, 재산 증식 모험 감수	공동체 우선 집단 이익 공동 배분	개인 소유 우선 개인 이익 추구 절약이 미덕	개인, 그룹의 소유권 선별적 보존, 소비 집단을 위한 절약
노 동	목표 지향적 시간 관리, 객관적 요구 에 의한 노동, 노력 통한 생산	공동체 관심에 의한 시간 관리, 공동체 이익을 우선한 노동	규칙에 의한 관리 기능적 노동 보상에 의한 노동	공동체 합의에 의한 관리, 역할, 그룹에 의한 노동, 공동체 이익 위한 생산성
경 제 교 환	채무, 채권 자유 재산 손실 두려움 이익 경제	채무, 채권 불안 종족 중심 상거래 공동체적 분배 순환 경제	채무, 채권 불쾌함 재산 상실 두려움 노동에 의한 대가 부요함에 가치 부여	채무, 채권 불안 개인적 선물 거부 위계적 경제 행위 공동선에 가치 부여
가 정 권 위	부모는 훈련자 역할 자녀들 동반자 역할 가사일 공동 책임 아버지가 딸 결혼에 영향력	부모가 권위 나눔 자녀들 어머니의 동역자, 연장자 우선권	아버지 치리적임 성인시까지 부양 책임, 가사일 동등 배우자 자율적 선택	아버지의 전적 권위 자녀들 평생 책임 연장자 우선권 가족 관계에 의해서 배우자 선택
공동체 권 위	과업 지향적 힘의 권위 기술 우선권	개인 지향적 연장자 권위 전통성	과업 지향적 전문성 위임, 행정성	개인 지향적 장인 권리 위계 권위

링겐펠트는 네 가지 유형의 사회 질서는, 지정학적 위치와 그에 따른 삶의 경험이 세계관을 형성하면서 이것이 문화 구조를 형성

---

47) 이 도표는 링겐펠터의 각 사회 질서 유형을 분석한 것들 중에 다섯 개의 범주를 선정하여 간략히 요약하여 소개한 것이다. See Ibid., pp. 59-155.

한 것으로 본다. 그에 의하면 사회 질서와 문화 구조는 상호 밀접한 연관성이 있지만, 고정적이거나 폐쇄적인 것은 아니고 언제든지 변화할 수 있는 가능성이 있다.[48]

바로 여기에 기독교 선교의 중요성이 있다. 사회 질서와 문화 구조가 상호 밀접한 연관성이 있고 이것은 또한 항상 변화할 수 있다는 사실은, 사회 질서와 문화 구조가 성경적 세계관에 의하여 총체적인 변혁을 가져올 수 있다는 것을 의미한다. 그리고 이 변혁은 그리스도의 사랑이 기반이 된 어느 특정 문화권에 매이지 않는 왕국적 변혁이 되어야 한다. 역시 이 변혁의 주체는 궁극적으로 그 나라의 원주민 그리스도인들인 것이다.

(3) 세계관에 의한 개체적 문화 분석

문화상징주의 입장에서 세계관을 본질적으로 종교적인 것으로 보고, 세계관의 종류를 크게 여섯 가지로 구분하여 이를 문화 분석에 사용한 선교학자로 데이비드 헤셀그레이브가 있다. 그는 세계관을 자연주의자들의 세계관(Naturalist Worldview), 부족적 세계관(Tribal Worldview), 힌두·불교적 세계관(Hindu-Buddhistic Worldview), 중국인의 세계관, 일신교적 세계관(Monotheistic Worldviews), 혼합주의와 다종교(Syncretism and Multireligion)적 세계관으로 구분하고 이것을 분석하여 선교적 방법

---

48) Ibid., pp. 204-207.

을 제시하고 있다.[49]

　저자는 헤셀그레이브가 소개하고 있는 이 여섯 가지의 세계관을 기본적인 모델로 하여, 세계관에 의한 개체적 문화 분석을 시도하려 한다. 다만 헤셀그레이브가 소개하고 있는 여섯 가지의 세계관에 있어서 중국인의 세계관은 주로 도교와 유교적 세계관을 다루었는데, 현대의 중국은 사회주의 국가로서 무신론의 이념을 가지고 있으며, 유교는 종교적인 세계관이라기보다 철학적인 세계관으로서, 이 둘을 중국인의 세계관으로 포괄적으로 다루는 것은 다소 무리가 있겠다고 판단하여, 이 부분은 생략하려 한다.

　일신교적 세계관은 유대교와 이슬람교의 세계관을 의미하는데, 저자는 이슬람의 위세와 그 영향력 등을 고려하여 이슬람의 세계관으로만 폭을 좁혀서 좀더 집중적으로 살펴보려 한다. 혼합주의와 다종교의 세계관은 다른 세계관을 논함에 있어서 줄곧 중복되는 내용이기에, 이 부분은 생략하려 한다. 헤셀그레이브는 힌두·불교적 세계관을 다룸에 있어서 특히 불교 부분을 너무 가볍게 다루었는데, 이것을 보완할 것이다.

　그는 선교 방법에 있어서 크게 세 가지를 제시하고 있는데, 선교사의 자질과 선교 내용으로서 선별과 적용 그리고 선교 메시지의 스타일 등이다. 선교 방법의 내용이 전체적으로 피상적이고 구체적이지 못한데 저자는 이것을 보완할 것이며, 특히 요한네스 바빙크가 소개한 엘렝틱스의 방법으로 선별과 적용 부분을 다룰 것

---

49) David Hesselgrave, <u>Communicating Christ Crossculturally</u>(Grand Rapids : Zondervan, 1991), pp. 213-285.

이다.

1) 자연주의자들의 세계관

자연주의자들의 세계관은 초자연적인 어떤 것도 인정치 않는다. 저들은 인간의 합리성, 경험, 이성, 과학적 발전, 기술 등을 신봉하며 인간의 계속적인 진보를 추구하나, 결국은 현실적으로 생태계의 파괴와 인간 심성의 황폐화와 도덕성의 하락 등으로 인하여, 인류 생존의 위기와 삶의 허무와 염세주의에 직면할 수밖에 없다.

자연주의자들에 대한 선교를 수행하기 위해서 선교사의 자질은 교육 수준이 높아야 할 것을 전제하고, 일반 학문이나 신학에 있어서 깊은 지식을 가질 것을 요구한다. 선교 내용에 있어서는 접촉점으로서의 선별(Selection)를 중요시하는데, 기독교의 역사성과 사실성에 근거해서 메시지를 준비하며, 이것을 명확하게 전달할 수 있어야 한다.

메시지는 저들의 세계관에 적용(Application)될 수 있는 것으로서, 항상 참된 것 혹은 사실적인 것을 추구하는 이 세계관의 사람들에게 참된 진리가 무엇인가를 생각하게 하며, 이것을 복음 안에서 찾게 하고, 인간의 삶이 가치가 있는 의미 있는 삶이라는 것을 그리스도 안에서 발견하도록 증거해야 한다.

2) 부족적 세계관

부족적 세계관은 다신교적이며 정령 숭배적인데, 자연과 초자연이 구별이 되지 않는 총체적인 세계관을 가지고 있다. 이 세계관은 인격적인 초자연적 존재를 믿고 있는데, 최고의 신의 개념이 있으며 수많은 귀신들과 정령들과 조상신의 개념이 있다. 또한 비인격적 존재이지만 초자연적 능력을 가진 세력이 있는데, 이름이 다양하게 불려지고 있다.

최고의 신은 너무나도 초월적인 존재이기에 인간의 삶에 별로 관여하지 않는 것으로 알려져 있고, 중간 존재로서 귀신들과 정령들과 조상신이 인간의 삶에 밀접한 관계를 가지고 있다. 저자는 이 세계관을 성경적 세계관을 소개할 때 중간 영역의 세계관으로서 소개하였기에, 여기서 중복이 되는 부분을 생략하려 한다. 헤셀그레이브는 스티븐 닐의 말을 인용해서 전세계 인구의 40%가 이 세계관에 속해 있음을 언급하며, 이 문화권에 민속 종교가 흥왕하다고 말한다.[50]

이 세계관을 대상으로 선교를 수행할 선교사는 우선적으로 힘의 충돌에 익숙해 있어야 한다. 선교사의 메시지 내용은 저들의 세계관 속에서 바울처럼 접촉점을 찾아야 하는데(행 14, 17장), 저들이 숭배하는 대상에 대하여 성경이 어떻게 말씀하고 있는지를 저들로 하여금 분명히 깨닫도록 말씀을 전해야 한다. 이것은 복음의 수용성이 형성된 이후의 진리 충돌의 과정이다.[51] 또한 이 과정에서 돈 리차드슨이 인도네시아의 사위 부족에게서 발견한 구속적 유추(Redemtive Analogy)와도 같은 하나님의 예비하심이 있는

---

50) Ibid., p. 223.
51) Ibid., pp. 231-233.

지를 부지런히 살펴보아야 한다.[52]

메시지를 전하는 스타일은, 이 상황에서는 논리적이고 변증적이기보다 성령의 역사하심을 통한 하나님의 말씀의 능력이 나타나도록, 고린도전서 2장 2절의 바울과 같은 태도를 가져야 한다.

이 세계관에서 선교를 수행할 때에 주의해야 할 점은, 중간 영역의 세계관을 가진 사람들의 혼합주의적 경향이다. 복음의 수용성이 결코 그리스도인이 된 것이 아님을 명심하고, 반드시 진리 충돌의 과정이 있어야 하며 그리스도 안에서 진정으로 거듭나고 새로워졌다는 확신이 서기까지 세례 주는 것을 서둘러서는 안 된다.

또한 이들의 세계관이 삶의 통과 의례에서 나타나듯이 강력한 유기체적 통합체의 특징을 가지고 있기에, 성경적 세계관을 통한 전인적이고 총체적인 변혁이 일어나야 하는데, 이것은 그들의 세계관이 영향을 미치고 있는 구석구석에서 철저하게 일어나야 한다. 물론 여기에서 주역은 궁극적으로 현지 교회 공동체가 되어야 한다.

---

52) 구속적 유추란 정령 숭배를 하는 부족 사회에서 숨겨진 유일신에 대한 개념이라든지 혹은 그리스도로 말미암아 하나님과 화해케 된다는 상징적 의미가 문화권 속에 이미 내재되어 있는 경우를 의미하는데, 돈 리차드슨은 이것을 하나님의 예비하심으로 보고 타 문화권의 복음 전달자가 이것을 찾아 복음을 전하면 놀라운 선교의 결실이 있게 될 것이라고 하였다. 이것은 그의 사위 부족 가운데서의 경험을 통해 나온 확신인데, 그는 이런 구속적 유추를 모든 선교 역사 속에서 발굴해 내었다. 여기에 관련된 책으로 다음 두 권의 저서가 있다. See Don Richardson, Peace Child(Glendale : Regal, 1974), Don Richardson, Eternity in Their Hearts(Ventura : Regal, 1986).

3) 힌두·불교적 세계관

인도의 역사와 함께 발전되어 온 힌두교는 약 오천 년의 세월을 통해 형성되었으며, 크게 두 가지의 기원을 가지고 있다. 첫째로는 인도의 원주민들이 인더스 강을 중심으로 하여 발전시켜 온 농경 문화권 하에서의 다신교적인 유산이 있다. 둘째는 기원전 2세기 경에 중앙 아시아 쪽에서 진출한 아리안족의 자연신교적 전통이다.[53]

힌두·불교적 세계관의 배경은 인도에서의 이런 종교적 유산 위에서 발전되었으며, 이것은 자연스럽게 다신교적 상황에서 일원론적 범신론(Monistic Pantheism)으로 발전되었다. 힌두교의 기본 교리로는 윤회의 원인이 되는 카르마(Karma), 환영의 의미를 가진 마야(Maya), 경험계의 존재론적 실제인 아트만(Atman)·브라만(Brahman)·니르바나(Nirvana) 등이 있고, 해방을 의미하는 '모크샤'(Moksa)를 획득하는 수단으로 요가(Yoga)가 있다. 인도 종교의 핵심은 구원을 의미하는 해방이다.[54]

힌두교는 두 전통이 있는데 상카(Sankhya)와 베단타(Vedanta)이다. 상카는 존재를 물질(Pakriti)과 영혼(Purusha)으로 구

---

53) Raymond Hammer, "Roots : The Development of Hindu Religion" in Eerdmans' Handbook to The World's Religions(Grand Rapids : Eerdmans, 1982), pp. 173-174.
54) 헤셀그레이브는 엘리아데가 구분한 인도 영성의 핵심적인 네 요소를 그대로 인용하여 소개하고 있다. See Hesselgrave, op. cit., p. 238.

분하는데, 인격적인 신을 믿지 않는다. 인도의 자이나교와 불교에서 이 전통을 찾아 볼 수 있다.[55]

베단타는 인도에서 대중적인 전통인데, 리그 베다(Rig Veda)와 우파니샤드(Upanishad)의 경전을 가지고 있다. 베다와 우파니샤드는 직접적인 계시의 산물로서 '스루티'(Shruti)라고 불리고, 성인들이 영감을 통해 받은 계시로서 스루티를 해석해 주며 구전이나 전설을 모은 두 번째 경전인 '슴리티'(Smriti)가 있다. 슴리티에는 라마야나(Ramayana)와 마하바라타(Mahabharata)의 서사시가 포함되어 있다.[56]

4천 년의 역사를 가진 베다는 다신교적 전통을 내포하고 있으나 기원전 500~800년 사이의 우파니샤드는 일원론적 관념주의를 표현하고 있는데, 실제요 존재의 기반으로서 브라만의 개념을 발전시켰다.[57] 브라만은 형태 없는 비인격적 존재로서 '니르구나 브라만'(Nirguna Braman)이 있고, 형태가 있는 인격적 존재로서 '사구나 브라만'(Saguna Braman)이 있다.[58]

힌두교에는 많은 신들이 있지만 삼신의 개념이 있는데 이것은 브라만, 비쉬나, 쉬바이다. 이 신들은 브라만의 각기 다른 표현이라고 간주한다. 브라만의 개념은 내재적이고 동시에 초월적이며, 인간 존재의 심연에 아트만이 있는데 이것이 브라만의 실제이다.[59]

---

55) Ibid., pp. 238-239.
56) Norman Anderson, The World's Religions(Grand Rapids : Eerdmans, 1987), pp. 137-138.
57) Ibid., pp. 138-139.
58) Hesselgrave, op. cit., p. 239.

164 선교와 문화

인과율로서 카르마의 개념이 있는데, 이에 따르면 모든 존재는 전생의 업보를 통해서 끊임없는 윤회를 계속한다. 이 카르마는 현상계에서 인도 사회를 특징짓는 네 계급의 요인이 되는데 브라만, 크샤트리아(Ksatriya), 바이샤(Vaisya), 수드라(Sudra)로 나누어진다. 이 계급을 토대로 해서 종족, 혈연, 직업, 지역 등의 요인으로 약 3천 종류의 카스트와 그에 따라 파생된 2만5천 종류의 카스트가 존재한다고 알려져 있다.[60] 이 카스트는 일종의 우주의 질서로서, 이 질서에 순응하여 사는 것을 다르마(Dharma)라고 한다.[61]

힌두교는 구원을 의미하는 해방의 길을 제시하는데 이것은 초의식, 순수 의식을 추구하는 것으로서 아트만과 합일하여 자기 자신이 브라만임을 자각하는 것이다. 이 목표를 달성하기 위해서 네 가지의 요가가 제시되는데 즈나나(Jnana)는 지혜를 구함으로 브라만을 찾는 길이요, 바크티(Bhakti)는 사랑의 헌신을 통해서 신을 찾는 일이요, 카르마(Karma)는 자신의 업보에 충실함으로 신을 찾는 일이요, 라자(Raja)는 정신적 훈련을 통해서 신을 찾는 길이다.[62]

---

59) 이것은 일원론적 범신론적 사상이다. See John T. Seamands, Tell It Well : Communication the Gospel Across Culture(Kansas : Beacon Hill Press, 1981), p. 154.
60) Benjamin Walkhilananda, Hindu World, vol. 1(London : George Allen and Unwin Ltd., 1968), p. 203.
61) Raymond Hammer, "Karma and Darma: Hindu Ethics" in The World's Religions, p. 190.
62) H. 스미스, 이종찬 역, 세계의 종교(서울 : 은성, 1993), pp. 54-82.

힌두교에는 비인격적인 실제로서의 브라만을 믿으며 그와의 합일을 통해서 해방을 구하는 상카라(Shankara)의 신학 전통이 있다. 상카라(788-820)는 현상계를 환영이라고 보며, 현상계에 내재해 있는 아트만인 브라만 외에는 실제가 존재하지 않는다고 본다.[63]

또한 브라만을 인격적인 신의 현현으로 믿고, 그것이 모든 현상계에서 나타난다는 유신론적이며 동시에 범신론적인 라마누자(Ramanuja)의 신학 전통이 있다. 라마누자(1016-1137)의 전통은 힌두교의 삼신 중에 비쉬나를 브라만의 현현으로 보고 숭배하며, 또한 비쉬나가 다양한 형태의 모습으로 현상계에 나타나 아바타(Avatars)로서 인간의 구원을 돕는다는 사상을 가지고 있다.[64] 이것은 초기 베다의 다신교적인 특징과 결합하여 인도의 대중들 가운데 수많은 아바타를 신봉하게 만들고, 바크티 즉 사랑의 헌신을 통한 구원의 길을 제시한다.

힌두교의 세계관 지역에서 선교사의 자질은 성품에 있어서 인자하고 조용해야 하며, 거친 모습을 나타내서는 안 된다. 힌두교인들은 종교적 선생을 존경하며 그 삶을 세밀히 관찰하는 습관이 있는데, 선교사는 행동에 있어서 성실하며 물욕에 집착하는 모습을 보여서는 안 된다.

힌두교에 있어서 복음을 증거하기 위한 접촉점은 무엇일까? 이 접촉점을 활용하여 요하네스 바빙크가 말한 것처럼 적절하게 성령

---

63) Hesselgrave, op. cit., pp. 240-241.
64) Ibid., p. 241.

의 도우시는 역사를 간구하며 말씀을 전할 때 엘렝틱스의 역사가 일어나는 것이다.

먼저 힌두교의 경전관이다. 스루티에는 이미 살펴보았지만 다신교적인 전통과 일원론적인 범신론의 전통이 함께 뒤섞여 있고, 슴리티에는 유신론적 사상도 있다. 힌두교의 경전은 통일성이 없고 혼합주의적이며 역사 의식이 없다.

힌두교의 경전과 대비해서 성경 계시는 역사 속에서의 하나님의 구체적인 구속 행위를 말씀하고 있으며, 성경의 예언은 그리스도의 초림으로 절정으로 성취되어졌고 또한 성취되어질 것이다. 성경 안에 나타난 선지자들의 예언은 이미 많은 부분이 역사 속에서 나라의 흥망성쇠와 함께 구체적으로 성취되어졌고, 하나님의 계시는 추상적이고 형이상학적이 아니라 실제적이고 현실적이며 역사적이다.

알렉산더 더프가 힌두교의 경전관과 성경 계시의 차이점을 분명히 하며 복음을 제시했을 때, 많은 힌두교의 지도 계층인 브라만들이 주님께로 인도되어졌다는 사실을 기억해야 한다.

힌두교의 세계관에 있어서 인과율을 의미하는 카르마는 다르마의 이론과 함께 일종의 숙명론을 형성하고 있으며, 이것은 사악하게도 구원의 한 방편으로 카르마 요가의 길을 제시하고 있다. 과거의 로마 카톨릭의 선교가 카르마를 단지 사회 제도의 한 방편으로 여겨 이것을 허용하였을 때, 로마 교회는 카르마의 종교성을 이해하지 못하였고 더욱이 이 개념이 구원과 직접 연결이 되었다는 사실을 알지 못함으로 교회의 혼합주의를 조성하였고, 복음의 생명력을 치명적으로 약화시켰다.

카르마는 인과응보의 원리로서 죄에 대한 대가가 반드시 있음을 상기시킨다. 그러나 죄의 문제가 근본적으로 해결되지 못하고, 소위 윤회의 사상과 더 나은 출생을 보장하는 것으로서 죄의 고통과 정죄를 약화시키려 하나 결국 숙명론의 함정에 빠져 버리고 말았다.

힌두교인들이 이미 의식하고 있는 죄의 문제와 그로 인한 고통의 문제를 접촉점으로 하여 죄의 대가가 반드시 있음을 상기시키며, 그 결과와 고통이 어떠한가를 성경적으로 분명히 설명해 주어야 한다. 죄란 개인의 업보가 아니라 하나님과의 관계가 잘못되었음에서부터 시작했음을 알리며, 예수 그리스도를 통하여 죄의 문제와 고통의 문제가 어떻게 근본적으로 해결이 되는지 그리고 그 결과가 어떻게 나타나는지를 바로 증거해야 한다.

힌두교의 전통에 있어서 하나님의 개념은 인격적인 존재이기보다 형이상학적이고 신비적이고 일종의 만물의 근원과도 같다. 그러나 그들의 신학적 전통에 있어서 인격적인 하나님을 찾으려는 몸부림은 항상 있었으며, 그것이 브라만의 인격화로 나타났고 또한 바크티 요가의 구원의 길을 제시하는 것으로 나타났다. 인격적인 하나님 그리고 독생 성자를 보내셔서 인간의 구원을 위하여 자신을 희생하시는 사랑의 하나님을 실상 힌두교인들은 간절히 찾고 있는 것이다.

범신론적인 개념으로 혼란해진 힌두교인들에게 성경에 나타난 하나님의 인격과 그분의 구속적 행위와 그분이 역사의 주인으로서 지금도 일하고 계신다는 사실을 알리는 일은 너무나도 중요하다. 또한 구원은 인간 자신의 노력을 통해서 되는 것이 아니라 예수 그리스도 안에 나타난 하나님의 구속의 은총을 통해서만 가능하다는 사실을, 바크티 요가의 은총 개념을 이해하고 있는 힌두교인들에게 이것을 접촉점으로 하여 분명히 제시해야 한다.

힌두교 선교에 있어서 경계해야 할 점은 힌두교의 혼합주의적 경향과 그로 말미암는 종교 용어 의미의 혼탁함이다. 힌두교인들은 아바타의 사상을 가지고 부처도 예수님도 일종의 브라만의 현현인 크리쉬나의 도성인식으로 해석해 이분들도 구원의 대상으로 여기며, 수많은 아바타와 함께 숭배하고 또한 헌신하는 것이다.

이미 살펴보았지만 이 아바타의 사상은 힌두교의 일원론적인 범신론에서 나오는 사상이다. 예수님의 상을 세워 놓거나 그분의 그림을 걸어 놓고 숭배한다고 해서 그리스도인인 것으로 착각하면 큰 오산이다. 싱가포르의 리틀 인디아 지역의 시장을 돌아 보면 힌두교의 여러 종교용품들을 판매하면서 동시에 예수님의 그림과 상을 판매하는 가게들을 볼 수 있다. 아바타의 사상은 이렇듯이 강한 혼합주의적 성향을 가지고 있으며, 신힌두교 운동에서는 이 사상를 이용하여 타 종교와의 관계 설정을 시도한다.

저자는 말레이시아의 쿠알라룸푸르 근교의 힌두교의 성지로 알려져 있는 베다 동굴을 여러 번 방문한 적이 있다. 일 년에 한 번 있는 힌두교의 축제 행사시에 목욕재계를 한 힌두교 사제들이 펄펄 타오르는 숯불 위를 맨발로 걸을 때 아무런 해도 받지 않는 일을 목격하였고, 또한 신과의 합일을 도모하는 종교 의식을 한 이후에 자신의 몸에 칼이나 흉기로 치명적인 상처를 입혀도 사람이 죽지 않는 모습을 보았다.

이 모든 일의 배후에는 무엇이 작용하고 있는가? 힌두교의 세계관은 그 자체가 사탄의 활동을 허용하고 환영하고 있으며, 실제로 저를 노골적으로 숭배하는 종교 체제를 가지고 있다. 여기에 강력한 사탄의 실제가 있고, 치열한 영적 전쟁이 있는 것이다. 선교사들이 힌두교 권에서 사역할 때 이런 사탄의 영적 세력을 가볍게 보아서는 안 되며, 에베소서 6장 13절의 말씀처럼 하나님의 전신갑주로 온전히 무장해야 하고, 항상 성령 충만함을 힘써야 한다.

서구와의 접촉을 통해서 파생된 19세기의 란 모함 로이의 신힌두교 운동은 오늘날 여러 힌두교 종파들을 만들었고, 전세계를 대상으로 강력한 선교 운동을 펴고 있다. 대표적인 것으로 라마크리쉬나선교회(Rama Krishna Mission)와 크리쉬나의식회(Krishna Consciousness Society)와 마하리쉬 마헤시 요기가 만든 초월명상(Transcendental Meditation) 운동 등이 있다.[65]

이들 힌두교 선교 기구들은 힌두교가 가지고 있는 혼합주의적 성향을 그대로 간직하고 있고, 또한 인간 자신 속에 내재되어 있는 아트만인 브라만과의 합일을 통해 인간 존재가 스스로 신적 존재로 승화되어진다는, 힌두교의 구원관인 'Moksa' 사상을 요가의 보급을 통해 확산하고 있다. 초월 명상의 제 방법들과 요가의 신체적·정신적 단련은 실상 인간 해방을 추구하는 구도의 과정이다. 여기에 많은 그리스도인들이 단순한 건강 증진을 위한 신체적·정신적 단련인 줄 알고 요가에 참여하는 것은 매우 위험한 일이요 사탄의 올무에 빠지기 쉽다.

불교는 상카 전통에 서 있는 싯다르타(B.C. 568-483)를 통해

---

65) Norman Anderson, op. cit., p. 137.

서 세워진 종교인데, 싯다르타는 브라만 대신에 절대지고의 상태를 의미하는 니르바나를 소개하였다. 그는 또한 아트만의 개념 대신에 아나타(Anatta)를 소개했는데, 이것은 무아의 세계를 의미한다.[66]

불교는 기원전 383년에 인도의 바이샤리 종교 회의에서 브라마 사함파티에 의해서 일반 대중들이 불교를 쉽게 이해하고 접할 수 있도록 힌두교의 신학 전통을 가미한 대승불교(Mahayana)를 탄생시켰는데, 초기 불교 형태를 그대로 간직한 것을 소승불교(Hinayana)라고 불렀다.

대승불교는 구타마 부다를 신적 존재로 만들었을 뿐 아니라 사함파티를 필두로 해서 수많은 소위 깨달은 성인들을 보살 혹은 부처(Bodhisattvas)로서 숭배하기 시작했으며, 힌두교의 라마누자의 전통과 비슷하게 발전하여 브라만 대신에 부처로 대치하였고, 사랑의 헌신을 통한 바크티의 방법으로 구원을 추구하게 하였다.[67]

구타마 부다가 만든 초기의 불교 형태는 소승불교로서 스리랑카, 미얀마, 태국 등지에서 활성화되어 있다. 이 불교 종파의 핵심 교리는 니르바나, 카르마, 다르마, 사성제, 팔정도 등이다.[68]

니르바나는 열반으로 불려지는데, 인간 존재의 심연에 있는 욕망의 근원을 근본적으로 끊어 버리고 절대 깨달음의 지고의 상태에 이른 것을 의미한다. 열반에는 유여의 열반과 무여의 열반이 있는데, 유여의 열반은 신체를 입은 상태에서의 깨달음의 모습을 의

---

66) Ibid., pp. 241-242.
67) Ibid., pp. 243-244.
68) Ibid., pp. 170-180.

미하며, 무여의 열반은 육체가 죽음으로 비로소 입멸의 세계에 들어가 완전한 열반을 하게 된다는 것이다.[69]

카르마는 힌두교의 카르마 사상에서 나왔으므로 그 내용이 거의 유사한데, 다만 근본적인 차이점은 카르마를 사회 계급을 구별하는 것으로 사용하지 않고 모두에게 평등하게 적용한 것이다. 또한 카르마는 극복되어야 할 대상이지 그 과정을 통해서 해방이 가능하다는 힌두교의 카르마 요가 사상을 배격한다.

다르마는 힌두교의 개념에서 비롯되었는데, 카르마를 고착시키는 것으로 사용하지 않고 일종의 우주의 질서요 지혜요 법이라는 개념으로 사용하고 있다.[70]

다르마와 연관하여 불교는 삼보를 주장하는데 이것은 불보, 법보, 승보이다. 불보는 불교의 도리를 의미하는 것이고, 법보는 니르바나를 위한 자기 훈련의 과정을 의미하는데, 이에는 사성제와 팔정도가 있다. 마지막으로 승보는 스님들의 조직체로서 승단을 의미한다. 이 삼보가 우주의 지혜요 법이 되는 것이다.

법보에서 말하는 사성제(四聖諦)는 연기(緣起)로 말미암는 고통의 직접적이요 간접적인 원인을 제거하는 방법을 의미한다. 연기란 카르마의 인과 관계를 통한 상호 의존의 관계 속에서 발생하는 것으로 보는데, 정확한 실체가 애매하며 일종의 원인론이 된다.[71]

---

69) K. 야스퍼스, 황필호 역, 소크라테스 붓다 공자 예수(서울 : 종로서적, 1982), p. 53.
70) Wulf Metz, "The Enlightened One : Buddhism" in The World's Religions, pp. 230-231.
71) 이동주, 아시아 종교와 기독교(서울 : 기독교문서선교회, 1998), pp. 21-23.

사성제의 첫번째는 고성제(苦聖蹄)인데, 이것은 불교의 기본적인 세계관으로서 살아 있는 생명체는 모두가 다 생로병사의 고통 가운데 있음을 의미한다. 두 번째는 집성제(執聖蹄)인데, 인간 삶의 허무함을 깨닫지 못하고 물질계와 고통의 근원이 되는 탐욕에 매여 있는 상태를 의미한다. 세 번째는 멸성제(滅聖蹄)인데, 이러한 탐욕과 집착을 멸하게 되면 니르바나에 이르는 길을 찾을 수 있다는 것이다. 네 번째는 니르바나에 이르는 구체적인 훈련 방법이다. 여기서 팔정도(八正道)가 제시되어진다. 팔정도의 내용을 살펴보면 정견(正見), 정사(正思), 정어(正語), 정업(正業), 정명(正命), 정정진(正精進), 정념(正念), 정정(正定)이다.[72]

정견은 불도의 바른 이해와 바른 견해를 갖는 것을 의미한다. 정사는 바른 생각을 하는 것을 의미한다. 정어는 정견과 정사가 입으로 발표되는 것으로, 모든 망령되고 부덕한 말을 금하는 것을 의미한다. 정업은 바른 행위를 하는 것이며 투기, 살인, 간음 등을 금하는 것이다. 정명은 불도를 따라 행하는 올바른 삶을 살아가는 것이다. 정정진은 끊임없이 자신을 불도에 의해서 연마하는 것으로 선을 추구하는 삶이다. 정념은 바른 생각을 하며 그에 의해 행동하는 것이다. 정정은 마음을 흔들림이 없이 통일되고 안정되게 하는 것이다.[73]

이러한 사성제와 팔정도를 계율과 선정(禪定)과 지혜로써 끊임없이 구하면 결국 열반의 세계에 도달할 수 있다는 것이 소승불교

---

72) 유동식, 한국 종교와 기독교(서울 : 대한기독교서회, 1979), pp. 40-41.
73) 이동주, op. cit., pp. 20-21.

의 구원관이다.

　대승불교는 몽고, 중국, 부탄, 베트남, 한국, 일본, 대만 등지에 확산되어 있는데, 그 대표적인 교리를 살펴보면 용수(Nagarjuna)의 반야 사상과 이미 언급한 해탈자로서의 보살 사상이 있다. 반야 사상의 핵심을 표현한 것으로 '색즉시공 공즉시색'이라는 말이 있다. 이 사상은 절대적인 공(空)의 상태를 의미하는 것으로, 존재의 있음과 없음이 근본 존재하지 않는다는 것이며, 늙고 죽음도 없으며 그 없음이 없는 상태를 의미한다. 이것은 모든 대립이 근본 존재하지 않는 상태이며, 중생과 부처의 구별도 없어지는 일체의 공공(空空)의 상태이다.[74]

　이런 공공의 상태가 대승불교에 있어서 열반이 된다. 대승불교는 이런 열반에 도달하는 데 있어서 일반 대중들의 사바 세계에, 깨달음을 얻은 해탈자인 아하트(Arhat)가 일종의 초자연적 존재로서 중계자적 역할을 한다는, 보살 사상을 발전시켰다.[75]

　보살 사상은 아시아의 정령 숭배 사상과 결합하여 수많은 신적 존재인 보살들을 만들었으며, 그 대표적인 것이 아미타불과 관세음보살이다. 이것은 소승불교의 자력 구원 사상에서 대승불교의 타력 구원 사상으로 발전된 것으로, 힌두교 안에 이런 두 가지 전통이 함께 존재하고 있는 것처럼 불교 안에서도 함께 존재하고 있다.

　대승불교의 타력 구원 사상은 중간 영역의 세계관의 지역에서 민속 불교로 발전되었다. 예를 들어서 한국의 불교 안에 존재하는

---

74) Ibid., pp. 27-31.
75) Anderson, op. cit., pp. 181-182.

산신각과 칠성각과 법당 안에 그려져 있는 사후 세계를 표현하는 지옥의 존재 등이 그것이다. 한국 샤머니즘에서 지옥의 최고 책임자를 염라대왕이라 부르고 있는데, 이것이 보살 중의 하나인 제석천으로 바뀌어져 있다.[76]

한국의 스님 중에는 귀신을 쫓아내고 재앙을 예방하는 부적과 주문에 능한 사람이 많으며, 이것은 밀교의 형태로 표현되고 있다. 이런 민속 불교적 특징은 중국과 네팔과 티베트와 일본에서 또한 찾아 볼 수 있다. 인도네시아의 자카르타에서 본 한 중국인들의 법당은, 보살의 현신으로 여기며 공자와 노자의 상을 만들어 이를 다른 부처상과 함께 숭배하고 있었다. 중국의 불교는 도교의 일반 민간인 차원에서 발전시켰던 마술적 행위들을 적극 받아들여 혼합적인 특징을 나타내며 이를 수행하고 있다.

불교권을 대상으로 한 선교에 있어서 선교사의 자질은 어떠해야 하는가? 불교의 세계관은 사물의 실제를 고통이라고 규정하며, 고통으로부터의 해방을 진지하게 추구한다. 모든 일에 있어서 최선을 다하며 규율에 엄격하고 삶을 엄숙하게 대한다. 선교사는 이런 불교인들을 대하는 데 있어서 외부로 나타나는 모습에 있어 모든 일에 성실하며 진지하며 최선을 다하는 모습을 나타내야 한다. 경박스러운 모습을 보이거나, 종교적인 일을 논하면서 불경스럽게 농담을 하는 듯한 태도를 보여서는 안 된다.

선교 메시지에 있어서 엘렝틱스적인 접근은 다음과 같다. 불교는 인과응보의 원리로서 업을 의미하는 카르마를 제시한다. 이 카

---

76) 김태곤, 한국 종교(이리 : 원광대학교, 1973), pp.5-17.

르마에 대한 엘렝틱스적인 접근은 힌두교의 접근과 동일하나, 좀 더 강조해야 할 부분은 고통의 원인이 자신의 행위로 말미암은 것이 아니고 불교에서 논하듯이 좀더 존재론적 이유가 있다는 것이다. 그것은 단순히 세상의 존재가 고통의 존재요 공의 존재이기에 그런 것이 아니고, 만물의 창조주가 되시고 운행자가 되시는 하나님과의 관계가 잘못된 데서부터 말미암았다는 사실을 명확히 증거해야 한다.

불교인들은 구원을 추구함에 있어 니르바나의 사상을 발전시켰는데, 이것은 존재의 소멸이 아니고 정신적인 망각의 훈련을 통한 자기 최면에서의 도피이다. 그러나 성경은 피조 세계의 실제를 말씀하고 있으며, 이 세계는 하나님에 의해 창조함을 받았고 그분에 의해 통치되어진다는 사실을 분명히 말씀하고 있다. 이 실제는 불교인들이 정확하게 파악했듯이 고통의 세계요 허무의 세계인데, 그것은 실제가 없는 공의 상태라서 그런 것도 아니고 사물의 집착 때문에 그런 것도 아닌 죄의 결과이다.

불교는 니르바나에 이르는 길로 팔정도를 제시하는데, 이것은 불교의 세계관에 있어서 실상은 의미가 없는 일이다. 왜냐하면 반야 사상처럼 실제는 존재하지 않는 것과도 같기 때문이다. 그러나 팔정도는 삼보를 이 여덟 가지의 방법으로 실천하고 자신을 훈련함으로 니르바나에 이르는 것을 제시하는데, 이것은 인간의 윤리적인 삶과 선한 행위를 강조하는 경향을 가지고 있으며 행위를 통한 구원을 제시하는 경향을 내포하고 있다.

여기서 엘렝틱스적인 접근은 카르마에서 이미 논했듯이, 인간의 문제는 인간 자신의 행위를 통해서 해결되는 것이 아니라 하나님의 은총이 선행되어야 함을 분명히 증거하는 일이다. 그리스도를 통해서만 진정한 선한 행위가 가능하다고 하는 사실을 특히 마태복음 5장부터 7장까지의 산상보훈의 말씀을 통해서 증거해야 한다.

대승불교의 보살 사상은 힌두교의 아바타의 사상과 마찬가지로 일원론적인 범신론적 세계관 가운데서 나온 타력 구원의 사상이지만, 중생을 불쌍히 여기며 중생을 구하려는 자비의 사상이 내포되어 있기에, 그리스도를 통한 하나님의 사랑과 은총이 무엇인지를 증거하되, 그리스도의 죽으심과 부활은 역사적인 사실이며, 대승불교의 보살의 초역사적 개념과는 근본적으로 다름을 명확히 전해야 한다.

대승불교의 보살 사상이 중간 영역의 세계관 지역에서 민속 불교로 혼합화된 것을 주목하며, 이러한 세계관을 매개체로 해서 강력한 사탄의 임재가 있다는 사실을 우리는 기억해야 한다. 따라서 이런 지역에서의 선교에는 중간 영역의 세계관 지역에서 수행되어지는 동일한 선교 방법이 행해져야 한다.

4) 이슬람의 세계관

이슬람이라는 의미는 절대 복종을 의미한다.[77] 이슬람의 창시자인 마호메트는 40살 되던 해인 기원후 610년에 히라 동굴에서 천사 가브리엘을 통해 알라인 하나님의 계시를 받게 되었다고 알려

---

77) David Kerr, "The Worship of Islam" in The World's Religions, p. 317.

진다. 그것을 이슬람에서는 코란 경전의 기원이라고 보는데, 코란은 하늘에 속한 계시의 원형으로서 알라가 특별히 선택한 아랍어로 기록되었다고 한다.

코란 이외에 하디스가 있는데, 코란과 같은 신적 권위는 없지만 마호메트의 언행을 기록한 전승집으로, 신성하게 영감된 책으로 모슬렘인들에게 받아들여진다. 이렇듯이 이슬람은 알라에 대한 절대복종으로 코란과 하디스를 따라가는 종교이다.[78]

이슬람은 마호메트의 후계자 선정 문제로, 사 대째인 알리(Ali)를 기점으로 하여서 무아위야(Muawiya)를 추종하는 수니파(Sunni)와, 알리의 뒤를 이은 알 하산(Al-Hasan)을 후계자로 인정하는 시아파(Shiah)로 나누어진다.

수니파는 회교법인 샤리아(Sharia)를 해석하는 정도의 차이에 따라 지역별로 분파를 형성하고 있는데 중앙 아시아, 파키스탄, 인도, 터어키 등지의 해나화이트(Hanafites)와 이집트의 저지방, 바레인, 말레이시아, 인도네시아에 분포되어 있는 샤화이트(Shafites)와 이집트의 고지방, 아프리카 사하라 사막 이북 지역 등의 맬리카이트(Malikites)와 그리고 주로 회교 근본주의자들이 속해 있는 핸바라이트(Hanbalites)가 있다. 수니파는 코란을 중심으로 한 정통적인 회교 원리를 고수하며 칼리프를 신봉하는 특징이 있는데, 추종자들은 약 8억 5천만 정도이다.

시아파는 마호메트의 뒤를 잇는 알리로부터 시작하여 12번째의

---

78) Anne Cooper, Ishmael My Brother(Tunbridge Wells : MARC, 1993), pp. 77-82.

이만(Iman)을 믿는데, 아야톨라(Ayatollah) 사상을 가지고 있다. 그들은 마지막 12번째인 이만이 신비적으로 숨어 있다가 마지막 날에 나타나는데, 아야톨라만이 이 숨어 있는 이만과 교통하여 알라의 뜻을 전달할 수 있는 능력을 가졌다고 믿는다. 시아파는 이만의 지정에 대한 차이로 이스나-아샤리스(Isthna-Asharis), 이스마일리스(Ismailis), 자이디스(Zaydis), 알라위트(Alawites) 등의 분파로 나누어지며, 추종자는 9천만 정도가 된다.[79]

이슬람에서는 수니파와 시아파를 정통 이슬람이라고 간주하는데, 이 양파에 속해 있으면서 특정한 종파를 형성하지 않으나 특별한 교리를 형성하고 있는, 전체 모슬렘인들의 70% 정도가 영향을 받고 있는 수피즘(Sufism)이 있다.[80]

저자는 이슬람의 세계관을 분석하는데 있어서 크게 정통 이슬람의 세계관과 수피즘의 세계관을 살펴보려 한다. 정통 이슬람은 여섯 가지의 신앙과 다섯 가지의 기본 기둥을 지킨다.

여섯 가지 신앙

1 알라에 대한 신앙 고백이 있다

알라 외에 다른 신은 없다는 고백으로 이슬람의 신앙은 시작된다. 알라는 스스로 존재하는 절대자이며 유일신으로서 인간에게 절대적인 복종을 요구하는 존재이다. 알라는 99가지의 이름으로 불

---

79) Ibid., pp. 161-174, cf. Bill Musk, The Unseen Face of Islam(Sussex : MARC, 1994), pp. 281-284.
80) Phil Parshall, Bridges to Islam(Grand Rapids : Baker, 1992), p. 37.

려지는데 각 이름이 그의 속성을 나타내고 있으며, 또한 교리적으로는 삼위일체를 빼 놓고는 기독교의 하나님의 속성을 거의 다 포함하고 있다. 그의 속성으로 코란에 나타난 것은 전능(수라 2 : 19, 106, 107, 3 : 189, 8 : 41, 11 : 4, 40 : 68, 57 : 2), 전지(6 : 59), 의지(6 : 35), 영원(53 : 43), 편재(2 : 141, 4 : 126), 배우자가 없고 아들이 없음(72 : 4, 112 : 3), 삼위일체가 아님(4 : 171) 등이다.[81]

② 천사를 믿는다

천사는 성별이 없고 하나님의 종이며 자유 의지가 없고 빛으로 창조되었다. 네 천사장을 믿는데 알라의 사자로서 가브리엘, 미카엘, 죽음의 천사인 아즈라일, 지옥을 관장하는 말리크 등이 있다(수라 2 : 91-92).[82] 특이한 영적 존재로 진(Jinn)이 있는데, 진은 천사와 인간 사이의 중간 존재로 아담이 존재하기 수천 년 전에 창조되었다고 하며, 선한 진과 악한 진이 있다고 알려진다(수라 55 : 14-15). 악한 진의 아버지 격인 이블리스가 있는데, 이 이블리스가 아담과 이브를 유혹했다는 수라 20장 120절의 구절이 있는 것으로 보아서 사탄과 이블리스는 같은 존재이다.

이블리스는 알라를 믿지 않는 불신자들과 배교자들에게서 활동하는 것으로 코란은 말하고 있다(72장, 114장).

---

81) Norman L. Geisler & Abudul Saleeb, <u>Answering Islam</u>(Grand Rapids : Baker, 1995), pp. 16-26.
82) Cooper, op. cit., pp. 73-74.

③ 경전을 믿는다

이슬람은 알라가 인간에게 내려 준 그의 계시가 담겨 있는 경전을 104권이라 말하고, 그 중에 5권이 코란에 기록되었다고 한다. 아브라함에게 준 계시 문서는 지금은 유실되었다고 하며, 타우라트(Tawrat)라 불리는 모세 오경과 자부르(Zabur)라 불리는 시편과 복음서인 인질(Injil) 그리고 최종적인 계시인 마호메트에게 준 코란이 있다.[83]

이슬람은 코란을 제외한 나머지 4권의 경전은 원래의 내용이 다 변질되었고, 지금 기독교인들이 사용하고 있는 것은 개악되고 변조된 것이라고 말한다. 그들이 내세우는 증거는, 기독교인들에게 경전의 원본이 없으며 수많은 언어로 마구 번역된 것이다.[84] 따라서 이슬람 교인들은 코란만이 알라의 최종 계시이며 완전한 계시라고 주장하고, 코란을 절대적으로 따를 것을 주장한다(수라 2 : 106, 33 : 10).

④ 선지자에 관한 신앙

코란은 전부 28명의 선지자들을 언급하고 있는데 그들 중에 아담, 노아, 아브라함, 모세, 예수 등은 특별한 선지자이며, 그 중에도 코란에서 인질로 불리는 예수는 더욱 특별한 존재이다.[85] 그

---

83) Arthur Jeffery, ed., Islam, Muhammad and His Religion(New York : The Bobbs-Merrill Co., 1958), pp. 126-128.
84) Alhai A.D. Ajijola, The Essence of Faith in Islam(Lahore : Islamic Publications, Ltd., 1978), p. 79.
85) Geisler & Saleeb, op. cit., pp. 53-54.

런데 이들 선지자들 중에서 마호메트가 최고의 선지자로서 가장 높은 위치에 있다고 한다.[86]

5 심판을 믿는다

심판 때에 일어나는 징조는 성경의 기록과 유사하다. 알라가 직접 책을 펴 놓고 심판을 하는데, 선한 행위를 한 자는 낙원으로 가고 악한 행위를 한 자는 지옥으로 간다(수라 39 : 69-75). 그들의 낙원과 지옥관은 매우 현실적인 감각의 세계이다. 낙원은 산해진미와 모든 육체적인 열락과 쾌락이 있는 지고복락의 장소이며, 지옥은 참혹한 고통의 장소이다. 이슬람의 구원은 심판 때에만 확인이 되어진다.[87]

인간은 본래 선하게 창조되었고 자유 의지가 있으며(수라 38 : 72), 죄란 선택의 문제이지 근본적으로 원죄는 없다. 따라서 이슬람은 구원을 확보하기 위해서 이슬람 공동체인 움마의 역할을 중요히 여기며, 코란에 의해서 살아가는 샤리아를 강조하게 된다.[88]

6 신이 정한 명령으로서 까다르(Qadar)를 믿는다

이 까다르의 사상은 알라가 선과 악을 포함해서 모든 것을 영원부터 계획하고 모든 것을 알라의 뜻대로 이끌어 간다는 것이다. 어떤 일도 알라의 예지와 그의 신적 작정 밖에서 일어나는 일은 없다(수라 54 : 49). 인간의 운명도 전적으로 알라의 작정 가운데서

---

86) Cooper, op. cit., pp. 108-110.
87) Geisler & Saleeb, op. cit., pp. 119-122.
88) Ibid., pp. 38-49.

이루어지며, 인간은 오직 알라의 뜻을 순종할 수밖에 없는데, 이것은 모슬렘인들에게 숙명론을 형성한다.

다섯 가지 기본 기둥

1 샤히다(Shahida)

샤히다는 '증언하다'라는 뜻으로 법정적인 용어이다. "알라 이외에는 다른 신은 없으며 마호메트만이 알라의 선지자"라는 말이다. 이슬람 교인이 되려고 하면 반드시 이 신앙의 고백이 요구된다.

이 신앙 고백을 한 사람은 정식으로 모슬렘으로 인정되며, 알라에게 전적으로 복종해야 한다. 다섯 기둥 중에서 가장 중요한 기둥이 이것이며, 여기서 이슬람 교인이 되는 길이 시작된다.[89]

2 사라트(Salat)

사라트는 '머리를 숙여 절하다'라는 의미가 담겨 있는데, 기도의 뜻이다. 이것은 하루에 다섯 번 드리는 정규적인 기도 의식인데, 메카를 향하여 방향을 정하고 기도한다. 기도 시간은 일출, 정오, 오후, 일몰, 밤이다. 기도는 개인적으로 해도 무방하지만 되도록 단체로 하는 것이 좋으며, 금요일에는 반드시 회중과 함께 모스크에 가서 기도를 드려야 한다.

이슬람 교인들이 기도하는 것은, 알라와의 개인적인 대화라기보

---

89) Cooper, op. cit., p.114.

다 알라에 대한 복종에서 나오는 의식적인 행위이다. 그들이 모스크에서 메카를 향해 기도할 때 알라의 땅이 그들의 땅이 되며, 기도하는 순간 이슬람 교인들은 모두가 다 한 형제 공동체임을 느낀다.

이슬람 교인들은 기도 전에 반드시 씻는 세정식의 의식을 갖는다. 얼굴, 손에서 팔꿈치, 머리, 그리고 발에서 발목까지 닦는다. 금요일 모스크에 가서 기도할 때에는 몸을 다 씻고 간다.[90]

이렇듯이 이슬람 교인들이 세정식을 하는 것은 영혼뿐 아니라 육체도 항상 깨끗하게 해야 한다는 의미를 내포하고 있으며, 또한 이런 의식을 통해서 몸의 청결을 유지함으로 건강을 지킨다는 그런 의미도 있다.[91] 사라트는 두 번째로 이슬람 교인들에게 필수적인 실천 사항이다.

③ 라마단(Ramadan)

이것은 금식을 의미하는 것으로, 이슬람 달력으로 9번째 되는 달에 29일이나 30일 동안 수행한다(수라 2 : 185). 해 뜰 때부터 해 질 때까지 모든 음식, 물, 부부 관계를 금해야 한다. 그러나 일몰 후에는 식사를 하며, 하루를 견디기 위해서 일출 전에 식사를 하기도 한다. 금식을 하는 것은 알라에 대한 헌신을 의미할 뿐만 아니라, 연약한 이웃의 고통을 생각하게 하고 자선을 베푸는 뜻을 가지고 있다.

---

90) Ibid., pp. 114-121.
91) Phil Parshall, Inside The Community(Grand Rapids : Baker, 1994), pp. 66-67.

라마단 달의 마지막 열흘간의 밤에는 천사들과 선한 진들이 알라의 명을 받들고 사람들에게로 내려와서 이슬람 교인들을 돕는다는 것을 믿으며, 이 열흘간은 금욕적으로 모스크에서 지낸다.[92]

4 자카드(Zacat)

자카드는 구제라는 의미로, 자기가 소유한 재산을 신 앞에서 정화한다는 의미를 가지고 있으며 동시에 어려운 사람들을 돕는다는 뜻이 있다. 자카드는 기본 생활 필수품, 개인 가전 도구 등 생활용품에는 부과되지 않고, 기타의 수입에 다양한 방법으로 내게 되어 있다. 예를 들어 토지에는 농산물의 10%를 내고, 금과 은 같은 유동 자산에는 일년간 수입의 2.5%를 낸다.

이렇듯이 자카드를 냄으로 이슬람 공동체의 상호 결속을 다지며 서로간에 어려운 사람을 돕는다는 좋은 뜻이 있으나, 이것을 행함으로 알라의 심판 때에 덕을 쌓는 것이 되어 죄를 탕감받게 되리라는 의미도 포함되어 있다. 이슬람 사회는 이 자카드를 가지고 이슬람 포교에 사용하기도 한다.[93]

5 하지(Haji)

이것은 순례를 뜻하는데, 이슬람 교인들은 평생에 한 번은 메카를 순례해야 한다. 순례는 절대적인 의무 사항은 아니지만, 건강이 허락되고 경제적 여건이 되는 사람은 반드시 메카를 가야 한다

---

92) Cooper, op. cit., pp. 122-124.
93) Ibid., pp. 121-122.

(수라 3 : 97).

　순례에는 약식 순례가 있고 정식 순례가 있는데, 정식 순례의 과정들을 살펴보자.

　순례 첫날에는 카아바에 가서 흑석 주변을 일곱 번 돈다. 이후에 흑석과 카아바 사이에서 개인 기도를 드린다. 그리고 아브라함의 발자국이 있다는 곳에 가서 두 번 절을 하고, 이스마엘의 발 앞에서 솟아올랐다는 잠잠 우물에서 물을 마신다.

　순례 둘째 날은 미나에서 새벽 기도를 드린 후에 아담과 이브가 하늘에서 내려와 재결합했다는 아라파트에서 이맘의 인도하에 오후 기도를 늦게까지 드린다. 여기서 드려지는 기도 내용은 미리 정해져 있는데 "내가 여기 왔나이다. 알라여, 참으로 찬양과 복은 당신의 것입니다"라는 내용의 반복이다. 밤에는 무즈탈리파라는 곳으로 가서 밤기도를 드린다.

　순례 셋째 날에는 알라에게 희생제를 드린다. 희생제를 드릴 때 남성은 머리를 깎고 여성은 한 줌의 머리를 상징적으로 자르며 낙타, 황소, 양 등을 알라에게 바친다. 이 날에는 또한 순례 마지막 날 행해지는 사탄을 상징하는 알 자마라 기둥에 던질 돌을 모은다.

　순례 마지막 날에는 미나에서 머무르며 매일 7개의 돌을 자마라 기둥에 던지는데, 그 뜻은 사탄이 근접하지 못하도록 하는 것이다.[94]

　이슬람 교인들에게 있어서 순례는 마음의 여행이라고 불리며, 그들 종교의 구심력적인 장소를 중심으로 하여 전세계 이슬람 교인

---

94) Ibid., pp. 125–127.

들의 결속과 우의를 다지는 영적 갱생과 축제와 연합의 기간이다. 그들은 지상에서 그 어떤 날도 순례와 비길 수 없다고 믿는다. 이런 점에서 일 년에 2백만 이상의 이슬람 교인들이 순례를 행하기 위해서 메카로 몰려드는 것이다.[95]

또 이슬람의 다섯 기둥에 들어가지 않지만 여섯 번째 기둥이라 할 수 있는 지하드(Jihad)가 있는데, 그 뜻은 성전(聖戰)이다. 이것은 알라를 위한 거룩한 투쟁을 의미하는데, 두 가지 뜻이 담겨 있다. 먼저 도덕적이고 영적 향상을 위해서 노력한다는 의미가 있고, 역사적으로 이슬람의 확장과 보호를 위한 군사적인 의미로 사용되기도 하였다. 오늘날 이슬람 근본주의자들에게는, 이슬람을 외래의 사조와 위협으로부터 몸을 바쳐 지킨다는 후자의 의미로 이 지하드가 사용된다. 코란은 지하드에 참여하다가 죽는 사람을 순교자로 부르며, 낙원에 들어갈 것을 보장하고 있다. 따라서 현실 세계의 어려움 속에서 삶을 위해 몸부림치는 사람이 지하드에 참여해 순교하면, 온갖 열락과 환락이 기다리는 주지육림의 낙원이 마지막 날에 저를 기다리고 있으므로, 목숨을 초개같이 내던지는 동기 부여가 되기도 한다.[96]

지금까지 정통 이슬람을 살펴보았는데, 이미 언급한 대로 수니파와 시아파에 속하지 않는 수피즘이 있다. 이 수피즘은 전세계 이

---

95) Parshall, op. cit., pp. 87-90.
96) Ibid., pp. 97-112.

슬람 교인의 70% 정도를 점유하고 있는데, 학자들에 따라 다소 의견이 다르지만 민속 이슬람과 동일시하는 사람들이 있다. 이렇듯이 수피즘은 민속 이슬람과 동의어로 쓰이며 영향력이 막강한데, 그 세계관을 살펴보자.

수피라는 말은 아랍어의 양털에서부터 기원되어졌는데, A.D. 776년에 아부 하심 우트만 벤 샤리크(Abu Hashim Uthman ben Sharik)가 이 이름으로 불려졌다. 후에 샤리크을 추종하여 양털로 만든 흰 옷을 입고 고행과 금욕을 강조하며 명상과 훈련을 통한 신과의 합일을 주장하는 사람들을 가리켜서 수피즘에 속해 있다고 하였다.[97] 수피즘은 지역에 따라 크게 네 파로 나누어졌는데, 서로간에 영향을 주고 있다.

치쉬티(Chishti)파는 소아시아 출신의 크와자 아부 이삭 치쉬티(Khwaja Abu Ishaq Shami Chishti)에게서 기원되어졌는데, 인도에서 꽃을 피웠다. 이 파는 소위 성자 유품 숭배 사상을 확산시켰는데, 대표적인 것으로 인도의 아즈미라(Ajmir)에 있는 무이누드-딘(Muinud-Din)의 무덤 겸 사원이 있고, 파키스탄의 펀잡에 있는 바부 파리드(Babu Farid)의 '천국의 통로'로 불리는 무덤이 있다.[98]

수라와디(Suhrawardi)파는 이라크의 바그다드 출신인 쉬하부드-딘 수라와디(Shihabud-Din Suhrawardi)에게서 비롯되는데 인도, 파키스탄, 방글라데시에서 영향력이 있으며, 중보자 개념으

---

97) Parshall, Bridges to Islam, p. 26.
98) Ibid., pp. 38-39.

로서 성인(Pir) 숭배 사상을 발전시켰다. 대표적인 인물로서 바후드-딘 자카리야(Bahaud-Din Zakariya), 하피즈 무하마드 이스마일(Hafiz Muhammad Ismail), 샤다우라(ShahDawla) 등이 있다.[99]

카디리(Qadiri)파는 인도 출신인 샤이크 압둘-카디르 유라니(Shaykh Abdul-Qadir Julani)에게서 비롯되는데, 대표적인 성인으로 사위드 바하왈 샤(Sayyid Bahawal Shah), 하지 무하마드(Haji Muhammad) 등이 있다. 수피즘에 있어서 이들 성인들은 초자연적인 능력을 지니고 있으며, 공간 이동을 자유롭게 하는 것으로 숭배되고 있다.[100]

나크쉬반디(Naqshbandi)파는 아마드 파루키(Ahmad Faruqi)를 통해서 생겨난 것으로 인도, 터어키, 메소포타미아 지역에서 영향력이 있다. 파루키는 수피즘의 개혁자로 알려지고 있는데, 그를 통해서 정통 이슬람과 병행할 수 있는 길이 열려지게 되었다. 그의 사후에 세 사람의 후계자를 포함해서 그를 지칭하는 카위윤주(Qayyums)라는 말이 생겨났는데, 이 의미는 만물의 근원이라는 뜻이다. 이렇듯이 그는 신적 중보자로 숭배되고 있으며, 특히 천재지변을 피하게 하는 능력이 있는 것으로 알려지고 있다.[101]

수피즘은 교리적으로는 정통 이슬람을 고수하나 생활 실천에 있어서는 토착 물활론의 영향을 받고 있으며, 선교적인 성향을 나타내어서 아시아와 아프리카의 선교에 큰 역할을 하였다. 민속 이슬

---

99) Ibid., pp. 40-42.
100) Ibid., pp. 42-44.
101) Ibid., pp. 44-47.

람의 기원을 수피즘과 연관하여 수피즘 자체를 민속 이슬람과 동일어로 보는 학자들이 있다.

그러나 민속 이슬람은 두 가지의 근원을 가지고 있는데, 이슬람 자체가 아랍의 물활론적 영향을 받은 요소가 있으며, 이슬람이 확산되는 가운데에 각 지역의 물활론적 요소를 받아들여 토착화를 시도하였다는 사실이다. 이슬람을 연구하는 선교학자들은 교리적인 이슬람을 이슬람의 전부인 것으로 생각하는 것이 큰 잘못임을 지적하고 있다.[102]

실제로 모슬렘인들의 70% 정도가 민속 이슬람의 영향을 받고 있다. 민속 이슬람은 각 지역에 따라 그 지역의 물활론적 요소가 반영되어 독특한 형태를 띠고 있으나, 이미 살펴본 대로 어떤 공통적인 요소를 가지고 있다. 그것은 신과의 직접적인 합일을 주장하는 신비적인 경향과, 특정한 성인들을 알라와의 매개체로 생각하여 중보자적 역할을 하게 하며 초자연적인 존재로 숭앙하는 일이다.[103] 정통 이슬람에 있는 진의 개념을 독특히 발전시켜서, 지역에 따른 특정 진들을 섬기거나, 악한 진을 물리치기 위해서 주술사에 의해 만들어지는 주문이나 부적 혹은 마술 행위를 하기도 한다.[104]

또한 흉안의 개념이 있는데, 이것은 질투로부터 비롯되는 사악한 영향력을 끼치는 사람들의 시야라고 한다. 흉안으로 인하여 질병이나 재앙을 만나게 되었을 때, 이것을 분별하는 점을 치게 되

---

102) Musk, op. cit., pp. 201-205.
103) Ibid., pp. 49-55.
104) Ibid., pp. 38-42.

190 선교와 문화

고 그에 따른 해결책을 찾는데, 대체적으로 향을 태우고 코란의 주문을 외우며 흉안의 피해로부터 효험이 있는 성자의 무덤에 찾아가서 축복을 간구한다.[105]

실상 이런 민속 이슬람은 이슬람이 형성되는 과정에 있어서 이미 아랍의 물활론적 요소들을 바탕으로 해서 이슬람 자체가 형성된 것에 대한 자연스러운 결과인데, 이 증거들이 코란과 하디스에 나타나고 있다. 코란에는 칠층천의 하늘 세계를 언급하는데, 각 층에 따른 천사들의 지위와 권세가 다르다고 하며, 진을 물리치고 사탄의 세력을 제어하는 역할을 천사들이 할 수 있다는 표현이 있으므로, 천사 숭배를 못하게 하면서도 천사 숭배를 유도하는 내용이 있다(수라 27 : 22-45, 67 : 2, 78 : 12). 이로 인해 민속 이슬람에는 악한 진을 물리치는 술리먼의 칠 언약 부적이 사용된다.

코란은 또한 쌍둥이 영의 존재를 언급하는데(수라 50 : 22-26), 민속 이슬람에 있어서 쌍둥이 영은 인간을 해치는 사악한 영으로 알려지고 있다.[106]

수라 10장 63절과 33장 56절에는 마호메트가 성인들의 축복을 구하는 내용이 나오는데, 이런 구절들이 민속 이슬람에서 성인들을 숭배하는 사상으로 발전되었다.

코란은 특정 절기나 날짜를 구별하며 축복의 날과 재앙의 날을 구분하는데, 예를 들면 금요일은 가장 축복된 날이고 수요일은 재앙의 날이며 화요일과 토요일은 좋지 않은 날이다(수라 9 : 5, 44

---

105) Ibid., pp. 26-30.
106) Ibid., pp. 224-227.

: 2). 코란 다음에 중요 경전으로 받아들여지는 하디스는 민속 이슬람적 요소들을 더욱 많이 나타내고 있다. 하디스는 마호메트 사후 7세대 기간 중에 그의 언행과 그와 연관된 제 사건들을 편집하여 모아 놓은 일종의 마호메트 언행집과 같은 책이다. 하디스 중에 권위 있는 것으로 알려진 것은 7,397구절 정도이다.

하디스에는 코란보다 더욱 아랍의 물활론적 요소들이 내재되어 있다. 알-부카리(Al-Bukhari)는 이런 하디스의 민속 이슬람적 특징을 분석하여 주제별로 그 근거들을 제시하고 있다. 예를 들어 보면 기도할 때의 세정식은 1권의 서책 4, 5권에 있고, 일식에 관한 의미는 2권의 서책 18권에 있으며, 사탄의 매듭을 짓는 행위는 2권의 서책 21권에 있고, 흑석에 입을 맞추는 행위는 2권의 서책 26권에 있으며, 천사들과 진들에 관한 역할과 기능은 4권의 서책 54권에 있다.

또한 선지자들의 축복권에 대해서는 4권의 서책 56권에 있고, 주문의 효용과 악한 징조들 그리고 마술과 점에 대해서는 7권의 서책 71권에 있으며, 거룩한 장소에서의 맹세와 서약의 효용성에 관해서는 8권의 서책 78권에 있으며, 마지막으로 하나님의 99개의 이름의 효용성을 9권의 서책 93권에서 논하고 있다.[107]

이슬람 지역에서 복음을 전하는 선교사의 자질은 어떠해야 하는가? 이슬람은 그 세계관에서 살펴보았지만 율법주의적 종교로서 알라에 대한 절대적인 복종을 전제로 한 종교이다. 이슬람의 성직자인 이만은 교인들에게 존경을 받고, 알라를 대신해 코란을 전할 때

---

107) Ibid., pp. 234-236.

권위 있는 사람으로 교인들에게 비쳐진다.

　이슬람은 기독교와의 조우에 있어서 십자군에 대한 역사적 상처나 근대 서구의 식민지 시대에서의 좋지 않은 경험으로 인하여 부정적인 편견을 가지고 있고, 이슬람 자체가 타 종교에 대해서 호전적인 성향을 가지고 있다. 그러면서도 기독교는 이슬람의 사촌 정도로 여겨지는 알라의 계시 종교의 반열에 들어가 있다는 친근한 느낌도 가지고 있다.

　마호메트가 이슬람을 형성하는 과정에서 유대인들과 기독교의 이단이라 할 수 있는 네스토리안들을 접촉했다는 사실은, 초기 그의 포교 활동에 있어서 유대인들과 기독교인들에 대하여 호의적인 태도를 나타내게 하였다. 코란에는 초기 마호메트의 이런 태도가 반영되어 있는 구절들이 있다(수라 2：62, 3：19). 후에 유대인들과 기독교인들이 마호메트를 인정치 않자 그들을 비난하는 내용도 코란에는 나와 있다(수라 5：157, 5：51).

　선교사는 이렇듯이 기독교에 대하여 복합적인 느낌을 가지고 있는 이슬람 교인들을 대할 때 정중하게 대해야 하고, 친구의 태도를 가지고 상대방을 존중하며 그들의 자존심을 될 수 있으면 건드려서는 안 된다. 엘렝틱스적인 접근법으로서 알라의 속성에 대한 코란의 구절들을 생각하면서, 특히 알라의 자비로움과 사랑에 관계된 구절들을 접촉점으로 해서, 알라의 사랑이 기독교에서 어떻게 이해되고 있는지를 설명하자.[108]

---

108) 가이슬러와 살레브는 알라의 속성 중에 자비롭고 사랑을 표현하는 그런 접촉점을 적극 활용하여 복음을 전할 것을 주장한다. Geisler & Saleeb, op. cit., pp. 25-31.

코란에 나와 있는 알라는 결혼할 수 없다는 구절과 아들이 없다는 구절을 염두에 두면서, 삼위일체의 교리를 가지고 단도직입적으로 논쟁을 벌일 것이 아니라, 알라의 사랑이 그리스도의 동정녀 탄생에 어떻게 나타나며 그 의미가 무엇인지를 증거하고, 알라의 전능함이 인간을 창조하였고 그리스도의 동정녀 탄생을 가능케 할 수 있다는 사실을 그들에게 자연스럽게 인정케 해야 한다. 이것을, 그들에게 알라가 인간 여성을 취했다는 그런 불경스러운 생각을 가지지 않도록 설명을 하는 가운데, 점진적으로 성경 계시를 근거로 삼위일체의 교리로 나가되, 절대로 서둘러서는 안 된다.

경전에 대한 그들의 교리에 있어서, 코란을 완전한 계시로 생각하고 성경은 원본도 없고 오류와 변조가 심한 책으로 생각하는 것(수라 2 : 75)을 염두에 두고, 먼저 성경 계시의 성서신학적인 통일성과 그 역사적 기록의 정확성과 그 말씀의 능력이 그리스도인의 삶에서 어떻게 나타나고 있는지를, 간증 형식으로 부드러우면서도 확신 있게 전하는 것이 필요하다. 여기서 절대로 다투는 듯한 태도를 취해서는 안 된다.

그 이후에 어느 정도 준비가 되었다고 생각하면, 코란의 내용들이 얼마나 상호 충돌이 많고 진술들이 자주 바뀌는지를 코란을 통해서 입증해 보이고 자연스럽게 성경과 코란을 스스로 대조해 보도록 한다.[109] 또한 마호메트를 알라 계시의 완성자요 최고의 선지자로 생각하는 것을 직접적으로 논박하지 말고, 먼저 그들이 요한

---

109) 코란과 성경을 대조하면서 코란의 문제점을 여실히 부각시키려는 시도로 쓰여진 다음과 같은 책이 있다. See William Campbell, The Quran and the Bible(Upper Darby : MER, 1986).

복음 16장 7절의 보혜사 성령님에 대한 예수님의 말씀을 잘못되게 해석하고 있는 점을 지적한다.

보혜사의 아랍어가 마호메트의 아랍어의 다른 이름인 아마드와 유사한 점을 근거로 해서, 예수님께서 마호메트를 예언했다고 이슬람 교인들은 믿는다. 이런 잘못된 해석을, 이슬람 교인들이 충분히 납득할 수 있도록 학문적이면서 권위 있게 문법적이고 언어적인 해석을 하면서, 동시에 보혜사가 의미하는 성령님이 어떤 분이신가를 성경을 통해서 전하는 계기로 삼아야 한다.[110]

코란에는 의외로 인질로 불리는 예수님에 대한 기사가 많이 나오는데, 그분이 소경과 문둥병자를 고치고 심지어는 죽은 사람도 살렸다는 복음서의 기록들이 나오고 있다. 심지어는 수라 19장 34절은 예수님을 가리켜서 '진리의 말씀'이라고 하기도 한다. 코란 자체가 증거하는 예수님의 진정한 모습이 무엇인지를 이슬람 교인들이 스스로 생각할 수 있도록, 코란을 통한 예수님의 모습을 성경적으로 바르게 해석해 주자.

코란에는, 마호메트 다음으로 위대한 선지자라고 여기는 인질 예수가 십자가에 못 박혔다는 사실을 믿지 않고, 기독교 이단에서 주장하는 가현설과 같은 이론을 내세우며, 십자가 위에 있는 예수를 알라가 초자연적인 능력을 베풀어서 순간 사람들의 눈을 멀게 하고, 가룟 유다를 대신 못 박히게 하였다는 기록이 나온다.[111] 코란을 절대적인 알라의 말씀으로 믿고 있는 이슬람 교인들이 이 구

---

110) Geisler & Saleeb, op. cit., pp. 153-154.
111) 수라 4 : 158-159. cf. Cooper, op. cit., pp. 69-71.

절을 그대로 믿고, 그리스도가 십자가 위에서 고난을 받으셨다는 사실을 인정하지 않고 있다.

　예수 그리스도가 왜 십자가 위에서 고난을 당해야 하셨는지, 그 이유가 어떻게 구약 성경에 예언이 되었는지 이것을 명확하게 설명하자. 구약 성경을 알라의 계시의 말씀으로 인정하면서도 변조가 되었다고 믿는 그들이지만, 모세의 그리스도에 대한 예언과 아브라함에게 주신 하나님의 약속을 복음 전도자가 증거하면, 저들에게 존경받는 구약의 선지자들의 이름이요 저들의 선조의 이름이기에 귀를 기울이게 되어 있다.

　알라를 사랑으로 표현하는 코란의 구절과 병행하여, 알라의 사랑이 그리스도에게 어떻게 절정으로 표현되었는지를 십자가의 고난의 의미와 연결하여 증거하자. 그리스도의 고난과 부활이 서로 다른 차원이 아니라 알라의 사랑이요 능력의 표현이라는 것을 확신시키자.

　이슬람 교인들은 인간의 원죄를 믿지 않는다. 죄란 알라가 주신 코란의 계율을 어길 때만 죄가 되어지고, 거기에 대해서 알라가 마지막 심판의 날에 반드시 심판을 한다. 이러한 죄의 문제를 해결하기 위해서는, 알라에 대한 절대적 복종을 의미하는 이슬람의 모든 종교 행위들을 실천하면 구원에 이르게 된다는 것이 저들의 구원관이다. 또한 죄란 누구에게 전가할 성질이 아니라, 자기 스스로가 알라 앞에서 해결해야 하는 인간 개인의 문제이다. 이런 점에서 이슬람 교인들은 중보자의 필요성을 느끼지 못한다.

　그러나 실제로는 어떠한가? 민속 이슬람에서 찾아 보듯이, 수많은 중보자의 역할을 하는 소위 초자연적인 존재로서의 성인들을 섬기고, 심지어는 저들의 유품이나 무덤에도 찾아가서 저들을 섬기는 가운데, 온갖 재앙과 삶의 두려움에서 보호를 받고 해방되려는 몸부림이 전체의 70%를 차지하는 민속 이슬람 교인들에게 나타나는 것이다.

저자는 인도의 봄베이에서 그리스로 가는 비행기 안에서 옆자리에 앉은 한 사우디아라비아 사람을 만난 적이 있다. 그는 장시간의 비행기 여정에서 저자와 친해졌고, 자신의 흉금을 털어 놓기 시작하였다. 그가 인도에 간 이유는, 사우디아라비아와 다르게 이슬람 종교의 제재를 받지 않기에, 거기서 술을 마시고 은밀히 숨겨둔 여성을 만나기 위함이라고 하였다. 인도의 물가가 싼 것을 말하면서, 자신의 이중적인 삶에 대해 오히려 그것을 즐기는 듯한, 그러면서도 양심의 가책을 받지 않고 이슬람의 제도권 하에서 이슬람 교인으로 행세를 하면서 그것을 보상하려는 듯한 불쌍한 영혼의 모습이었다.

이슬람 교인들은 민속 이슬람에서도 나타났듯이 죄의 실상과 그 가공할 만한 파괴력과 세력에 대해서 이미 충분히 알고 있다. 바로 이런 연유로 알라의 이름을 언급하고 있는 코란의 구절들을 부적처럼 사용하고, 온갖 삶의 두려움에서 해방을 받기 위해서 천사를 섬기며, 진의 도움을 구하고 마술적인 행위를 하는 것이다.

성경이 말씀하시는 죄의 기원과 그 결과가 무엇인가를 이슬람 교인들에게 증거하자. 죄가 바로 알라와의 영적 교제를 끊게 하고 육체의 사망을 가져오고 영원한 알라의 형벌을 가져온다는 사실을 저들에게 알게 하자. 자비로우시고 노하기를 더디하시는 알라의 속성에 대한 코란의 구절들이 부적처럼 사용되는데, 바로 이 알라의 자비와 사랑이 그리스도를 통해 절정으로 나타났고, 오직 그리스도를 통해서만 죄의 문제를 해결받고 온갖 죄의 결과로 말미암는 하나님의 형벌에서 구원받을 수 있다는 사실을 증거하자. 알라에 대한 이슬람 안에서의 율법적인 종교 행위가 얼마나 마음에 숨겨진 죄에 대해 무력하며, 죄의 영향력에 대해서 속수무책인지, 율법의 행위가 구원을 가져올 수 없다는 사실을 성경의 말씀을 통해서 분명하게 증거하자.

아시아의 이슬람교권 하에서 사역하는 한 서구 선교사를 알고 있다. 이 선교사의 사역 현장에서 이슬람 교인들에 대한 그의 사역을 참관하였고, 그의 간증을 들었다. 이슬람 사회에 만연해 있는 가정의 폭력과 성적 부도덕과 방종 그리고 그 죄의 세력에 대한 이슬람 교인들의 철저한 무기력의 모습들이, 생명의 복음을 전할 수 있는 가능성의 문을 열고 예수 그리스도의 능력을 전할 수 있는 계기가 된다는 것이다. 저들에게 그리스도가 필요하다는 말씀이었다.

이슬람의 다섯 개의 기둥을 대함에 있어서는 지혜로운 접근이 필요하다. 이슬람 교인들에게 복음을 전한 이후에, 그들이 그리스도인이 된 후에 하루에 다섯 번 기도하는 것을 금할 이유는 없다. 다만 그 기도의 내용이 달라져야 한다.

그들이 기도할 때 세정식을 행하는 것은 알라에 대한 그들의 경외감을 표현하는 것이요, 또한 먼지가 많고 건조한 기후에서의 건강을 위한 문화적인 이유가 있다. 이것을 구태여 금할 이유는 없지만, 이교적인 의미를 나타내는 상징적인 행위들은 철저하게 배격해야 한다. 기도할 때에 또한 무릎을 꿇고 머리를 숙이고 때론

이마를 땅에 대며 기도하는 형식은 금할 필요가 없다. 이것은 알라에 대한 전적인 헌신과 복종을 의미하는 행위로서 마음의 숨은 행위로 그리 해야 하겠지만, 그리스도인들은 하나님께 대한 전적인 순종과 헌신이 필요한 것이다.[112]

라마단에 하는 이슬람 교인들의 금식은 그 신학적인 내용에 있어서 알라에게 구원을 위한 공덕을 쌓는다는 의미가 있다. 이것은 철저하게 경계해야 하겠지만, 성경적인 금식을 하는 계기로 삼아서 영성을 증진시키고 이웃의 어려운 사람을 돌아보는 계기로 삼는 것은 오히려 복음을 전하는 기회가 될 수 있다.[113]

자카드로 불리는 구제도 금식과 마찬가지로 자신의 구원을 위한 공덕을 쌓는다는 위험한 의미가 내포되어 있다. 이것은 경계해야 하겠지만, 이웃의 어려움을 함께 나눈다는 정신은 성경적이다. 성경은 구제에 대하여 분명히 말씀하시고, 이것에 대한 원리적인 면을 말씀하고 계신다. 성경적인 구제를 이슬람처럼 생활화하는 것도 유익한 일이다.

무엇보다 주목할 것은, 지금까지 이슬람 선교에 있어서 소홀히 해 온 민속 이슬람에 대한 선교 방법을 강구하는 일이다. 실상 오늘날 이슬람교권에서 수행되어지는 선교를 통해서 가장 많은 결실을 맺고 있는 지역과 대상은 민속 이슬람이 흥왕한 지역이며, 민속 이슬람을 신봉하는 사람들이다. 이들 지역에서의 선교는 중간

---

112) 필 파샬은 성경적 상황화의 관점에서 기도를 포함하여 이슬람의 종교적 실천 행위들을 하나하나 분석하고 있다. See Phil Parshall, New Paths in Muslim Evangelism(Grand Rapids : Baker, 1984), pp. 200-204.
113) Ibid., pp. 208-210.

영역의 세계관에서 이루어지는 선교의 실상과 거의 동일하다. 성인들에 대한 신앙과 흉안에 대한 두려움 그리고 천사와 진을 마술적 행위를 통해서 조절하려는 시도 등은 민속 이슬람이 성행하는 지역에 강력한 사탄의 임재를 형성케 하고, 집합적인 귀신들림의 현상이 나타나고 있다.

여기서 선교하는 복음 전도자는 성령 충만해야 하며, 영적 전쟁에 경험이 많은 그리스도의 정병이 되어야 한다. 또한 힘의 충돌이 자주 일어나는데, 이것은 반드시 진리 충돌로 나타나야 하며, 그리스도의 장성한 분량에 이르는 현지 교회 공동체의 선교적 성장으로 나타나야 한다.

이슬람은 정통 이슬람이나 민속 이슬람이나를 막론하고 이슬람 공동체의 강한 응집력과 결속으로 인해, 이슬람 사회에서 복음 선교로 인한 개종이 일어나기가 인간적으로 거의 어렵다. 이로 인해 한두 사람 예수를 믿는다고 해도 지상에 노출될 수가 없으며, 더욱이 이슬람 사회에 자신의 종교적 정체성을 나타내기는 어렵다. 그러나 그럼에도 불구하고 이슬람을 향한 기독교의 선교는 중단될 수 없고, 왜곡되고 병든 저들을 그리스도에게로 인도하는 일을 위해서, 하나님의 역사를 기다리며 때를 얻든지 못 얻든지 복음 전하는 일에 최선을 다해야 한다. 저들 가운데 생명력 있는 하나님의 교회가 세워지기까지 말이다.

(4) 문화의 세부 형태 분석

문화는 크게 표피 구조(Surface Culture)와 심층 구조(Deep Culture)로 나누어지는데, 표피 구조에는 문화 형태(Cultural Form)가 있다. 심층 구조에는 문화의 의미(Meaning)와 용도(Usage) 그리고 기능(Function)이 담겨 있는데, 여기에 세계관이 자리를 잡고 있다.[114]

세계관은 문화적 의미로서 나타나며, 이것은 문화 형태에 용도와 기능을 제공해 준다. 문화의 세부 형태를 분석하기 전에 먼저 문화의 이런 이원론적 구조를 자세히 살펴보자.

1) 문화의 표피 구조와 심층 구조

표피 구조의 문화 형태는 비물질적인 것과 물질적인 것으로 나누어져 있다. 비물질적인 것은 문화 풍습으로 나타나는데, 예를 들면 결혼 풍습, 가정 구조, 교육 과정, 언어 구조, 모든 형태의 의식 등이다. 물질적인 것은 가옥, 가정용품, 연장, 기계 등이다.

그런데 이런 문화 형태는 세부적으로 살피면 복합물(Complex)로 구성되어 있고, 이것은 일종의 제도(System)와 기구(Institute)로 나타난다. 이 복합물을 더 세분해 보면 제도와 기구를 구성하는 항목(Trait)들이 나오고, 그 항목들은 원료(Item)로서 구

---

114) Kraft, <u>Anthropology for Christian Witness</u>, vol. 1, p. 269-270.

성되어 있다.[115] 세계관은 이런 문화 형태의 세부 구조까지 영향을 주어서, 개개인이 이런 문화 형태를 통해서 문화 행위(Cultural Performance)를 수행하게 하는데, 이렇게 문화 행위를 하도록 영향을 주는 것을 문화 패턴(Cultural Pattern)이라고 한다.[116]

문화 패턴의 작용을 하는 가운데 세계관은 문화 형태에 문화 의미와 그에 따른 용도를 결정하게 하고, 종합적으로 문화 안에서의 기능을 수행하게 한다. 이것이 문화의 심층 구조이다. 문화의 심층 구조 안에서 이루어지는 문화 의미는 문화 형태에 인상(Impressions), 연관성(Association), 가치(Values), 태도(Attitudes)를 부여하는 척도로서, 세계관이 문화 속의 개개인과 공동체에게 영향을 주어서 그들의 중의에 의해서 나온 소산이다.[117]

따라서 문화 의미는 문화 속에서 예견적이고 또한 신축성이 있다. 문화 용도는 이런 문화 의미가 개개인의 마음 속에서 작용하여 문화 형태가 어떤 용도로 쓰여질 것인가를 결정하는 것이다.[118] 문화 기능은 문화 형태의 용도가 문화 구조 속에서 문화 공동체의 필요를 채워 주기 위해서 어떻게 거시적으로 사용이 되는지 그 방편을 말한다.[119]

그러면 문화 의미와 형태가 상호 교차문화 상황 속에서 어떻게 사용되고 있는지를 살펴보자. 여기에 다섯 가지의 원리가 있다.

---

115) Ibid., pp. 271-272.
116) Ibid., pp. 257-259.
117) Ibid., p. 273.
118) Ibid., pp. 274-275.
119) Ibid., pp. 275-276.

1 의미란 오직 형태를 통해서만 나타난다 [120]

세계관은 인간의 마음 속에서 비롯되는데, 이런 세계관의 가치와 가정이 담겨서 나타나는 것을 의미라고 할 수 있다. 의미도 세계관과 마찬가지로 인간의 마음 속의 작용으로 나타나는데, 이것이 외적인 모양으로 나타나려면 반드시 문화 형태를 사용해야 한다. 이런 관점에서 하나님의 마음을 담고 있는 그의 계시 의미가 왜 성경의 기록된 계시 형태로 나타나야 하는지 여기에 그 원리가 있다.

하나님의 마음이 담겨진 성경 계시가 그의 계시 의미를 온전히 전달하기 위해서, 하나님께서는 그의 계시 형태를 보호하실 필요가 있기에, 계시 전달자를 보호하시고 성경 계시가 오류가 없도록 역사하셨다. 이것이 바로 성경의 무오성과 영감성의 근거이며, 이 원리를 통해서 규명이 될 수 있다.

2 동일한 문화 형태가 서로 다른 의미로 사용될 수 있다 [121]

찰스 크라프트의 예를 소개해 보자. 미국에서는 예배시 하나님께 기도를 드릴 때 가장 편한 자세로 다리를 포개고 기도를 드릴 수 있다. 이것은 그 문화권에서 통용이 되는 행위이다. 그런데 그가 한국을 방문했을 때, 한국 교회에서 예배를 드리면서 미국에서와 마찬가지로 다리를 포개고 기도를 하였는데, 예배를 마친 후에 한국인을 통해서 주의를 듣게 되었다. 그것은 공예배시에 한국에

---

120) Ibid., pp. 282-283.
121) Ibid., pp. 283-284.

서 그런 자세를 취한다는 것은 많은 한국 교인들에게 불경스럽게 보여질 수 있다는 것이다. 이것은 한국의 문화권에서 어른을 대하는 아랫사람들의 기본 태도인데, 하나님께 예배를 드릴 때도 마찬가지로 나타나는 것이다.

성경 번역시에 나타나는 예를 보자. 킹 제임스 번역은 신약 성경이 기록된 코이네 헬라어의 원문을 그대로 살려서 영어로 번역을 하였다. 빌 1 : 8, 2 : 1, 골 3 : 12, 몬 7 : 32, 요일 3 : 17 등의 구절에 영어의 '내장'이라는 의미의 'Bowels'가 나타나는데, 이것은 원문에서도 동일하게 내장의 의미를 가진 'σπλάνχνον'으로 사용되어졌다. 그런데 영어권에서 원문에 기록된 내장이라는 용어는 불결하고 좋지 않은 의미로 사용되어진다. 그러나 이 용어가 사용되어졌던 헬라 문화권에서는 긍휼히 여김과 불쌍히 여기는 마음을 의미하는 것으로, 오늘날 영어의 'Heart'의 의미와 같다.

또 다른 예를 살펴보자. 누가복음 13장 32절에 헤롯을 가리켜서 예수님께서 여우라는 의미의 원문인 'άώλπηζ'를 사용하셨다. 이것을 영어권에서는 교활하고 간교하다는 은유적 표현으로 사용하는데, 원래 헬라 문화권에서의 의미는 모반자라는 은유적 의미가 담겨 있다.

③ **차용해 사용하는 특정한 문화 형태는 다른 의미로 사용될 수 있다**[122]

서남 아시아의 시골 지역에서 사람들은 어렸을 때부터 맨발로 다닌다. 이것이 익숙해 있기에 맨발로 걷는 것이 그들에게는 편하

---

122) Ibid., pp. 284-289.

다. 그런데 도시를 방문하거나 공식적인 모임에 참여할 때는 종종 신발을 신는다. 신발이 맨발에 익숙한 그들에게는 엄청나게 불편하지만, 신발을 신는 이유는 그것이 예의 범절을 표현하며 신분의 상승을 의미하기 때문이다. 이런 문화권에서 신발은 대중적인 생활의 필수품이 아니라 일종의 장식용 도구가 된다.

근동 지역에서는 자동차를 운전할 때 자동차 범퍼끼리 부딪치는 것은 당연한 것으로 알아야 한다. 범퍼는 문자 그대로 서로 부딪치기 위해서 사용되는 것이다.

중미의 인디언 원주민들에게 선교하던 스페인 선교사들이 성경을 번역하는 과정에서, 인디언 문화권 안에 하나님에 대한 적절한 호칭이 없다는 이유로, 스페인 용어로 하나님을 호칭하는 'Dios'라는 말을 사용하여 성경을 번역하였다. 그런데 인디언들은 자신들의 용어 속에 최고의 신이며 절대적인 신의 용어가 있었기에, 이 디오스의 스페인 용어를 그들이 섬기는 여러 제신들 중에 하나인 신으로 토착화시켰는데, 그 결과로 혼합주의 현상이 나타났다.

④ 동일한 의미가 완전히 다른 형태로 나타날 수 있다 [123]

어느 종족에게서 선교하며 성경 번역을 수행하던 선교사들이 '죄 용서'라는 말을 번역할 때, 용서의 의미가 담겨 있는 그 문화권의 문화 형태가 발견되지 않아서 심각한 고민을 하였다. 한 선교사가 그 종족의 추장에게, 원수 부족과 전쟁을 벌이다가 서로 용서하고 화해를 할 때 어떻게 하느냐고 물었다. 이때 추장이 답변하기를,

---

123) Ibid., p. 289.

그들이 생명처럼 여기는 옥수수를 서로 씹다가 상대방에게 동시에 뱉으면 서로 용서하고 화해를 한다는 내용이라고 하였다. 바로 이 말에 착안을 하여 하나님께서 죄를 용서하신다는 말을 번역할 때, 하나님께서 옥수수를 씹어서 그들 앞에 뱉으셨다는 말로 번역을 하였는데, 이 말이 그 종족들에게 용서라는 의미로 정확히 이해되어졌다고 한다.

5 적절한 문화 형태를 취하지 않으면 의미는 달라질 수 있다[124]

바울은 고린도전서 11장 2절로부터 10절까지에서 공예배 때에 여성에게 베일을 쓰도록 말씀하신다. 이때에 베일을 쓰는 것은 그 당시 고린도 문화권에서 하나님의 창조 질서로서의 여성의 여성다움을 의미하는 문화 풍습이었다. 고린도 이방 신전에는 여사제들이 있었는데, 그들은 짙은 화장과 머리를 장식하고, 종교적인 동인이지만 타락한 습성으로 남자들을 대하는 풍습이 있었다. 이들과 구별하여 일반 가정 주부나 미혼 여성은 머리에 베일을 쓴 것이다.

여성이 여성다움으로 예배에 참석하는 것은 오늘날에도 변함이 없는 하나님의 뜻이다. 여성이나 남성이나 성별이 구분되지 않고 누구인지가 불분명한 옷차림과 모습을 가지고 예배에 참석하는 일은 성경적이지 못하다. 그런데 바울이 권면한 것처럼 오늘날에도 여성의 머리에 베일을 씌우는 것이 과연 여성다움을 표현하는 것인가?

---

124) Ibid., pp. 289-290.

로마 카톨릭교회는 이 말씀을 문자 그대로 미사를 드릴 때에 실행하고 있고, 개신교회 가운데 형제 교단 계열의 교회도 마찬가지이다. 이 경우에 성경적 의미는 불변 없이 모든 문화적 상황에서 그대로 적용이 되지만, 바울 당시의 베일을 쓰는 문화 형태를 오늘의 문화권에서 그대로 사용할 때, 여성다움을 의미하는 형태로 받아들여지지 않고 오히려 하나님의 말씀을 혼잡되게 하는 결과가 나타나므로, 여성들이 베일을 씀으로 여성다움을 표현할 수 없는 것이다.

중국의 가정교회는 선교학자들이 공통적으로 인정하고 있는 것처럼 상당히 토착화되었고, 또한 급속도로 계속해서 성장하고 있다. 저들의 특징 중에 하나는 중국인의 음조 언어(Tone Language)로서, 토착화된 찬송가를 부르며 이를 통해 그들의 신앙과 하나님께 대한 찬양과 헌신과 성경적 의미를 잘 표현하고 있다.

그런데 이런 음조 언어의 특색을 무시하고 서구의 곡조가 담겨 있는 서구 찬송가를 그대로 직역하여 찬송을 부르면, 예를 들어 '하나님께 가까이 함'이라는 뜻이 '하나님에게서 멀어짐'이라는 정반대의 의미로 나타날 수 있다. 이것을 피하기 위해서 사성으로 된 음조 번호를 일일이 중국 찬송가에 표기함으로써 이런 문제를 극복하려고 시도하였다.

이런 형태와 의미의 다섯 가지 상관 원리가 성경 번역이나 교차문화 상황 때에 어떤 선교 결과를 나타낼 수 있겠는가? 이것을 그림으로 살펴보자.

형태와 의미의 상관성을 통해 본 선교 결과표[125]

형태	의미	결과
토착 형태	토착 의미	변화가 없고 토착 종교 의미 그대로 간직함
외래 형태	토착 의미	혼합주의 결과가 나타날 위험성이 있음
외래 형태	외래 형태	수입 교회로서 현지에서 거부하고 혼합화될 위험성이 있음
토착 형태	성경 의미	성경적 상황화

2) 세부 형태 분석

 문화를 세부적으로 분석해야 할 이유는 무엇인가? 그것은 세계관이 담긴 문화 의미와 그에 따른 용도와 기능이, 문화 형태의 세부 구조까지 영향을 미치는 문화 패턴의 작용이 문화 속에 있기 때문이다. 타 문화권에서 선교 변혁을 시도할 때 만일 이러한 문화 패턴의 영향력을 알지 못하고, 문화 형태의 큰 것들의 의미만을 분별하고 문화 원료(Item)에 담겨 있는 의미를 간과한다면, 선교에 큰 낭패를 겪게 되고 잘못하면 원치 않는 의미 혼란과 혼합화의 영향이 나타날 수 있다.
 문화의 세부 형태를 분석하는 데 어떻게 접근하는지 이것을 그림으로 표시해 보자.

---

125) 이것은 크라프트의 도표를 그대로 사용한 것이다. Ibid., p. 291.

문화의 종적 세부 구조 분석표

위 그림에 나타난 각 용어에 대하여는 이미 설명을 하였으나 다시 한 번 살펴보자.

문화의 하위 제도는 하위 문화와 동의어로 쓰여지는데 보통 사회, 경제, 정치, 교육, 언어, 종교 제도 등을 의미한다. 기구는 각 하위 제도에 속하여 그 제도의 기능과 역할을 각자의 전문 영역에 따라서 수행하는 구조적 조직이다. 복합물은 그 기구 안에 속하여 기구의 역할이 이루어지도록 특정한 역할을 수행하는 여러 항목이 결합된 형태의 구성물이다. 항목은 합성물을 이루는 개체적 구성물이다. 원료는 그 항목의 원자재로서 재질, 색깔, 크기 등의 기본적인 자료를 의미한다.

이러한 문화의 세부 구조를 종적으로 살펴보았는데, 특정한 문화권의 사례를 통하여 이것이 구체적으로 어떻게 적용이 되는지 살펴보자.

코만치 문화의 세부 구조 분석[126]

문 화	코만치 나바호 영국계 미국인	특정 문화권으로 코만치 선택
하위 제도	경제 제도 정치 제도 교육 제도 종교 제도	하위 제도 중에 경제 제도 선택
기 구 들	사냥 채취 가옥 건축 무역	하위 기구 중에 사냥 선택
복 합 물	활과 화살 말의 치장들 사냥 노선들	복합물 중에 활과 화살 선택
항 목	활 화살 화살통 쏘는 방법	항목 중에 활을 선택
원 료	나무 광택 길이 줄	

---

126) Ibid., p. 261.

이러한 문화의 세부 구조 분석이 왜 교차문화 상황에서 복음 전도자에게 필요한가? 그 실례를 구체적으로 들어 보자. 특히 문화 형태의 가장 세부 단위인 원료는 그 의미를 규명하는 데 있어서 종종 타 문화권의 사역자에게 간과하기 쉬운 부분이었다.

문화권으로 중국 문화를 선정하자. 하위 제도로서 사회 제도를 택하고, 기구로서 가정을 선택하자. 가정의 복합물은 어떻게 구성되었고, 각자의 항목은 어떤 역할을 할 것인가? 먼저 부부 관계를 복합물로 선택하고, 부부 관계가 이루어지기 위해서 데이트, 약혼식, 결혼식 등의 항목이 있다. 이 항목을 가장 적은 세부 단위로 분석하면 여기에 원료가 나오는데, 결혼식에 있어서 남성과 여성의 복장, 의복들의 색깔, 음식 등이다.

의복들의 색깔에 초점을 맞추자. 중국인의 세계관에 있어서 빨간 색은 생명을 상징하고 기쁨과 힘과 소망을 의미하는 색이다. 결혼식에 신부의 의복 색깔이 빨간 색인 것과 축하객들이 빨간 색을 입고 참석하는 것은 이와 같은 이유에서이다.

서구의 문화권에선 온 서구 선교사가 본인의 문화권에서 결혼식에 참여할 때 입는 정장으로서 검정색 양복을 입고 이 중국인의 결혼식에 참여한다면 어떤 결과가 생길 것인가? 중국인에게 있어서 검정색은 재앙과 슬픔과 죽음의 색이다. 그들은 인생에 있어서 즐거운 날에 결코 검정 색깔의 의복을 입지 않는다. 서구 선교사는 자신의 문화권의 원료로서 검정색을 택하여 결혼식에 참여하였지만, 그 색깔은 축하가 아니라 저주가 되어 버린 것이다.

이렇듯이 문화의 가장 적은 단위인 원료 그 자체에도 세계관이 담겨 있기에, 선교사는 문화를 세부적으로 분석하고 이해할 수 있는 능력을 키워야 하는 것이다.

6. 문화 모델

문화에 대한 다양한 모델들이 있다. 리차드 니버는 발티안 신학자로서 다섯 개의 문화 모델을 소개하고 있고, 데이비드 헤셀그레이브는 니버의 모델을 기초로 해서 자신의 문화 모델에 대한 신학적 입장을 밝히고 있다.[127] 찰스 크라프트는 선교인류학자로서 자신의 기능·구조주의 입장에 따른 다섯 개의 모델을 소개하고 있다.[128]

저자는 이분들의 연구 결과를 참조하면서 여덟 개의 모델을 제시하려고 한다. 이 모델은, 문화 변혁을 일으키는 데 있어서 자신의 문화에 대한 신학적 입장에 따라 그 접근 방법이 달라지기에 매우 중요하다. 이미 문화 정의를 살피면서 저자의 문화에 대한 신학적 입장을 밝힌 바 있지만, 여기서는 모델 측면에서 다른 이론들을 살펴보고 그 문제점들과 강점들을 고찰하면서, 저자의 개혁

---

127) 헤셀그레이브는 니버의 다섯 가지 모델을 교회 역사에 특징적인 인물과 연대기적으로 비교하는 시도를 하고 있다. Hesselgrave, Communicating Christ Crossculturally, p. 118.
128) 대개 니버의 모델과 비슷하지만 차이점이 있는 새로운 모델이 있는데 그것은 문화를 초월하면서 문화에 관심을 가지지 않는 모델과 특정 문화를 옹호하는 모델 등이다. See Kraft, op. cit., pp. 191-195.

주의 신학의 바탕 위에서의 문화 모델을 제시하려 한다.

(1) 문화와 일치하여 일하시는 하나님

이 모델은 니버의 두 번째 유형이며, 크라프트의 첫번째 유형에 해당된다. 이 모델의 정확한 이론적 전제는, 문화 자체의 발전이 하나님의 뜻으로서 지상에서 이상적인 문화를 건설함이 가능하며 그것이 하나님의 나라가 된다. 이것은 문화 이론에 있어서 진화론적이고 발전주의적 이론에 해당되며, 문화상대주의 입장에 서게 된다. 신학에 있어서 이런 문화에 대한 전제를 가지고 있는 모든 신학적 입장들이 이 모델에 해당된다.

헤셀그레이브는 문화적 기독교인들이 이 유형에 들어간다고 하였다. 이 이론의 문제점은 문화에 대한 낙관주의적 전제이며, 인간 자신이 실상 하나님의 위치에서 이상적 문화를 건설할 수 있다는 인본주의적 경향이다. 오늘날 현대 신학에 있어서 도드의 윤리신학, 불트만의 실존주의 신학, 하비 콕스나 알타이저의 세속신학, 에큐메닉 진영의 하나님의 선교신학 사상의 기반이 된 모든 상황화 신학의 시도 등이 여기에 해당된다.

(2) 문화에 대적하시는 하나님

이 모델은 니버의 첫번째 유형이며, 크라프트의 두 번째 유형이다. 이것은 초대 교부로서 북아프리카의 터툴리안이 가졌던 입장이며, 헤셀그레이브에 의하면 톨스토이의 입장이었다.

이 모델은 공통적 전제가 문화에 대해서 매우 부정적이며, 문화는 오직 죄악의 온상이며 하나님의 심판의 대상이 된다. 그리스도와 문화는 아무런 상관이 없고 오직 적대적인 관계일 뿐이다. 현대 신학에 있어서는, 근본주의 신학의 입장을 가지고 현세에 대해 매우 부정적이며 오직 그리스도의 재림으로 말미암는 하나님의 나라만을 고대하는 내세신학적 입장의 교회가 여기에 속한다.

이 모델의 문제점은 문화에 대해서 염세주의적이며, 그리스도 안에서의 하나님의 통치권을 약화시키거나 부인하는 점이다.

(3) 특정한 문화를 옹호하시는 하나님

이것은 크라프트의 세 번째 유형에 해당하는 모델로서, 여러 문화권 중에서 하나의 특정 문화권을 이상적인 문화로서 간주하며, 그 문화의 모델을 기초로 해서 모든 문화를 평가하려는 태도이다.

이런 문화 이론은 단일문화주의의 전형적인 형태이며, 종족 중심적이고 이상적 실제주의에 해당된다. 문화 이론 중에 문화결정주의가 이 유형에 들어간다. 과거의 교회 역사 가운데 유세비우스가 로마 자체를 하나님 나라 구현의 이상적인 국가로서 간주한 것과, 19세기의 서구 교회가 비서구 지역에서 선교를 수행하면서 서구 문화를 가장 이상적인 기독교의 문화로 간주하고 비서구 지역의 문화 모델을 서구 문화로 정립하려고 한 시도 등이 이에 속한다.

이 이론의 문제점은, 성경은 어떤 특정한 문화도 가장 이상적인 문화로 옹호하고 있지 않다는 점이다. 성경에 하나님의 계시 도구로 사용이 된 문화는 단일 문화권만 존재하고 있는 것이 아니라 다양한 문화가 있으며, 하나님은 특정 문화에 대하여 호의나 편견을 가지고 계시지 않는다. 이런 점에서 유진 나이다는, 성경은 어느 특정 문화권을 옹호하지 않으며 문화에 대해서 중립적인 입장을 가지고 있다는 의미에서, 성경적 문화상대주의(Biblical Cultural Relativity)라는 이론을 주장하였다.[129]

개혁주의 신학자인 에드워드 크라우니는, 성경의 문화는 지상의 문화와 구별되어야 하기에 인간이 타락하기 이전에 하나님께서 은총의 선물로 주신 이상적 문화를 성경적 문화로 부르면서, 그것을 영적 문화(Spiritual Culture)라고 하였다.[130]

(4) 그리스도는 문화를 통치하신다

이것은 니버의 세 번째 유형이며, 크라프트의 다섯 번째 유형과 유사하다. 크라프트는 이 모델을 좀더 일반적인 의미로 사용하고

---

129) Eugine Nida, <u>Customs and Culture : Anthropology for Christian Mission</u>(New York : Harper and Brothers, 1954), pp. 48-52.
130) Edward P. Clowney, "Contextualization and The Biblical Theology of Culture" in <u>The Word Became Flesh,</u> Deans Gilliland and Everett Huffard, eds., MT 510 Syllabus, FTS, 1988, p. 176.

있다. 그리스도가 문화의 주인이심을 철저히 인식하고 있으며, 동시에 그리스도는 문화 속에서 일하신다는 것이다. 크라프트처럼 일반적인 의미로 사용하면, 문화를 초월해 계시면서도 동시에 문화 속에서 일하시는 하나님의 모습을 의미하는 것이 된다.

그러나 로마 카톨릭교회처럼 문화 속의 주인 되신 그리스도가 로마교회의 독점물인 것처럼 생각하고, 로마교회가 중심이 된 일종의 신정 정치적인 문화 변혁을 시도한다면 이것은 잘못된 일이다. 그리스도는 보편 교회와 불가견 교회의 머리시며 동시에 모든 지상 교회의 머리가 되신다. 로마교회만이 참된 교회는 아니다. 이것은 교회 중심적인 문화관을 의미하는데, 문제점은 카이퍼가 말한 하나님께서 주신 보통 은총의 영역으로서의 영역 주권이 인정되지 않는다는 점이다.

(5) 그리스도는 문화에 대해서 상관하지 않는다

이것은 18세기의 자연신론자들의 입장이고, 중간 영역의 세계관의 문화 모델이다. 신은 절대적인 초월자이기에 현실 세계에 대해서 간섭하지 않는다. 자연신론자들은 자연 법칙이 바로 신의 법칙으로서, 신은 자연 법칙들을 통해서 기계적으로 통치하고 계시며, 자연에 순응하는 것이 신의 뜻을 따르는 길임을 주장하였다. 중간 영역의 세계관에 있는 사람들은 자연의 법칙 대신에 비절대적인 영적 존재들을 저들의 삶에 영향을 미치는 존재로 규정하였다.

이 모델의 문제점은 하나님을 방관자로 여기고 그분을 인격적인 존재로 여기지 않는다는 사실이다. 이 모델을 받아들이고 있는 사람들에게 하나님은 너무나도 무기력한 존재가 되어 버린다.

(6) 그리스도와 문화는 서로 역설적인 관계에 있다

이것은 니버의 네 번째 모델에 해당하는 것으로서 니버 자신의 모델이기도 하다. 이 모델은 그리스도가 문화의 주인인 것을 알지만, 문화에 대해서 부정적인 생각을 가지고 있다. 문화를 인정하긴 하지만 할 수 없이 하는 것이요, 문화에 대하여 어떤 변혁의 의지도 가지고 있지 않다. 본질적으로 문화에 대하여 이중적인 태도를 가지고 있다. 문화 속에서 살아야 하기에 문화를 인정하지만, 문화에 대하여 부정적이고 두려운 생각을 가지고 있다. 따라서 교회 공동체가 하나님의 나라를 지상에서 대변하며 그 교회 공동체 안에 있을 때만 안심할 수 있고, 교회를 떠난 세상에서는 항상 불안하게 된다. 이런 태도는 자연스럽게 정교한 성례신학의 발전을 가져오게 되어 있다.

이 모델의 문제점은 그리스도의 변혁의 능력을 믿지 못하고 세상에 대하여 지나치게 소극적이고 방관적이라는 것이다. 인간의 영역과 하나님의 차원을 지나치게 이원론적으로 구분한 칼 바르트의 초기 신학이 가지고 있는 위기신학적 유형이요, 루터란신학의 이원론적 왕국신학의 모습이기도 하다.

(7) 그리스도는 문화를 초월하나 문화를 통해 일하신다

이것은 네 번째 모델과 비슷한 구조이지만 그 내용은 다르다. 이것은 크라프트의 다섯 번째 유형에 속한다. 이 모델은 크라프트가 옹호하는 모델이다. 이 모델은 그리스도가 문화의 주인이심을 인식한다. 그리스도는 만유의 주님으로서 문화에 매여 있을 수 없고 문화를 초월해 계신다. 그러나 그리스도는 문화 속에서 일하시고 문화를 통해서 일하신다.

여기서 크라프트는 그리스도가 문화를 사용함에 있어서 문화는 중립적인 도구로 사용됨을 전제한다. 즉, 범죄한 인간과 그 배후에 사탄이 역사하는 문화는 잘못된 것이요 악한 문화이다. 그러나 그리스도가 그의 거룩한 목적을 위해서 사용하시는 문화는 그리스도의 손에 붙들려 있고 그리스도에 의해서 사용되기에, 중립적이며 마음껏 사용되어질 수 있다. 이 말은 선교사들이 성경 번역을 수행하거나 기존의 문화에 선교적 변혁을 일으킬 때, 그곳의 문화 형태를 선교의 도구로 사용함에 있어서 성경 의미만 바로 전달이 된다면 자유롭게 사용해도 된다는 뜻이 담겨 있다.

이런 모델은 문화 이론에 있어서 기능·구조주의 입장을 받아들이는 모든 선교학자들의 공통된 견해이다. 크라프트는 문화에 대한 이런 입장을 취하면서 유진 나이다의 역동적 등가 번역의 이론을 토대로 역동적 등가신학(Dynamic Equivalence Theology) 혹은 기독교 종족신학(Christian Ethnotheology)을 주장한다.[131]

이 이론의 문제점은 문화를 너무 낙관적으로 본다는 것이다. 그러나 성경의 증언은, 문화는 중립적이지도 않고 철저하게 부패되어 있으며 인간의 죄성의 영향력에서 벗어날 수 없다는 사실이다(롬 5 : 12, 벧후 3 : 7, 요일 2 : 15-16). 그리스도는 문화를 통해서 일하시지만, 먼저 문화 속의 죄의 영향력을 그의 보혈로 씻으시고 문화를 새롭게 하신다(엡 1 : 7-10, 골 1 : 20).

(8) 그리스도는 문화의 변혁자가 되신다

이것은 니버의 다섯 번째 유형에 속하는 모델이다. 이 모델의 신학적 입장은 전통적인 개혁주의 신학의 입장이다. 이 모델은 그리스도가 문화의 주재자가 되시며 문화를 통해서 일하심을 확신한다. 그러나 일곱 번째 문화 모델과 다른 것은 문화에 대한 신학적 입장의 차이이다. 문화는 저자가 문화 정의에서 살펴보았듯이 절대로 중립적인 존재가 되거나 문화를 통해서 하나님과의 관계를 회복할 수는 없다. 왜냐하면 문화는 죄에 종속되어 있고, 사탄의 역사에 무방비로 노출되어 있기 때문이다.

이 모델은 문화의 기원이 하나님의 창조의 언약으로부터 말미암았으며, 문화 속에 하나님의 보통 은총의 역사가 있음을 인식한다. 문화의 이런 역할과 기능으로 말미암아 인간은 지상에서 멸망하지 않고, 금수처럼 약육강식에 사로잡혀 서로를 급하게 파멸로 이끌

---

131) Kraft, "Toward a Christian Ethnotheology" in <u>God, Man and Church Growth,</u> Alan Tippett, ed. (Grand Rapids : Eerdmans, 1973), pp. 163-164.

지 않는다. 인간은 하나님이 주신 문화의 은총으로 말미암아 자연을 다스리고 통치하며, 나름대로 만물의 영장으로 번영을 추구할 수 있다.

그러나 문화는 죄의 문제를 해결할 수 없으며, 더욱이 죄의 영향력에서 벗어날 수 없다. 문화는 하나님의 심판을 받게 되어 있으며, 따라서 그리스도의 복음을 통하여 새로워져야 하고, 그리스도를 통해서 하나님의 통치권이 문화의 모든 영역에서 회복되어야 한다. 따라서 문화는 신학적으로 볼 때 그 존재 자체가 선교 변혁을 요구하고 있으며(롬 8 : 19-22), 교회는 문화를 성경적 세계관으로 변화시켜야 할 엄중한 선교의 사명이 있다. 이것이 바로 문화에 대한 개혁주의 신학의 입장이며, 칼빈이 말한 신율주의적 사명이고, 카이퍼가 주장하는 모든 삶의 영역에서의 그리스도의 주권을 회복하는 영역 주권의 원리가 된다.

이 모델을 받아들이는 선교학자들은 문화 변혁에 대한 책임감을 느끼지만, 지상에서 이상적인 문화 변혁을 인간의 노력을 통해서 이룰 수 있다고 결단코 낙관하지 않는다. 삼위 하나님께서는 그의 교회 공동체를 통해서 하나님 나라의 문화 변혁을 일으키시는데, 이것은 우선권은 있지만 전인적인 것이요 총체적인 것이다. 그러면서 교회는 그리스도의 재림과 함께 이루어질 묵시론적 하나님 나라를 대망한다. 바로 그 나라 안에서 이상적인 진정한 하나님 나라의 문화가 임하게 될 것이다.

현재의 문화 변혁에 대하여 교회는 지나치게 낙관적이거나 비관적이지 않으며, 다만 그의 나라를 대망하면서 끊임없이 삼위 하나님의 역사하심을 좇아, 문화 속에서 하나님이 기뻐하시는 선교 변혁을 수행해야 한다.

7. 총체적 구조에 따른 하위 문화 고찰

세계관 문화의 심층 구조는 전체 문화 구조 속의 각 하위 문화에 영향을 주게 된다. 그 영향력은 일종의 파장과도 같아서 각 하위 문화의 제도, 기구, 특성, 기본 구성 요소에까지 이르게 된다. 저자는 다섯 가지의 하위 문화를 구분하여 살펴보려 하는데, 그것은 사회적·경제적·교육적·정치적·종교적 하위 문화이다.

(1) 사회적 하위 문화(Social Subculture)

사회적 하위 문화를 연구함에 있어서, 먼저 사회의 기본 구조를 형성하고 있는 각 구성원의 역할과 지위 그리고 계층에 대한 인류학적 정의가 이루어져야 한다. 이후에 사회의 가장 기본 구성 요소인 가족과 친족 체계를 살펴보게 된다.

1) 역할, 지위, 계층

사회가 조직화되는 데는 세 가지 과정이 있다. 그것은 개개인의 연관, 그룹, 전체적인 의미의 사회이다. 이것을 보다 세부적으로 살펴보면, 가정에서의 개개인의 관계와 그에 따른 혈연, 인척과 친척 그리고 이익이나 혹은 그것과 상관없이 이루어지는 그룹들, 결국 이것들이 전체 사회를 형성하게 되는데, 그 근본 바탕은 개인의 상호 작용에서부터 시작된다.

사회는 그 구조 속의 개개인에게 어떤 특정한 위치를 부여하게 되는데, 그것을 사회적 지위라고 부른다. 사회는 지위를 부여받은 사람이 그 지위에 합당한 행동 양식을 나타내기를 바라는데, 그것을 사회적 역할이라고 한다.[132] 역할과 지위는 종종 다면적이고 때론 갈등을 일으키는 요인이 되기도 한다.

이런 사회적 갈등을 극복하는 메커니즘은 호튼과 헌트에 의하면 세 가지가 있는데 그것은 합리화(Rationalization), 외식화(Compartmentalization), 전가(Adjudication)이다.[133]

합리화는 자신의 잘못이나 실수를 인정치 않고 스스로 합당한 이유를 만들어 갈등을 극복하는 일이다. 예를 들어 대학 졸업 후에 직장에 입사하지 못하고 방황하는 청년이, 직장 생활이 인간을 왜소하게 만든다는 이유를 만들어 장사나 독립적인 일을 시도하는 경우이다.

외식화는 자신의 공적 역할과 사적 역할을 철저하게 구분함으로 역할에 따른 갈등을 극복하는 경우이다. 예를 들어 지역 교회의 성가대 지휘자로 교회에서 봉사하는 집사님이, 교회에서는 누구보다

---

132) Kraft, Anthropology for Christian Witness, vol. 2, pp. 626-627.
133) Stephen A. Grunlan & Marvin K. Mayers, Cultural Anthropology, pp. 134-135.

도 모범적인 신자이지만 직장에서 무역 관계 일로 해외 바이어들을 접대할 때에는 아무런 거리낌도 없이 술과 담배를 하는 경우이다.

전가는 자신의 잘못이나 실수를 항상 외부의 환경이나 특정한 사람에게 전가함으로써 역할에 따른 갈등을 극복하려는 시도이다. 예를 들어서 주일 성수를 직장 관계로 제대로 지키지 못하는 교인이, 직장에서 모범적인 그리스도인으로 불신 동료들에게 인정을 받기 위해서는 직장 일에 열심을 다해야 하기에, 이를 이유로 주일을 지킬 수 없다는 변명 같은 경우이다.

이런 갈등을 극복하는 메커니즘으로서 합리화, 외식화, 전가를 성경은 어떻게 말씀하고 있는가?

합리화에 있어서 자신에게 주신 소명과 은사와 책임감을 무시하고 불신앙과 게으름과 방종으로 인하여 나타난 잘못된 결과를 가지고 합리화하는 것은 한 달란트 받은 자가 그 달란트를 그대로 땅에 묻어 버리는 경우와 동일하다(마 25 : 14-30).

외식화는 영적인 것과 세상적인 일을 이원론적으로 구분하는 신자들에게 나타나는 현상인데, 신앙적인 면에서는 모든 일에 지나치다 할 정도로 철저하면서 일상 생활 속에서는 거짓과 혈기와 자기 중심적인 삶을 살아가는 사람들의 경우이다. 이런 경우에 대해서 주님은 특히 바리새인과 서기관들의 삶의 모습을 들어서 직접적으로 외식의 해독에 대하여 경고하고 계신다(마 15 : 1-9, 막 7 : 1-23).

전가는 자신의 잘못을 인정치 않고 항상 책임을 남에게 돌리거나 환경을 탓하는 경우인데, 성경은 자신의 들보는 보지 못하고 남의 티를 보는 것을 책망하고 있다(마 7 : 3-5).

그리스도인은 사회에서의 다면적인 지위와 그에 따른 다양한 역할에 있어서, 무엇보다 그리스도인으로서의 지위와 역할에 따른 일관성 있는 행동 양식이 요구되는데, 그것은 성경적 세계관에 의한 행동 양식이다. 그리스도인이 성경적 세계관에 의해 행동을 할 때, 때론 사회적으로 손해를 보거나 갈등이 있더라도 궁극적으로 극복해야 할 일이요, 성경적 세계관의 변혁을 향한 선교적 과정이라는 사명적 자각이 있어야 한다.

계층은 사회적 지위가 종적으로 형성되고 그에 따른 권한과 위치가 정해져서 이것이 사회 구조를 이루고 있는 것인데, 여기에는 보통 9개의 사회 계층으로 구분되고 있다. 그것은 상상층, 상중층, 상하층, 중상층, 중중층, 중하층, 하상층, 하중층, 하하층 등이다.[134] 대체적으로 사회가 안정되고 경제적으로 윤택한 지역은 중상과 중중층이 주도적인 위치를 차지하고 있는 지역이며, 사회가 불안하고 경제가 어려운 지역은 하중층과 하하층이 주도적인 계층을 형성하고 있는 경우이다.

계층에 따른 사회는 크게 두 가지 사회로 구분할 수 있는데 등급 사회(Class Society)와 평등 사회(Classless Society)이다. 등급 사회는 중앙 집권적인 정치 제도를 가졌는데, 부족 연맹(Chiefdom)이나 국가가 여기에 해당된다. 평등 사회는 분권적 정치 제도를 가졌는데, 연배에 의한 의사 결정과 장로들의 회의가 사회를 이끌어 가고, 사회 구성원은 근본적으로 서로 평등한 위치에 있는

---

134) Ibid., 135-138.

224 선교와 문화

것이다.[135]

사회적 지위에는 세 가지의 형태가 있다.

첫째는 계승되어지는 지위(Ascribed Status)로서 성별, 연령, 위계 등으로 말미암아 사회 속에서 지위와 역할이 미리 세습적으로 주어지는 경우이다. 성별의 구분은 남자와 여자의 사회적 위치(Patrilineal or Matrilineal Position)와 역할을 구별하는 것이며, 연령은 연령의 변화에 따른 사회적 역할과 지위를 구분하는 것이요, 위계는 특정 개인이나 가문 혹은 씨족이 누리고 있는 위세로 인한 지위 구분을 의미한다.

두 번째는 성취되어지는 지위(Achieved Status)로서 개인의 교육적 열의, 재능, 목표 달성을 위한 열의 등 개인의 업적을 통해서 획득되어지는 사회적 지위를 의미한다.

세 번째는 합성적 지위(Combination Status)로서 첫번째와 두번째가 서로 함께 병행되어지는 지위이다. 예를 들면 미국은 전형적인 자유 민주 사회로서 성취되어지는 지위의 사회인데, 그러나 사회 계층을 세밀히 살펴보면 계승되어지는 지위가 존재하는 것을 볼 수 있다. 그것은 미국 사회에서 상상층의 상류 사회에 들어가기 위해서는 반드시 앵글로색슨 계열의 장로교인의 집안이 되어야 하는 경우이다.[136]

이러한 사회적 지위와 역할과 계층은 선교신학적인 측면에서 어

---

[135] Timothy Earle, "Political Domination and Social Evolution" in <u>Companion Encyclopedia of Anthropology,</u> Tim Ingold, ed. (London : Routledge, 1997), pp. 940-949.
[136] Kraft, op. cit., pp. 634-637.

떤 상관성이 있는가? 목회자 선교사의 경우에 사회적 지위가 모국에서는 성직자로서 존경을 받는 위치이나, 불교권이나 회교권에서는 교회가 열악한 위치에 있기에 존경을 받지 못하고 열등한 이류 시민의 대명사처럼 인식되어지는 상황 속에서, 선교사는 사회적 지위와 그에 따른 역할에 대한 갈등을 일으키기 쉽다.

이것은 이미 살펴보았지만 문화 충격인데, 여기에서 자신의 위치를 성직자가 아니라 마치 재물을 많이 가진 부유한 사람이나 권력자인 것처럼 행동하게 된다면, 그것은 성직자의 신분에서의 이탈이요 탈선이다. 비록 선교 현지 사회에서 성직자가 제대로 대접을 받지 못한다고 할지라도, 목회자 선교사는 하나님의 종으로서 현지 교회를 섬기고 현지인들을 대함에 있어서 겸손하면서 당당함을 잃지 않고, 모든 면에 목회자로서의 모범을 나타내야 한다.[137] 이것은 모국에서보다 갑절의 인내와 노력과 겸손이 요구된다.

또한 개발 사역이 요구되어지는 창의적인 선교 접근 지역에서, 목회자 선교사가 성직자의 위치를 나타내지 못하고 전문직의 지위를 유지하며 동료 평신도 전문인 선교사와 함께 사역을 하는 경우가 있는데, 이 경우에 종종 성직자 선교사와 평신도 선교사의 현지에서의 역할과 지위에 따른 갈등이 일어난다.

예를 들어 의료 선교를 수행함에 있어서, 현지에서 의사인 평신도 선교사는 의학의 전문직을 가지고 상당한 역할과 중요한 지위

---

137) 폴 히버트는 선교사와 현지 교인들 간의 관계에서 선교사의 역할이 현지인에게 어떤 모습으로 인식되느냐에 초점을 맞추고 선교사의 역할은 배우는 자세요 촉진자가 되어야 할 것을 강조한다. See Paul G. Hiebert, Anthropological Insights for Missionaries (Grand Rapids : Baker, 1987), pp. 261-267.

를 점유하고 있는데, 목회자 선교사는 목회자로서의 위치를 나타내지 못하고 소소한 일을 수행하며 자격지심을 가지는 경우가 있다. 이때에 서로가 인간이기에 보이지 않게 갈등이 있게 되며, 잘못하면 선교팀이 깨어지는 불행한 사건이 일어난다. 이런 경우에 특히 한국 선교사들이 한국 교회의 독특한 문화 속에 젖어 있기에 더욱 많은 어려움을 겪게 된다. 이런 문제를 어떻게 극복할 것인가?

목회자 선교사는 이미 언급했지만, 어떤 상황에서라도 자신이 하나님의 부름을 받고 말씀을 전하며 교회를 섬겨야 하는 성직자의 신분임을 인식하고, 대접을 받으려기보다 섬기는 자세가 되어야 하며, 비록 전문직을 통해 선교 현지에 정착했을지라도 목회자 선교사로서 자신만이 가진 고유의 역할과 기능과 사명이 있음을 깊이 자각해야 한다.

평신도 전문직 선교사는 선교 현지에서 자신의 사회적 위치와 지위가 목회자 선교사보다 월등한 상황에 있더라도, 자만하거나 하나님이 세워 주신 목회자의 고유 영역과 위치를 무시하지 말고, 웃시야 왕의 교만과 그 말로를 상기하면서(대하 27 : 16-23) 겸손하게 자신의 직무를 수행하며, 목회자 선교사가 고유의 사명을 감당할 수 있도록 도와주는 동역자의 역할을 충실히 해야 한다.

선교 현지에서 선교사들은, 그 나라 사람들이 자신들을 어떤 사회적 위치의 사람으로 생각하는지를 분별해야 하며, 이에 따른 적절한 대책이 요구된다. 만일 히버트가 분석하고 있는 것처럼 선교사가 현지 문화를 파괴하는 약탈자나 낯선 이방인처럼 보인다면, 그것은 선교에 있어서 심각한 결함을 안게 된다.

선교사의 계층 복음화는 전략적으로 주도적인 계층을 집중적인 목표로 하되 다른 계층을 무시해서는 안 되고, 적절한 선교 자원의 분배가 이루어져야 한다. 각 계층간에 교류가 단절된 경우가 많은데, 초기의 선교 접근에는 각 계층에 따른 적절한 복음 전달 방법이 강구되어야 하고, 억지로 인위적인 방법을 통해서 각 계층의 차이를 무시한 획일적인 선교가 이루어지면 선교는 실패할 확률이 높다.

각 계층간에 적절한 복음 전달의 방법이 이루어지더라도 이것은 전략적인 과정임을 인식하고, 궁극적으로 계층간의 장벽이 무너지면서 서로가 교류하고 화합하는 하나님 나라의 변혁이 일어나야 한다.

2) 가족과 친족 체계

사회의 가장 기본이 되는 단위 조직으로서의 가족은 결혼에 의해서 이루어진다. 결혼은 인류학적 측면에서 보면 결혼 적령기에 있는 남녀의 결합을 사회적으로 공인하는 것이요, 이로 인한 자손의 번식과 그에 따른 사회의 관계성이 형성되는 일이다.[138]

성경에서의 결혼의 의미는, 하나님의 형상으로 지음 받은 남녀가 서로 한 몸이 되어 삶의 동반자(Companionship)가 되는 일이요, 서로가 인간으로서 온전케(Completeness) 되는 일이요, 출

---

138) Hiebert, Cultural Anthropology, pp. 196-197. Grunlan & Mayers, op. cit., pp. 144-146.

산(Procreation)을 함으로 '생육하고 번성하라' 는 하나님의 창조 명령을 수행하는 일이다. [139]

결혼을 통해서 이루어지는 가족은 단순히 결혼 당사자만의 관계에서 이루어지는 것이 아니라 사회적·문화적·경제적 제 요인들이 상호 작용하여서 이루어진다. 이것은 결혼 당사자들에 대한 사회적 규약이 존재하고 있는 것과, 경제적인 면에서 상당한 출혈이 요구되는 신랑·신부의 지참금 등에서 찾아 볼 수 있다. 인류학에서 분석하고 있는 결혼에 대한 사회적 제약을 살펴보자. [140]

① 외혼(Exogamy)

본인이 소속한 친족 집단이나 거주하고 있는 지역 밖에서 배우자를 선택하는 경우인데, 서로 성이 다른 인척으로 교차 사촌(Cross-cousin)과의 결혼이 용납된다. [141]

② 내혼(Endogamy)

본인이 소속한 친족 집단이나 거주 지역 안에서 배우자를 고르는 것으로, 서로 성이 같은 평행 사촌(Parallel-cousin)과의 결혼이 허용된다. [142]

③ 근친 결혼 금지(Incest Taboo)

혈연으로 이루어진 가족이나 가까운 친척과의 결혼이 금지되어진다. 고대의 이집트, 잉카, 일본의 왕가에서는 제한되게 행해졌

---

139) Lawrence O. Richards, <u>Expository Dictionary of Bible Words</u>(Grand Rapids : Zondervan, 1991), pp. 432-433.
140) Grunlan & Mayers, op. cit., pp. 146-147.
141) Ibid., pp. 147-148.
142) Ibid., p. 147.

지만, 대체적으로 금지하고 있는 것이 보편적인 현상이다.[143]

④ 신랑·신부 지참금(Bride Price, Dowry)

부계율에 의거한 사회로서, 여자의 역할이 자식을 양육할 뿐 아니라 논·밭을 일구고 곡물 생산 일을 전담하게 될 때, 여성의 노동력은 경제적인 재화가 됨으로써 일종의 순환적인(Reciprocity) 경제 요인이 결혼을 통한 가족 유지의 메커니즘으로 작용하게 된다.[144]

이러한 결혼 규약에 대한 인류학자들의 다양한 해석 이론이 있는데, 주로 근친 결혼 금지 문제를 집중적으로 다루는 경향이 있다.

루이스 모건과 에드워드 웨스터마크는, 근친끼리의 결혼이 유전학적으로 비정상적인 자손들을 낳게 하는 것을 보고, 경험을 통해서 이 사실을 알게 된 사람들이 이를 금지하게 되었다고 하였다.

말리노프스키는 기능주의 입장으로 이를 해석하는데, 프로이드의 오이디푸스 콤플렉스가 금지되지 않고 허용이 되면, 사회의 가장 기본 단위로서의 가정이 무너지게 되고 그 결과 사회는 존재할 수 없게 되므로, 이를 금지케 되었다고 하였다.

탈코트 파슨즈는 말리노프스키와 같이 기능주의 입장으로 해석을 하는데, 이것을 성적인 측면으로 해석을 하는 것이 아니라, 가정이 성립이 되어서 자녀들이 양육을 받고 훈련을 받음으로 사회

---

143) Ibid., p.148.
144) Ibid., pp.146-147.

구성원이 될 수 있는 자질을 갖추어 내보내기 위해서 이를 금지하였다고 했다.

에드워드 타일러와 레슬리 화이트는, 사회의 상이한 그룹과의 동맹 관계나 연합을 통해서 평화와 안녕을 촉진시키려는 목적에서 결혼에 대한 규약이 있다고 하였다.[145]

그러면 성경은 특히 근친 결혼에 대하여 어떻게 말씀하고 있는가? 성경은 레위기 18장 6절과 16절로부터 근친 상간의 잘못됨에 대하여 단호히 말씀하면서 그것을 금지하고 있다. 결혼을 통해서 이루어지는 가족의 형태로 인류학자들은 크게 두 가지 형태를 말하고 있는데, 일부 일처제(Monogamy)와 복혼제(Polygamy)가 있고, 복혼제는 일부 다처제(Polygyny)와 일처 다부제(Polyandry)로 나누어진다. 이것을 살펴보자.

1 일부 일처제

비교 문화 연구에 종사해 온 인류학자인 머독은, 그가 수집한 표본 중 565개의 사회 중에서 약 1/4 정도가 엄격하게 일부 일처제를 지키고 있음을 발표하였다. 일부 일처제의 변형으로 첩 제도(Concubinage)가 있는데, 공식적인 것과 비공식적인 것이 있고 신분에 차등을 두는 경우와 차등을 두지 않는 경우가 있다.[146]

일부 일처제의 관습 중에 배우자가 죽었을 경우 위기 상황의 대처로서 레비레이트(Levirate)와 소로레이트(Sororate)의 풍습이

---

145) 그룬런과 메이어스가 이들을 재인용하고 있다. See Ibid., pp. 148-149.
146) 한상복·이문웅·김광억, 문화인류학 개론, pp. 121-122.

있다. 레비레이트는 부계 사회에서 행해지는 것으로, 남자 배우자가 죽었을 경우 동생이 형을 대신하여 형수와 부부 생활을 하되 재혼으로 여기지 않고, 낳은 자녀들은 죽은 형의 자식들로 사회적으로 인식하는 경우이다. 성경 속에 나타난 히브리인들의 풍습이 레비레이트를 받아들였는데, 이것이 예수님 당시에도 유대인들에게서 행해지고 있음을 알 수 있다(신 25 : 5, 마 22 : 23-33).[147]

유대인들은 자신들이 행하고 있는 이런 관습의 복합적인 모습을 자신들과 상관이 없는 것처럼 예수님께 질문을 하면서, 부활시에 일곱 형제를 거쳐 간 여인이 누구의 아내가 될 것인가를 물었는데, 이에 대한 주님의 대답은 단호하였다. 유대인의 풍습과 그리스도로 말미암는 하나님 나라의 법도는 전혀 상관성이 없고, 하나님 나라의 법도를 따라 가야 한다는 말씀이었다.

구약 시대에 당시 히브리인들이 행하던 레비레이트의 풍습은 고대 근동 사회의 부계 사회 속에서 흔히 행해지던 풍습이었다. 하나님은 이 풍습을 허용했다기보다 묵인하셨는데, 그것은 당시 사람들의 악한 모습을 보여 주는 것이요, 그 풍습 속에서 히브리 여성을 보호하시려는 하나님의 섭리적인 뜻이 계셨다. 그러나 이 풍습은 점진적인 하나님의 계시의 역사성 속에서 궁극적으로 소멸되어야 할 풍습이요, 예수님과는 전혀 상관이 없는 타락한 인간의 풍습이었다.

소로레이트는 모계 사회에서 행해지는 것으로 부계 사회와 정반대의 모습인데, 여자 배우자가 죽으면 남편이 처제를 받아들여 부

---

147) Grunlan & Mayers, op. cit., p. 150.

부 생활을 계속하는 경우이다. 이런 풍습들은 결혼이 개개인의 문제가 아니라 종족이나 가문끼리의 사회적인 결속이라는 의미가 있다.[148]

2 일부 다처제

머독의 조사에 의하면 70% 정도로 나타나고 있는데, 보편적인 것이 아니고 제한되게 나타나고 있다. 즉, 특정 계층의 부와 권력을 소유한 지위의 사람들에게서 나타나는데, 이것은 경제적이고 사회적인 요인이 서로 작용하여 사회적 지위의 상징적인 모습으로 나타나며, 천재지변으로 인한 부계 사회의 구제 측면에서 나타나기도 한다.[149]

3 일처 다부제

머독의 연구에 의하면 1%도 못 미치는 4개 정도로 나타나는데, 주로 형제 공유의 일처 다부제(Fraternal Polyandry)이다. 원인으로는, 거주 지역의 지리적이고 기후적인 상황이 지극히 열악함으로 많은 가정을 확산시킬 수 없는 경우에 주로 나타나는 것으로 판명이 되었다.[150]

이렇듯이 결혼을 통한 가족의 형태를 살펴보았는데, 가족의 규모와 사회적인 관계성 또는 거주에 따른 가족 형태에 대해서 인류

---

148) Ibidem.
149) 한상복·이문웅·김광억, op. cit., pp. 122-124.
150) Ibid., pp. 124-126.

학의 연구 결과를 살펴보자.
　① 핵가족(Nuclear Family)
　현대의 가정 형태로, 배우자와 자녀들로만 이루어진 가정 형태이고 친족은 보통 양가를 대상으로 한다.
　② 확대 가족(Extended Family)
　세계 2/3 지역에서 보편적으로 행해지고 있는데, 부모가 기혼 자녀와 함께 사는 것으로 핵가족의 규모를 이루고 있다.
　③ 결합 가족(Joint Family)
　공동의 재산을 형제들이 관리하면서 함께 사는 것이다. 과거 농경 문화권 하에서 많이 이루어지던 방식으로, 함께 농장을 경영하거나 목장을 공동으로 운영하면서 살아가던 형태이다.
　④ 부거제(Patrilocal Residence)
　결혼 후에 여자 배우자가 남편의 집에 살거나 남편 쪽 거주 지역에서 사는 것을 의미한다.
　⑤ 모거제(Matrilineal Residence)
　남자 배우자가 부인의 거주 지역으로 옮겨 와서 사는 것으로, 모계 친족 제도 사회에서 주로 나타난다.
　⑥ 외숙거제(Avunculocal Residence)
　모계 사회에서는 가계의 통솔권이 외삼촌에게 있는데, 이때 남자 배우자가 외삼촌 집으로 옮겨 와서 사는 것을 의미한다.
　⑦ 신거제(Neolocal Residence)
　현대의 특정 전문 도시의 발달로 말미암아 직장 관계로 남녀 양가 어느 부모의 집에서도 살지 않고 독립적으로 사는 경우이다.

⑧ 양거제(Matripatrilocal Residence)

사회 조직이 와해되는 과정 속에서 혼인 부부가 남녀 양가의 어느 부모 중에서든 본인들이 편리한 대로 선택하여 사는 경우이다. [151]

친족(Kinship)은 결혼을 한 남녀 부부의 가정을 토대로 해서 부모, 자식, 형제, 자매와의 관계를 혈족(Consanguine)으로 하고, 혼인을 통해서 이루어진 새로운 관계는 인척(Affine)이라고 한다. 이렇듯이 혈족과 인척으로 구성된 친족은, 사회 조직에 있어서 혼인을 중심으로 해서 형성되어진 자연적인 그룹 단위로서, 사회 질서와 안녕을 유지 도모하는 사회적인 결속 기능을 가지고 있다. [152]

친족은 출계율(Principles of Descent)의 형태에 따라서 단계(Unilineal Descent)와 양계(Bilineal Descent)로 크게 구분되고, 이것을 세분화하면 부계(Patrilineal descent), 모계(Matrilineal Descent), 선계(Cognatic Descent), 이중 출계(Double Descent)로 나누어진다. 단계란 부부 어느 한쪽의 혈통을 중심으로 친족 자손이 계승되어지는 것이고, 양계는 부부 어느 쪽의 혈통으로도 친족을 구분하는 것이다. 이것을 하나하나 살펴보자. [153]

① 부 계

아버지의 혈통을 중심으로 남자 자식들에게만 친족 자손이 계승되어지는 경우이다.

---

151) Ibid., pp. 128-135.
152) Grunlan & Mayers, op. cit., pp. 163-164.
153) 한상복·이문웅·김광욱, op. cit., pp. 142-152.

② 모 계

어머니의 혈통을 중심으로 여자 자식들에게만 친족 자손이 계승되어지는 경우이다.

③ 선 계

출계의 원칙이 고정화되어 있지 않고 편의대로 선택할 수 있는 경우이다. 이것은 주로 내혼 사회에서 이루어지며 양계에 속한다.

④ 이중 출계

부계와 모계를 동시에 인정하며 병합하고 있는 출계 형태를 이중 출계라고 하는데, 양계에 속하며 주로 내혼 사회에서 이루어진다.

친족을 호칭하는 데 있어서 직계(Lineal)와 방계(Collateral)를 구분하는데, 직계는 부모 자식 간의 관계를 말하며 방계는 형제·자매 간으로 연관된 사람들을 의미한다. 구미 사회의 경우는 직계와 방계를 호칭하는 데 있어서 범주적인 친족 호칭(Classificatory Kinship Terminnology)을 하고, 세계 2/3 지역은 주로 묘사적인 친족 호칭(Descriptive Kinship Terminology)을 한다.[154]

저자는 지금까지 가족과 친족의 사회 하위 문화를 살펴보았는데, 이러한 문화인류학적 연구를 선교신학적인 측면에서 어떻게 평가하고, 이것이 성경해석학적 측면에서 어떻게 이해되어야 하는지를 살펴보자.

---

154) Ibid., pp. 160−161.

선교신학적·성경해석학적 평가와 이해

① 가족 형태에 대한 성경적인 지침은 일부 일처제이다

인류학의 연구에서 나타나는 다양한 형태의 일부 다처제나 일처 다부제는 사회적이고 경제적인 요인이 상호 작용하더라도 타락한 인간의 습성이며, 이것은 총체적인 변혁을 요청한다(레 18:1-30, 20:10-21, 마 19:3-9, 고전 6:16). 여기서 주목할 것은 그러한 결혼 풍습 배후의 이교적 세계관의 변혁이며, 신학적인 것뿐 아니라 기능적인 변혁도 수반되어야 한다는 것이다.

② 일부 다처제에 대한 이해

여기에 대한 선교신학적 측면에서의 해석학적 원리는 다음과 같다.

① 성경은 일부 일처제에 의한 결혼의 순결을 하나님의 계시 원리로서 동일하게 말씀하고 있다. 이것은 첫번째의 경우에 살펴보았다.
② 성경은 내혼제에 의한 평행 사촌과의 결혼과 일부 다처제를 레위기 18장 18절에서 직접적으로 금지한다.
③ 구약적 상황에서 하나님의 계시 도구로 사용된 성경 저자들의 당대의 타락한 사회 속에서의 이교적 풍습을, 성경은 그대로 유기적 영감설의 특징으로 진솔하게 나타낸다. 그러나 하나님은 절대로 저들의 부패된 풍습을 허용하지 않으셨고, 다만 계시의 역사성 속에서 섭리적으로 묵인하시면서 궁극적으로 교정하셨다.

3 가족의 규모와 그에 따른 거주 형태에 대한 이해

여기에 두 가지 원리가 작용하는데, 성경적인 규범과 문화의 다양성과의 관계이다. 부모와 자녀 간의 성경적인 관계의 원리는 절대로 변함이 없으며 그대로 실천해야 하지만, 이런 성경적인 원리가 아닌 문화적인 요인들이 작용할 때에는 그 문화에 적절한 선교 방법과 신축성 있는 적응이 요청된다.

4 친족이 가진 선교학적 의미

① 선교사는 혈연과 인척이 아니더라도 친족처럼 받아들여지는 경우가 있는데, 이런 경우에 친족을 복음화하며 그 친족을 중심으로 복음의 파장화를 가져오는 큰 효과를 일으킬 수 있다. 예를 들어서 중국의 풍습에 부모가 살아 계시더라도 양부모를 모시는 경우가 있는데, 이런 지역에서 이런 풍습을 활용하여 선교 현지의 사람이 양부모가 되거나 의형제가 될 때에, 선교사는 친족을 복음화하는 데 있어서 유리한 위치에 있게 된다. 이것은 풍습이지 법리적인 것은 아니다.

② 친족의 복음화를 제자 훈련으로 목표하고, 저들을 중심으로 지역적 근린성에 의거하여 가까운 이웃과 사회적인 동질 단위의 그룹을 복음화하는 전략을 강구하며, 이를 통해 사회 공동체를 변화시키고 교회 공동체를 형성한다. 여기에는 그 사회 구조에 적절한 선교 방법이 개발되어야 하며, 복음화의 주도권을 현지인들이 가질 수 있도록 훈련되어야 한다.

238 선교와 문화

(2) 경제적 하위 문화

사회 구조에 있어 경제는, 사회 공동체의 재산과 생산 양식과 물질적인 생산품 등을 분배하고 유지하는 모든 행위들을 의미하는데, 이것은 다른 사회의 하위 문화와도 밀접한 관계를 가지고 있다.[155]

인류학자들의 경제적 하위 문화에 대한 정의를 살펴보자. 아담슨 호벨은 경제에 대해 다음과 같이 정의를 내리고 있다.

경제 기구 — 상품의 생산, 할당, 분배, 용도와 소비에 집중하는 특징적인 행동을 의미한다. 경제 기구는 양식 생산과 공예품 수공의 행동적 그물망, 선물 교환, 교역, 판매, 매수와 상속, 개발, 매점과 소비, 소유권, 소유, 이용권 등 상품과 용역의 생산과 개발에 초점을 맞추는 모든 것을 포괄한다.[156]

로버트 테일러는 이것을 간단히 정의하기를 "사람과 시간과 물질이 상품과 용역을 생산하고 분배하며 소비하기 위해서 함께 조직되어진 것이 경제 체계"라고 하였다.[157]

---

155) Hiebert, Cultural Anthropology, pp. 297-298.
156) Adamson Hoebel, Anthropology : the Study of Man(New York : McGraw-Hill, 1972), p. 343.
157) Robert B. Taylor, Introduction to Cultural Anthropology(Boston : Allyn and Bakon, 1973), p. 205.

경제 체계는 원시 경제(Primitive economics), 농업 경제(Peasant Economics), 산업 경제(Industrial Economics)로 크게 구분이 되고, 이것을 세분화해서 수렵과 채취(Hunting and Gathering), 가축 사육(Animal Husbandry), 원예(Horticulture), 농경(Agriculture), 산업화(Industrialization) 등으로 나눈다.[158]

여기서 수렵과 채취부터 농경까지가 원시와 농업 경제에 들어가고, 산업화는 산업 경제에 들어간다. 원시와 농업 경제는 동일선상에서의 발전적인 측면이 있기에 함께 살펴보고, 산업 경제는 따로 구별하여 살펴보자.

1) 원시 및 농업 경제

원시와 농업 경제는 친족 그룹에 의거한 공동체적 의식이 강하고 인간 관계를 중요시하며 목표 지향적이다. 생산 양식에 있어서 집체적이며 역할이 분담되어 있고, 생존할 정도의 생산물만 산출하지 저장을 잘 하지 않으며, 교환 방식에 있어서 호혜적(Reciprocal)이고 재분배적(Redistributive)이다. 농업 경제에 있어서 부분적으로 시장 교환이 이루어지기도 한다. 호혜적 교환이란 사회적 유대 관계 속에 있는 사람들의 그룹들이 상호 친선을 도모하며, 서로간에 생산되지 못하는 생산물들을 상호 필요에 의해 교환하기 위해서 이루어지는 등가 교환이다.

호혜적 교환에는 세 가지 종류가 있는데, 첫째는 일반적 호혜성

---

158) Grunlan & Mayers, op. cit., pp. 108-120.

(Generalized Reciprocity)으로서 아주 가까운 사이에서 이루어지는 교환 양식으로, 대가를 요구하지 않는다.

둘째는 균형적 호혜성(Balanced Reciprocity)으로서, 받은 만큼 일정한 기간 내에 돌려주어야 하는 형태이다. 균형적 호혜성은 통과 의례시에 공식적이거나 비공식적으로 이루어지는 봉사와 협조로서 그만한 보답이 동일한 경우에 나타나야 하는데, 이것은 일종의 사회 보장이나 보험의 역할을 하는 것이다.

셋째는 부정적 호혜성(Negative Reciprocity)으로서, 상반된 이해 관계를 가지고 서로간에 이윤을 극대화하려는 태도이다.[159]

호혜성에 의거한 교역 제도의 네 가지 형태를 살펴보자.

1 침묵 교역(Silent Trade)

이것은 교역 당사자간에 서로 만나지 않고 특정한 지점에 물건을 갖다 놓음으로써 이루어지는 일종의 물물 교환 형태의 교역 제도이다. 이런 침묵 교역을 행하는 사례로서 자이레의 피그미족과 반투족의 교역, 알타이 산맥과 지브랄터 해협 부근에서 행해지던 교역, 중국의 서남 지역에서 행해지던 교역 등의 경우가 있다.[160]

2 방문 교역(Visiting Trade)

이것은 시장 경제가 발달되지 않은 부족 사회에서, 일반 호혜성의 원리에 의거하여 예물 형태의 물물 교환이 이루어지는 것으로

---

159) 한상복·이문웅·김광억, op. cit., pp. 214-219.
160) Ibid., p. 220.

서, 상당히 장기간에 걸쳐서 행해지기도 한다. 교역 형태로는 각 지역의 특산물이 서로 교환되거나, 서로 일정 기간을 정해 놓고 방문하여 물건을 교환하거나, 특정 장소를 정해 놓고 만나서 물건을 교환하는 다양한 형태가 있다.[161]

③ 쿨라 링(Kula Ring)

이것은 의례적 예물 교환과 위세의 경쟁 및 희귀 물자의 교환을 포함하는 사회간의 교역 체계이다. 이 교환은 뉴기니아 군도 섬지역에서 행해지는데, 조개 껍데기로 만든 목걸이와 팔찌가 서로 교환되고 주로 지도자간의 의례적 교환 행위로 이루어진다. 목걸이는 시계 바늘 방향으로 돌아가고 팔찌는 그 반대 방향으로 돌아가는데, 보관 기간이 일 년에서 이 년이며 장기간에 걸쳐서 순환된다. 이 의례적 교환의 뒤를 이어서 주민들간에 직접적인 현물 교환이 이루어지는데, 서로간의 특산물들을 교환한다.[162]

④ 협정 교역(Administered Trade)

사회의 지도 계층이 서로 합의하여 어느 특정한 장소를 정해 놓고 여기서 교역이 전문적으로 이루어지는 형태이다. 때론 가격이 품목에 따라서 미리 정해지기도 하는데, 이것은 서로간에 분쟁과 갈등을 예방하기 위함이다. 이런 협정 교역이 주로 행해지는 시기는 농경 사회에서 산업 사회로의 발전이 이루어지는 때이고, 주된

---

161) Ibid., p. 220-221.
162) Ibid., pp. 221-222.

장소로는 항구 도시, 사막의 오아시스 지역, 교통 입지 조건이 좋은 곳 등이 이용된다.[163]

이러한 호혜성에 의거한 교역과 내용이 다른 재분배(Redistribution)가 있는데, 이것은 부족 사회나 군주 국가에서 최고의 지도자에게 물자와 용역이 모아져서 다시 신하나 일반 백성에게 분산되어지는, 계층 사회에서 이루어지는 형태이다. 이러한 재분배는 일반적으로 세 가지 기능이 있다고 알려져 있는데, 다음과 같다. 첫째는 지도자 자신의 부를 과시함으로 특권과 지위를 유지하려는 것이며, 둘째는 자기에게 충성하는 사람에게 적절한 생활 보장을 해 주는 것과, 셋째는 자기 영토 밖의 외부 세계와 동맹 관계를 확립하기 위해서이다.[164]

이러한 재분배 형태가 사회주의 국가에서 특히 공산주의 이념이 반영되어 행해지고 있는데, 공산주의 이념과는 전혀 상관이 없이 실제로는 전형적인 절대 군주 사회에서의 재분배 형태로 나타나고 있다. 여기에 대표적인 실례가 김정일 체제하의 북한 사회이다.

북한에서는 외부에서 기증되어 오는 식량들도 기증자의 요청대로 굶주린 서민들에게 직접 가지 않고, 이런 재분배 형태로 식량이 수거되어 지도자의 위치와 위세를 높이며 자신의 권력 기반을 확고히 하기 위한 정략적인 목적으로 재분배되어진다. 심지어 식량을 보낸 사람들이 감독을 하려 할 때 특정 지역에서 위장된 연

---

163) Ibid., pp. 222-223.
164) Hiebert, op. cit., pp. 305-307.

출을 하나, 그들이 떠나면 바로 식량을 수거하여 재분배 형태로 우선적으로 김정일에게 충성하는 사람들로부터 시작하여 그의 권력을 뒷받침하는 군부에 이르기까지 식량의 재분배가 이루어진다. 여기서 일반 서민들에게 식량이 적절하게 배급이 되거나 특히 북한 사회에서 성분이 나쁜 사람들에게 식량이 배급되리라고 생각하는 것은 넌센스이다.

2) 산업 경제

메이어스는 농업 경제에서 산업 경제로의 전환에 다섯 가지의 사회 변화가 일어난다고 기술하고 있다. 그것은 다음과 같다.
첫째는 가족이나 부족 차원에서의 필요를 위한 생산 양식 대신에 판매를 위한 생산물이 대량으로 생산되며, 이에 종사하는 직업의 세분화·전문화가 이루어진다. 둘째는 상품의 교환과 구상 무역의 발전을 위해서 시장이 형성된다. 셋째는 자원의 개발과 분배 및 유지를 위한 전문적인 집단이 형성되며, 정치 지도자와 정부 구조가 발전된다. 넷째는 노동의 조직적인 관리와 효율적인 자원의 분배가 이루어진다. 다섯째는 사회 구성원들에게 주어진 전문직의 특성과 역할에 따라 보상이 다르게 주어진다.[165]
이러한 다섯 가지 변화 요소 외에 화폐 제도가 발달하여 생산물의 분배와 교환을 화폐로 하게 되며, 기계 기술이 생산 양식의 효율성을 높이게 될 때 산업화가 이루어지고 도시화의 문제가 대두

---

165) Grunlan & Mayers, op. cit., p. 109.

244 선교와 문화

되며 산업 경제가 이루어진다. 산업 경제는 오늘날에 있어서 첨단의 정보 통신 분야의 발달로 말미암아 전자 화폐인 신용 카드로 교역이 이루어지게 되며, 이것은 인터넷의 매체를 사용함으로 나라 간의 국경이 없어지고 공간의 개념이 필요치 않은 범지구적 신용 경제 체제로 바뀌어지고 있다.

그러면 이러한 문화권의 다양한 경제 체계 속에서 교회는 어떻게 국내에서나 국외에서 하나님의 나라를 효율적으로 확장할 수 있는지 고찰해 보자.

1 호혜성의 원리에 의거한 사회 경제 체계에서의 교회

① 호혜성의 경제 체계가 이루어지는 사회는 집합적인 상부상조의 구조를 가지고 생존하는 사회이기에, 개인적인 복음화는 반드시 집단을 복음화하는 열매를 맺어야 하며, 교회의 지도력은 사회 공동체의 지도력의 연장선 위에서 개발되어야 한다.[166]

② 호혜성의 경제 구조를 지닌 사회는 종종 재산이나 노동 및 생산 수단을 씨족이나 부족의 공동 소유 개념으로 이해하는데, 이런 지역에서 선교는 선교부 자체의 자산이나 시설을 독점하는 듯한 인상을 주어서는 안 되며, 전체 공동체의 유

---

166) 폴 히버트와 히버트 메네시스는 호혜성의 경제 구조를 가진 부족 사회에서 그 사회의 공동체를 강조하며 상부상조하는 문화에 선교사가 적응해야 하고, 교회의 지도력은 그 사회의 지도력의 연장선 위에 있는 것이 바람직함을 주장하였다. See Paul G. Hiebert, Eloise Hiebert Meneses, <u>Incarnational Ministry</u>(Grand Rapids : Baker, 1995), pp. 144-146.

익을 위한 공용의 섬김의 정신을 나타내야 한다.
③ 교회를 설립함에 있어서 지나치게 자율적이고 예수 믿는 사람들만을 위한 개인주의적 교회가 되어서는 안 되고, 전체 사회 공동체의 필요에 부합하는 교회 공동체가 되어야 하며, 지역 사회의 필요를 채워 주는 교회가 되어야 한다.

2 재분배적 사회 경제 체계에서의 교회 구조

① 지역 사회 자원의 공동 개발과 분배에 적극 참여하는 지역 공동체적 교회가 설립되어야 한다. 이렇게 될 때 집합적인 사회 구조를 가진 호혜성의 원리가 작용하는 지역에서 교회는, 사회 전체 구성원들에게 자신들의 유익을 위한 교회로서 인식되며, 복음화의 수용성을 형성하게 된다.
② 정치적인 위세로서의 교회가 아니라 영적이고 도덕적인 면에 있어서의 지도력을 갖춘 교회로서, 자원을 재분배하며 사회를 선도적으로 변화시킨다. 북한의 특정 권력 집단을 강화시키기 위한 목적으로 이루어진 재분배에 익숙해진 북한 사람들은, 자원의 공유와 재분배를 아무렇지도 않게 생각하는 경향이 있다. 이런 태도가 중국에서 북한의 월경자들을 돌보는 사역을 하는 조선족 사역자들과 한국 선교사들에게 이해가 되지 못할 때 심각한 갈등이 있게 되며, 심하면 윤리적이고 신학적인 오해까지 초래한다. 이것을 극복하기 위해서 사역자들은 개인의 책임성 및 소유권을 강조하는 시장 경제 체제의 익숙함을 벗어 버리고, 영적인 감화력과 도덕적인 우월함으로 북한 월경자 개개인을 변화시키며, 자원을 재분배하되

장기간의 목표를 세우고 개인의 책임성 및 타인의 소유권을 존중하는 세계관의 변혁을 일으켜야 한다.

③ 산업 경제의 부작용을 어떻게 극복할 수 있는가?

① 도시인에게는 총체적인 성경적 세계관의 훈련이 필요하다. 이를 통해서 다원주의적 가치관과 다양성으로 인한 통일적 가치관의 결여를 극복할 수 있다.

② 산업 사회의 특징은 수많은 전문 분야의 기구들과 그에 따른 일들의 분업화이며 기계화인데, 인간 관계가 중요시되기보다 일의 효율성이나 목표 성취가 강조되므로, 이에 따른 인간성의 황폐와 소외감이 극심해지고 있다. 교회는 인격의 교류와 인간의 개체적 가치와 존엄성이 보장되고 신장되는 따스한 공동체적 분위기를 지녀야 한다. 이를 위해서 가족적인 분위기의 다양한 동질 단위의 소그룹이 필요하며, 이는 양육과 훈련 및 전도적 기능까지 해야 한다.[167]

③ 산업 사회의 특징은 수많은 중립 지대인데, 이곳은 모든 사람들이 부담 없이 보고 즐기고 지나칠 수 있는 무색깔의 장소이다. 이런 곳을 적극 활용하여 복음의 수용성을 형성하는 예비적 단계의 선교 프로그램을 개발하고, 사람들과 접촉점을 항상 유지하게 될 때 효과적인 선교의 결실을 가져올 수 있다.[168]

---

167) 히버트는 이런 점에서 소그룹의 가정 친교 모임을 활성화하고 전교인을 소그룹을 중심으로 하여 사회와 연결된 그물망식으로 조직화하여 활용할 것을 제안한다. See Ibid., pp. 337-340.

④ 산업 사회의 특징은 도시화로 나타나며, 도시화는 정책적인 개발과 확장이 수반되는데, 이에 따른 교회 설립의 적절한 전략이 요청된다. 정책적인 개발로 인한 지대의 제한성과 재정적 부담은 자칫하면 부익부 빈익부의 현상을 가져와서, 큰 교회는 생존하고 작은 교회는 도태되어지는 부작용이 일어난다. 교회는 교회당 건물이나 고정된 자산으로서의 시설에 얽매이지 말고, 교회당 건물을 창의력 있게 개발해야 한다. 또한 교회 구조를 도시 구조에 부합되게 다양성 있는 소그룹과 선교회와 전문 사역 분야를 개발하고, 산업 사회의 다양한 기구와 제도의 그물망에 맞추어서 이들 모임들을 개발하고 활용하면, 도시 교회는 하나님의 나라를 도시 안에서 힘있게 확산시킬 수 있다.

⑤ 산업 사회의 복합 구조 안에서 목회자의 목회 현장은 다변적이고 복합적이다. 이런 환경 속에서 목회 지도력이 목회자 중심으로만 개발되고 수행되면 산업 사회 속의 교회를 돌보기에는 역부족이다. 따라서 평신도의 지도력을 개발하고 적극 활용하며, 또한 전문 목회 사역팀을 형성하여 동반자적이고 동역적인 목회 사역을 수행해야 한다.

⑥ 산업 사회를 향한 선교 전략은 영적인 면에 우선성이 있으면서 동시에 전인적이고 총체적인 선교를 수행해야 한다. 이원론적인 구원관이나 내세 지향적인 묵시론적 종말관은 산업 사회의 교회로 하여금 더욱 폐쇄적이 되게 하고, 현실의 문

---

168) Ibid., pp. 329-333.

제에 소극적이고 자기 자신의 생존에 급급한 방어적 교회가 되게 한다. 산업 사회의 환경 속에서 개혁주의 신학의 언약 신학적이며 하나님 나라의 총체적인 전인적 신학이 요구되고, 신율주의적 책임 의식이 요청된다.

(3) 교육적 하위 문화

인류학에 있어서 교육은 단순히 학교 차원의 교육을 의미하지 않는다. 마가렛 미드는 교육을 정의하기를 "새로 태어난 유아가 특정한 인간 사회의 완전한 구성원으로 자리잡기까지의 모든 문화적 과정"이라고 하였다.[169] 크라프트는 이것을 메이어스와 함께 모국 문화화(Enculturation)의 과정이라고 부르면서, 교육은 단순한 지식 전달에 그치는 것이 아니라 그 사회의 문화에 대한 행동 양식과 문화적 가치관에 참여하는 모든 행위라고 하였다.[170]

오늘날 교육 방식은 전세계적으로 서구식 교육의 영향을 받아서 획일화되는 경향이 있으나, 전통적으로 서구식 교육과 비서구식 교육은 서로 특징적인 차이점이 있다. 서구식 교육의 특징은 지식 전달, 강의식·주입식 교육, 과거 세계의 가치관과의 단절 경향과 창의성을 강조하는 교육 등이며, 그에 비례해서 전통적인 세계 2/3 지역의 교육은 장인 교육으로서 비공식적이고 준공적인 교육 방법

---

169) Margaret Mead, <u>Anthropology-Human Science</u>(Princeton : Van Nostrand, 1964), p. 162.
170) Kraft, <u>Anthropology for Christian Witness</u>, vol. 2, pp. 551-552.

을 사용하고 세대간의 연속성과 보수성 등을 강조한다.[171]

여기서 비공식적 교육이란 생활을 통한 장인식 교육을 의미하는 것이고, 준공적 교육이란 소수의 그룹을 중심으로 세미나식의 그룹 토의 및 훈련을 통한 교육을 의미한다. 서구식 교육의 장점으로는 급변하는 세계 속에서 많은 지식의 전달과 지식의 전문화 그리고 인재의 대량 생산 등이 있으나, 단점으로는 경쟁 위주의 시험으로 인한 인격의 황폐화, 행동의 변화보다 지식에만 초점을 두는 것과 협력과 협동이 결여된 개인주의의 고무 등이 있다.

세계 2/3 지역의 교육의 장점은, 지식보다 행동의 변화가 중요시되고 인격적인 관계성이 강조되며 실제적인 삶과 연관이 된다는 것이다. 그러나 단점으로는 창의력보다 보수성이 강조되고 지식의 다변화·전문화가 결여되어 있으며 때론 인간 관계를 지나치게 중시하는 가운데 효율성·조직성이 부족하다.[172]

이러한 서구 교육과 비서구 교육의 장단점을 인식하고, 하나님 나라의 확장을 위해서 교회는 어떻게 지도력을 배양하고, 특히 선교적 상황에서 지도력을 어떻게 개발할 것인가?

1) 성경의 교육 유형

구약을 살펴보면 선지자 사무엘과 엘리야가 선지 학교를 운영하면서 선지 생도들을 훈련시킨 것을 볼 수 있는데(삼상 19 : 20,

---

171) Grunlan & Mayers, op. cit., pp. 76–77.
172) Kraft, op. cit., pp. 554–557.

왕상 18 : 4, 왕하 2 : 2-18), 이것은 공적 훈련과 비공적인 장인식 생활 훈련과 준공적 훈련이 함께 병행되었다. 신약에서는 부루스가 논한 것처럼, 예수님께서 그의 공생애 시에 12제자를 훈련시키실 때에 하나님 나라의 지식을 체계 있게 전달하는 공적 훈련과, 저들과 함께 생활하시면서 삶을 통해 교육을 시키시는 비공적인 훈련과, 또한 특정한 제자들을 선정하여 집중적으로 훈련시키시는 준공적 훈련을 함께 병행하셨다.

사도 바울은 에베소의 사설 교육 학원인 '두란노서원'을 헬라인들이 오침을 즐기는 정오 때에 빌려서, 집중적으로 공적인 제자 훈련 교육을 이 년 동안 실시하였다(행 19 : 9-10). 또한 그의 선교 여행 때마다 선교 현지에서 제자들을 발굴하고 그들 중에서 지역 교회의 지도자들을 세울 뿐 아니라, 그의 선교팀의 동역자를 개발하여 함께 선교 여행을 하고 사역을 나누는 비공적이고 준공적인 훈련을 병행하여 지도력을 개발하였다(행 14 : 21-23, 15 : 22, 16 : 1-3).

이렇듯이 성경은 교육에 있어서 공적인 교육과 비공적이고 준공적인 교육을 함께 병행하는 전인적인 교육의 모델을 보여주는데, 이것을 구체적으로 어떻게 적용할 것인가?

2) 신학교 교육의 지식 전달과 강의식 교육 방식의 극복

① 소그룹 활동을 강화하여 자신의 관심 분야를 전문적으로 개발하고, 이에 교수들이 할당되어서 함께 비공식적으로 시간을 보내고 때론 준공적인 토론과 교제를 나눈다.

② 학교에서 학과 시간 외에 학회나 선교 서클을 활용하여, 교수들과 학생들이 공식적으로 만날 수 있는 프로그램을 적극 개발하고, 이를 통해서 비공적이고 준공적인 훈련을 실시한다.
③ 의무적으로 일 년에 두 차례 정도 야외에 나가서 심령 수련회를 가지고, 교수와 학생들이 함께 생활을 하고 영성 훈련을 하며, 다양한 소그룹을 만들거나 기존의 그룹을 활용하여 교수들과 학생들이 비공적이거나 준공적으로 만나서, 서로 토론하고 교제를 나누는 생활 훈련을 실시한다.
④ 신학생들의 현장에서의 지역 교회 봉사 활동을 강화하여, 지역 교회를 통한 장인식 교육이 부분적으로라도 이루어지도록 한다. 학교는 이를 조직적으로 관리하고 실천 점수로서 학점화하여, 이에 대한 자격 요건이 갖추어졌을 때 졸업 자격을 부여한다.
⑤ 목회 지도력의 배양이 단순한 지식 전달에 있는 것이 아니라 인격과 행동 양식의 변화를 수반하도록, 전인적인 교육을 실시하는 데 초점을 맞춘다.

3) 비서구 세계에서의 바람직한 지도력 배양의 모델

① 현지 지도력을 육성하는 데 있어서 서구식 교육 방법만을 실시한다면 행동의 변화가 없는 지식만의 전달이 이루어질 위험성이 있고, 그러한 교육이 현지 교육 문화와 맞지 않음으로 명목주의적 지도력을 배출하고 사회와의 유리감이 심화되

며 교회의 이질화를 촉진시킬 수 있다.[173]
② 선교사는 현지 교인들과 함께 생활하는 교육을 통해서 전인적인 변화를 유도하고, 그 자신의 삶 자체가 교육의 교과서가 되어야 한다.
③ 선교사는 현지 지도력을 키우는 데 있어서 공적 교육과 생활을 통한 비공적이며 준공적 교육을 함께 병행해야 한다. 이런 측면에서 현지 사회의 상황과 교회의 형편에 적절한 신학 연장 교육이나 성경 연장 교육을 실시하여 지도력을 배양하면, 지식 전달뿐 아니라 사역 현장에서의 생활 훈련도 병행할 수 있다.[174]

(4) 정치적 하위 문화

모든 사회 조직에는 그 사회를 이끌어 가는 데 있어서 지도력, 힘, 조절, 자원의 분배 및 관리 등의 정책적인 면이 요구되고, 이것은 그 사회에 있어서 정치적인 하위 문화를 형성한다. 마빈 메이어스는 정치적인 면을 사회를 통제하는(Social Control) 사회적 메커니즘으로 보고, 이에 연관해서 월터 골드쉬미트의 두 가지 사회적 메커니즘을 소개한다. 이것은 정치(Governance)와 정부

---

173) 크라프트는 이런 위험성을 지적하면서, 그 나라 실정에 맞는 모든 적절한 교육 방법을 균형 있게 사용할 것을 주장한다. Ibid., pp. 574-578.
174) 크라프트는 랄프 윈터가 바로 이런 목적을 달성하기 위해서 남미 상황에서 신학 연장 교육 프로그램을 개발했음을 말하고 있다. See Ibid., p. 575.

(Government)인데, 정치는 정부의 통치 원리와 방법을 말하는 것이고 정부는 그것을 집행하는 기구와 제도 등을 의미한다.[175]

정치와 정부의 관계에 있어서는 인류학자들의 이견이 있다. 한 그룹의 인류학자들은, 정치는 모든 사회에 존재하지만 강력히 중앙 집권화된 정부는 존재하지 않을 수 있다는 의견을 주장한다. 그러나 다른 한편의 인류학자들은, 중앙 집권화된 형태의 정부는 없을지라도 정치를 집행하는 기구는 어떤 사회에나 존재하기에 정치와 정부는 함께 존재한다고 말한다.

폴 히버트는 이런 후자의 입장에서 정부의 형태를 중앙 집중화(Unicentered)된 형태와 권력을 분산하는 다변적 형태(Multicentered)로 구분하고, 메이어스는 공적 정부(Formal Government)와 비공적 정부(Informal Government)로 구분한다.[176]

저자는 정부의 기원과 사회 조절과 그에 따른 이탈 현상과 정부의 구성과 형태를 살펴볼 것이다.

1) 정부의 기원

정부의 기원에 대한 이론은 다양한데 크게 두 가지가 대두되고 있다.

첫째는 17세기의 토마스 홉스와 존 록크의 계약 이론(Contract Theory)이다. 이 계약 이론은 사람들이 보편적으로 받아들이고

---

175) Grunlan & Mayers, op. cit., 202-203.
176) Hiebert, Cultural Anthropology, p. 339, Grunlan & Mayers, op. cit., p. 203.

있는데, 전체 사회의 유익을 위해서 개인의 자유와 권리를 제한하고, 그에 따라서 전체 사회의 구성원은 모두가 행복하고 번영을 누릴 수 있도록 사회 구성원 개개인을 돌보는 것이다.[177] 즉, 공리적인 이론으로서, 최대 다수의 최대 행복을 위해서 정부가 존재한다는 것이다.

두 번째는 인류학자들의 이론으로서, 사회의 가장 기본 단위인 가족이 생산하고 자녀들을 양육하고 가치관을 전달하는 데 있어서 다른 가족들과의 연대가 필요하며, 이것은 궁극적으로 사회적 행동 양식과 사회 조절 기능을 가져오게 되었다고 말한다. 바로 여기에 정부의 기원이 있다는 것이다.[178]

그러면 정부의 성경적 기원은 무엇인가? 존 칼빈은 하나님의 거룩한 질서 구현을 위해서 은혜로써 정부를 세웠고, 정부는 하나님의 왕권을 바탕으로 해서 그분의 뜻과 정의를 구현하는 대변자가 되어야 함을 주장한다. 그는 정권을 잡은 사람들이 하나님의 뜻을 대변해야 하므로 그런 의미에서 성경은 저들을 신의 아들들로 표현하기도 했다고 시편 82편 1절과 6절을 들어서 말하였다.[179]

고든 클락크는 인간이 범죄하였기에 인간의 죄를 제어하기 위해서 정부가 필요하였다고 했으며, 아브라함 카이퍼도 그의 유명한 프린스톤 신학교에서 행한 스톤 강의에서 인간의 타락이 없으면 정치적 질서의 발전도 없을 것이라고 했다.[180] 그러나 그는 동일한

---

177) Ibidem.
178) Ibid., pp. 203-204.
179) John Calvin, On God and Political Duty, John T. Mcneill, ed. (Indianapolis : Bobbs-Merrill Educational Pub., 1956), pp. 48-49.

강의에서 전자의 진술과는 다르게 사회의 기본 단위로서의 가족을 언급하면서, 여러 가족들이 연합하여 이루어진 사회는 하나님의 왕권에 기초하고 있으며, 이것이 족장적 질서로 발전되었고 또한 궁극적으로 정부의 기원임을 말하고 있다.[181]

리차드 마오는 개혁주의 신학의 바탕 위에서 정치의 기원을, 하나님의 형상으로 지음 받은 인간이 그분의 형상이라는 말 속에 내포된 하나님의 모습을 반영하는 것으로서, 그분을 대표하여 그분의 뜻을 좇아서 피조 세계를 다스리는 것을 정치의 기원으로 보고 있다.[182] 마오는 정부의 기원을, 카이퍼가 논했듯이 가족들의 연합으로부터 사회 공동체가 형성됨을 전제하고, 하나님의 뜻을 구현하고 그의 정의를 실현함을 정부의 기준으로 본다.[183]

카이퍼는 이런 의미에서 세속 정치는 인간의 죄로 말미암아 항상 부패하고 병들 수 있음을 전제하고, 신자들은 세속 정치를 치료하고 세속 정치에 적극 참여하여 성경적 세계관의 변혁을 가져와야 한다고 말한다.[184]

저자는 칼빈과 카이퍼와 마오의 정치와 정부의 성경적 기원에 대한 적극적인 입장을 받아들인다. 문화인류학에서 정부의 기원은

---

180) Gordon Clark, <u>A Christian View of Men and Things</u>(Grand Rapids : Eerdmans, 1952), p. 138, Abraham Kuyper, <u>Lectures on Calvinism</u>(Grand Rapids : Eerdmans, 1931), p. 80.
181) Ibid., p. 138.
182) Richard J. Mouw, <u>Politics and the Biblical Drama</u>(Grand Rapids : Baker, 1983), pp. 21-29.
183) Ibid., pp. 29-32.
184) Mckendree R. Langley, <u>The Practice of Political Spirituality</u>(Ontario : Paideia Press, 1984), pp. 165-166.

가족들의 유대로부터 시작하였는데, 이미 개혁주의 신학자들은 하나님의 형상으로 지음 받은 아담과 이브가 한 인간으로서 사회적인 존재로 지음을 받고 거기서 정부의 시작이 있음을 성경 계시의 말씀으로부터 이해하였다.

2) 사회적 통제

문화는 이미 정의했듯이 공유된 가치 체계이며 행동 양식이기에, 그 사회 구성원들로 하여금 주어진 상황 속에서 문화에 의거한 적절한 행동을 요구한다. 예를 들어 우측 통행을 해야 하는 사회에서 그 사회 구성원들은 우측 통행을 하도록 요구받고 있다. 이것이 바로 사회 통제인데, 사회 통제가 왜 필요한가에 대해서 저겐은 네 가지로 말하고 있다. 그것은 다수의 만족, 사회 행동 양식의 예견성, 힘의 남용 방지, 사회적 행동 자체의 보상 등이다.[185]

사회 통제의 형태로는 사회적 관행(Folkways), 습성(Mores), 규범적 성격의 법 등이 있다.[186]

사회적 관행은 법적인 것은 아니지만, 그것을 어겼을 때 사람들은 긴장하게 되고 불필요한 오해를 낳는다. 예를 들어서 아는 어른을 만났을 때 젊은 사람들은 머리를 숙여 인사하는 것이 예의요 관행인데, 그것을 무시하는 행위를 하였을 때 사람들은 그 젊은이를 부정적으로 평가하게 된다.

---

185) Gergen quoted by Grunlan & Mayers, op. cit., pp. 204-205.
186) Ibid., pp. 205-206.

사회적 습성은 보다 윤리적인 측면에 뿌리를 두고 있는 행동 양식으로서, 거짓말하는 것이 법을 어기는 행위가 안 될지라도 그 사회의 습성으로 볼 때 거짓말하는 사람은 믿을 수 없는 사람으로 규정된다.

규범적 성격의 법은 강제 집행의 성격을 띠고 있는데, 사회 구성원은 누구나 지켜야 하는 공통의 규칙이요 규범으로서, 전체 사회의 유익을 위한 최소한의 법적 제약과 공리적인 성격을 띠고 있다.

이렇듯이 사회적 관행과 습성과 규범적 법이 사회 통제의 기능을 하는데, 이것이 전혀 지켜지지 않고 무시되는 상황을 가치관의 공백 상태, 즉 아노미(Anomie) 현상으로 부른다.[187] 이런 아노미를 낳게 하는 사회 이탈 현상에 대해서 살펴보자.

3) 사회 이탈(Deviance)

사회 이탈이란 사회 통제 기능이 무시되어지는 상황을 의미한다. 머튼에 의하면 사회에는 문화적 목표, 규범, 제도화된 수단들이 있는데, 이들 중에 어느 것도 무시되거나 지켜지지 않으면 사회 이탈 현상이 일어난다.[188] 그는 이것을 다음과 같은 도표로서 표시하고 있다.

---

187) Ibid., p. 208.
188) Ibid., p. 209.

258 선교와 문화

머튼의 사회 이탈 적응 정도표[189]

적응의 정도	문화적 목표들	문화적 수단들
일 치	받아들임	받아들임
혁 신	받아들임	거 절 함
외 식	거 절 함	받아들임
은 둔	거 절 함	거 절 함
혁 명	대 치 함	대 치 함

이 도표에 대하여 하나하나 살펴보자.

1 일치(Conformity)

문화의 목표를 받아들이고 그 목표를 이루는 수단도 받아들임으로써 사회에 철저히 순응하여 사는 모습이다. 이것은 사회가 안정되어 있고 구성원들이 보수적이며 변화를 원하지 않는 상태이다. 이런 문화권에서 이루어지는 선교는 상당한 어려움을 겪게 되어 있다.

2 혁신(Innovation)

문화 목표에는 동의하지만 기존의 목표를 이루는 수단들은 받아들이지 않고 새로운 방법을 시도하는 모습이다. 과거에 조선 왕조 말엽에 실학파 유학자들이 조선의 전통적인 가치 체계로서 유교의

---

189) Ibid., p. 211.

이념은 그대로 지켜 나가지만, 그 이상을 이루는 데 있어서 서양의 발달된 과학 기술을 적극 받아들이려고 한 그런 모습이다.

이것은 장기적인 차원에서 봤을 때 결국 문화 목표의 변화까지 일어나므로, 선교의 수용성을 형성하는 단계로 보고 복음의 문이 열렸을 때에 전략적으로 들어가서 지혜롭게 선교의 기회를 확산시키는 노력이 필요하다. 이러한 태도를 가진 후기 실학파의 유학자들 가운데서 유교 이념을 버리고 기독교의 가치관을 받아들이는 변화가 일어났다.

중국의 경우 1980년 이후 등소평이 정권을 잡은 후 경제적인 면에서 외부 세계에 문을 열기 시작하여 수정된 사회주의 체제로서 부분적인 시장 경제 제도를 도입하기 시작하였다. 그 문화 목표는 사회주의 이념의 구현이지만, 그것을 이루는 방법이 혁신되어지는 사회 변화를 지금까지 겪고 있는데, 이것은 선교의 문을 열고 확장시키는 계기가 되고, 중국 가정교회의 부흥을 가져오는 좋은 토양이 되었다.

3 외식(Ritualism)

문화적 목표는 거부하지만 그것을 이루는 수단은 받아들이는 외식적이고 체념적인 모습이다. 이것은 그 사회가 지향하는 가치관을 거부하고 받아들이지 않는 상태를 의미하는데, 그러나 그것을 노골적으로 외적으로 나타내지 못하고 속으로만 생각하며, 표면적으로는 그 사회에 순응하는 듯한 태도이다. 이렇게 순응하는 데는 여러 가지 요인이 있는데, 사회 통제 기능에 의하여 불이익을 당하지 않으려는 모습이다.

이에 대한 예를 들어 보자. 북한에서는 주체 사상이 북한 사회의 통치 이념으로 받아들여지고 있는데, 이것은 김일성 개인을 이념화하는 가운데 나온 사상으로서, 김일성을 공산주의 이념을 구현한 가장 이상적인 인물로 미화하여 거의 신격화시키는 교조주의적 사상으로 발전시킨 것이다.

김정일이 등장한 이후에 수령론과 계승론으로 미화하여 김정일을 주체 사상의 구심점으로 삼고 북한 사회를 통치하려는 정치 이념으로 발전시켰다. 그러나 오늘날 북한 사회의 다양한 계층의 사람들에게 김일성의 후계자가 된 김정일의 지도력은 불신을 당하고 있고, 이것을 은유적으로 표현하는 은어들이 난무하나, 북한 사회에서 표면적으로 어느 누구도 감히 이런 그들의 마음을 나타내지 못한다. 바로 이것에 대한 구체적인 증거가 1994년부터 시작된 수십만의 북한 주민들의 중국으로의 불법적인 월경과, 그들의 중국에서의 정착을 위한 필사적인 몸부림이다.

이런 현상이 단순히 기근과 홍수로부터 먹을 것이 없어 굶주림 가운데 나온 생리적인 생존의 투쟁으로만 본다면, 그것은 본질을 보지 못하는 우를 범하는 것이다. 저자의 수백 명과의 선교 사역을 통한 인터뷰 결과는, 대개가 다 김정일의 지도력에 대한 심한 불신을 품고 있고 주체 사상의 이념을 받아들이지 않고 있으며, 오직 북한 사회의 변화를 원하는 간절한 심정을 가지고 있다. 바로 이러한 사회 이탈의 외식 현상이, 굶주림의 이유뿐 아니라 또한 중국으로의 탈출에 대한 동기가 되고 있다.

이런 외식 상황은 또한 복음의 수용성을 형성하게 되는데, 이것이 실제적으로 중국에 있는 북한 월경자들에게서 나타나고 있고,

선교의 큰 결실이 맺어지고 있다.

④ 은둔(Retreatism)

은둔은 문화적 목표도, 그것을 이루는 수단도 거부하고, 완전히 염세주의적 성향을 가지고 그 사회에서 도피하는 모습이다. 이것은 문화의 아노미 현상이 일어날 때 종종 나타나는데, 사회 변혁에 대한 아무런 의지도 가지지 못하고 다만 모든 일에 무관심하며 체념적인 모습이다. 또한 사회가 안정될 때에 이런 현상이 나타나면 그것은 그 사회의 낙오자요 패배자가 된다.

운둔적 성향을 가진 사람들에게 복음을 전할 때 상당한 어려움을 겪게 되는데, 그들은 대체적으로 새로운 가치관에 대해서도 두려움을 가지고 있고 부정적이다.

⑤ 혁명(Rebellion)

운둔과는 정반대로, 그 사회에서 도망하고 책임을 회피하는 것이 아니라 문화 목표를 다른 것으로 바꾸고 목표를 이루는 수단도 새것으로 대치하는 현상으로서, 사회의 혁명적 변화가 일어나는 상황이다. 이 혁명적 변화가 긍정적으로 일어날 때는 사회에 새로운 생명력을 불어 넣지만, 만일 부정적으로 나타나면 사회가 큰 혼란을 초래하게 된다.

이것이 긍정적으로 나타난 사례로는 남태평양 지역의 군도들이 19세기 초에 이루어진 개신교의 선교 활동에 힘입어서 사회가 근본적으로 변화되는 현상이 일어난 것을 들 수 있다. 기독교적 가치관이 소개되기 전에는 식인의 풍습이 있었고, 잦은 전쟁과 도덕적 방종이 난무하였으나, 복음을 받아들인 이후에는 사회가 도덕적으로 갱신되어지고 새로워지는 긍정적인 사회 변혁이 일어났다.

부정적인 사례는 1917년 러시아에서 일어난 볼세비키 공산주의 혁명이다. 공산주의 혁명은 러시아 사회 자체만의 변화로 끝난 것이 아니라 1948년 전세계 공산주의 연맹인 코민테름을 결성하게 하고, 공산주의 이념을 동구라파와 중국과 인도차이나와 일부 아프리카 국가들과 북한에까지 확산시킴으로써 수천만의 존엄한 인간 생명을 살육하였고, 반세기가 넘는 동안 15억 이상의 사람들을 압제하는 수단이 되었다.

사회에 혁명적 변화의 바람이 불 때 교회는 복음 선교의 책임감을 민감히 느껴야 한다. 만일 복음을 통해서 사회를 변화시키지 않는다면 잘못된 이념을 통한 부정적인 사회 변혁이 일어날 가능성이 높은 것이다. 이런 점에서 오늘날 혁명적 변화의 조짐이 벌어지고 있는 문화권은 가장 시급한 선교의 우선적 대상이 되어야 하는데, 북한이 대표적인 경우이다. 대체적으로 혁명적 변화가 일어나고 있는 사회는 복음의 추수기적인 수용성을 형성하고 있다.[190]

4) 정부의 형태

정부의 형태는 크게 공적 정부와 비공적 정부로 나누어진다고 하였다. 이것을 염두에 두고 정부 형태를 살펴보자.

---

190) Ibid., pp. 210-213.

1 씨족 사회(Clan)

폴 히버트는 이것을, 한 떼를 의미하는 밴드(Band) 사회라고 부르기도 한다.[191] 여러 가족들이 중심이 되었지만 같은 씨족으로서 인척 구조의 사회이다. 씨족 중에 가장 위계가 높은 사람이 지도자가 되며, 정부 형태는 비공적이고 씨족의 구조가 바로 정부 구조가 된다. 의사 결정은 전체가 참여하여 이루어지는데, 경험이 많고 능력을 인정받는 지도자들을 중심으로 방향이 결정된다. 이 사회에서의 사회 조절은 사회적 관행으로서 이루어진다.[192]

히버트는 밴드 사회를 대상으로 한 선교에 있어서 성육신적 선교의 중요성을 강조하고, 밴드 사회의 인정을 받는 인간 관계를 중시하는 선교를 수행할 것을 촉구한다.[193] 그는 또한 이 사회가 하나님의 존재에 대한 인식이 있지만, 과거의 선조들이 큰 잘못을 저질렀기에 하나님과의 관계가 단절된 것으로 믿는 종교적 세계관을 가졌는데, 이것에 대해 그리스도로 말미암는 화해의 복음을 전할 것을 주장한다.[194] 그는 밴드 사회의 특징이 유목 및 채취의 경제 구조를 가지고 항상 이동하는 것을 염두에 두고, 기동성 있는 교회를 설립하여 그 사회에 적합한 구조를 가지게 할 것을 주장하였다.[195]

---

191) Hiebert, <u>Incarnational Ministry</u>, p. 47.
192) Grunlan & Mayers, op. cit., p. 215.
193) Hiebert, op. cit., pp. 75-77.
194) Ibid., p. 78.
195) Ibid., pp. 82-83.

② 다양한 씨족 집단 사회(Multiclan)

이것은 여러 씨족들이 모여 이루어진 사회로서, 각 씨족의 지도자들이 전체의 의사 결정을 유도하는데, 각 씨족 사이에도 위계 질서가 있어 가장 선임 씨족의 지도자가 전체 씨족 집단 사회를 대표한다. 사회 조절은 사회적 관행으로 이루어지나 씨족 사회보다 엄격한 규율이 있고 습관이 있다. 이러한 다양한 씨족 집단 사회에서의 선교는 씨족 사회의 선교와 다를 바 없지만, 교회 지도력에 있어서 각 씨족을 대변하는 지도력이 배출되어야 하며, 또한 선임 씨족의 집단 가운데서 최고의 교회 지도력이 나오도록 사회 조직과 부합해야 한다.[196]

③ 부족 사회(Tribal Society)

다양한 씨족으로 구성된 집단 사회가 부족이 되기도 하지만, 씨족 중심으로만 이루어진 것이 아니라 전혀 이질적인 그룹들이 모여 부족을 형성하기도 한다. 부족 사회에서의 최고 지도력은 선임 씨족과 특정한 개인의 능력이 종합화되어서 선출되는데, 부족장이나 추장이 되고 이것은 종종 세습적으로 이어지기도 한다. 부족장은 다양한 씨족 집단이나 부족이 숭배하는 신적 존재들에 대하여 책임을 지는 지도력을 가졌는데, 만일 부족장이 책임을 다하지 못하면 그에 상응한 대가를 받게 된다.

부족 사회의 의사 결정은 각 집단의 지도자들의 의견 수렴을 거쳐서 최종적으로 부족장이 결정한다. 부족 사회는 초자연주의적인

---

196) Stephen Grunlan & Marvin Mayers, Loc. cit.

총체적 세계관을 가졌는데 인간, 동물, 식물, 조상, 영적 존재들이 본래 하나의 기원으로 말미암았으며, 따라서 모든 만물에 초자연적 세력이 있고 영적 존재가 있어서 이것은 서로 상호 작용함으로써 인간 사회에 영향을 미친다고 믿는다. 따라서 이런 종교적 세계관은 마술적인 행위를 가져오고, 이 분야에 종사하는 전문 계층을 배출한다.[197]

히버트는 부족 사회의 세계관을 파악하는 데 있어, 그의 비판적 상황화의 모델로서 종교적 의례와 신화를 분석할 것을 주장하며, 선교사들이 그들 중에 상주하여 문화를 배우고 그 사회의 인정받는 구성원이 되어서, 부족 사회의 문화에 적절한 전달 매체를 사용하여 복음을 전할 것을 제안한다.

그에 의하면 부족 사회는 구두 전달에 익숙하고 종교적 의미를 의례로서 표현하는데, 이런 사회의 특성에 부합하여 구체적인 언어 표현인 구두로 복음을 전달하고, 또한 성경적 의미를 의례로 만들어 표현할 것이 요구된다. 그는 또한 부족 사회가 전형적인 중간 영역의 세계관을 지닌 지역임을 지적하고, 힘의 충돌의 선교에 익숙할 것을 주장한다.[198]

④ 국가(State)

현대 사회는 국가 형태로 이루어졌는데, 호벨은 국가의 세 가지 요소를 언급하고 있다. 그것은 영토와 문화적 조직과 강한 결속력

---

197) Hiebert, op. cit., pp. 85-136.
198) Ibid., pp. 168-171.

266 선교와 문화

을 가진 중앙 집권화된 정부이다.[199]

국가는 공적 정부로서 사회적 관행과 습관과 규범적 법적 요소들을 다 가지고 있는데, 사회 조절로서 법적 기능이 중요시된다. 국가는 정교한 조직과 다양한 이질적 집단들의 집합체로 이루어져 있는데, 자유로운 경쟁과 개인의 능력과 재산이나 계층이 정교히 복합적으로 작용하여 각 분야의 지도력을 형성하고, 또한 최고의 지도력을 선출하기 위한 전문적인 정치적 집단을 형성한다. 국가에 대한 선교는 산업 사회에서의 선교를 그대로 참조하면 된다.

(5) 종교적 하위 문화

저자는 문화의 심층 구조인 세계관의 종교적 본질에 대해서 이미 언급을 하였다. 종교적 하위 문화는 세계관이 사회 속에서 초자연적 존재나 궁극적인 실제에 대하여 구체적으로 어떻게 나타나고 있는지를 총체적으로 살펴보는 것이다. 저자는 여기서 종교 기능, 기원, 신앙의 대상물, 실천 양식, 지도력 등을 간략하게 살펴볼 것이다.

1) 종교 기능

오디아는 사회 속에서 종교의 여섯 가지 기능을 말하고 있는데,

---

199) Grunlan & Mayers, op. cit., p. 216.

그것은 다음과 같다.
① 심리적인 기능으로서, 사회 구성원들에게 위로와 화해의 역할을 한다.
② 초월적인 기능으로서, 변화하는 환경 속에서 사람들에게 절대적인 준거점을 제공한다.
③ 신성화의 기능으로서, 사회 규범이나 가치를 합법화시킨다.
④ 예언적인 기능으로서, 무질서와 비정상적인 것에 대해 비판을 가한다.
⑤ 자기 정체성을 확립하게 해 준다.
⑥ 사회화에 있어서 그 구성원들에게 성숙화의 열매를 가져온다.[200]

종교는 이렇듯이 문화 속에서 다양한 기능을 하고 있는데, 이것은 보다 본질적이고 신학적인 의미의 가치 체계 속에서 이루어지는 총체적인 기능이다. 저자는 인류학에 있어서 논의되어지는 종교의 기원에 대한 일곱 가지 이론을 소개하려 한다.

2) 종교의 기원

① 진화론적 이론

여기에는 에드워드 타일러의 애니미즘 이론과 제임스 프레이저의 주술 이론 등이 있다. 타일러는, 가족 구성원이나 친구가 죽음

---

200) Ibid., pp. 222-226.

이후에 꿈 속에 나타나는 것과 환상 속에 보이는 것을, 원시적인 사고를 가진 사람들은 어떤 초자연적 영적 존재로 변화된 것으로 생각하여 여기서부터 정령, 즉 애니마(Anima)를 믿기 시작하였고, 이것은 자연스럽게 자연의 모든 현상 배후에 이런 정령적 존재가 있을 것으로 생각하여 여러 정령들을 만들기 시작하였다고 말한다.[201] 이런 정령들에 대한 믿음은 다신교의 종교 형태로 나타났다가, 사회가 발전하고 종교 체계가 전문 성직자를 갖추고 의식이 발달하면서 유일신교적 고등 종교로 발전되었다고 본다.

타일러의 애니미즘 이론과 유사하나, 사람의 정령으로부터 초자연적 존재의 기원을 보지 않고 사람이나 자연 속에 깃든 마나(Mana), 즉 제3의 비인격적 실제로서의 초자연적 세력을 믿는 신앙으로부터 종교가 유래되었다는 로버트 마레트의 마나 이론이 있다.[202]

이러한 애니미즘과 마나 이론에서 또한 알프레드 크뢰버의 토테미즘과 터부 이론이 나오는데, 토테미즘은 오스트레일리아의 원시부족인 오집와(Ojibwa)에게서 행해지던 종교적 풍습으로서, 영혼의 윤회와 모든 생명이 근본적으로 하나로 연결되었다는 사상 속에, 특정 동식물이나 어떤 대상물을 자신들의 선재적 영혼의 존재와 함께 연결하여 숭배하는 행위이다. 터부는 일종의 금기 사항으로서, 이런 애니미즘과 토테미즘의 환경 속에서 어떤 행위를 할 때 그 행위가 초자연적 존재를 자극하여 개인과 사회에 큰 해독을 가

---

201) Edward B. Tylor, "Animism" in Reader in Comparative Religion, William Lessa, Evon Vogt, eds. (New York, 1972), pp. 9-19.
202) Hiebert, Cultural Anthropology, pp. 386-387.

져온다는 사상으로, 사회 조절 기능을 하며 사회를 결속시키는 역할을 한다.[203]

제임스 프레이저의 주술 이론은, 원시적 사고를 가진 사람들이 위기 상황을 만났을 때 이것을 극복하기 위해서 초자연적 존재나 세력의 힘을 의지하는 마술적 행위를 전제하는데, 여기에는 두 가지 종류의 마술이 있다고 한다. 그것은 모방 마술(Imitative Magic)과 전염 마술(Contagious Magic)이다.

모방 마술은 어떤 변화가 일어나기를 바라는 대상의 모형물을 만들어 놓고 마술적 행위를 하는 것이다. 전염 마술은 상대방 대상의 소유물 중에 일부를 가지고 와서 마술을 거는 사람이 그 상대방에게 변화가 일어나기를 바라는 마술적 행위이다. 이런 마술적 행위가 상대방을 해치려는 나쁜 목적으로 쓰여질 때 그것을 사술(Sorcery) 또는 흑마술이라고 한다. 그리고 이런 사술 행위에 전문적으로 종사하는 자들을 마법사(Witchcraft)라고 부른다.[204]

마빈 메이어스는 이런 사술 행위가 실제적인 결과로 나타나는 경우가 있음을 말하면서, 그 원인으로 세 가지를 제시한다. 첫째는 우연의 일치일 가능성이 있고, 두 번째는 심리적인 요인에 의한 일종의 최면적 자기 암시 효과에 의해서 일이 발생할 수 있으며, 세 번째는 마술 행위의 배후에서 역사하는 악령이 실제로 작

---

203) Alfred L. Kroeber, "Totem and Taboo : An Ethnologic Psychoanalysis" in American Anthropologist, XXII, 1920, pp. 48-55.
204) James G. Frazer, "Sympathetic Magic" in Reader in Comparative Religion, pp. 415-430.

용하여 사술의 결과가 나타날 수 있다고 하였다.[205]

프레이저는 마술적 행위가 발전하여 종교로 진화되었고, 이것은 인간의 지력이 발전하고 사회가 발달함에 따라서 과학으로 대치된다고 하였다. 그러나 오늘날 이런 진화론적 입장은 종교인류학자들에게서 대체적으로 받아들여지지 않는다. 이유는, 한 종교 안에 초자연적 존재나 세력 혹은 마술적 행위 그리고 최고의 신 개념을 가진 고등 종교적 요소가 함께 뒤섞여 나타나는 것이 보편적인 현상이며, 진화론자들이 말하는 바처럼 종교가 과학으로 대치되는 것이 아니라 종교는 고유 영역을 지키고 있으며, 과학이 발전할수록 인간의 종교적 욕구도 커지고 있다는 사실이다.

② 심리학적 이론

종교의 기원을 인간의 심리적 상태 및 욕구와 관련지어 해석하는 것으로서, 말리노프스키의 주술과 종교에 대한 기능적 이론과, 포이에르바흐와 프로이드의 투사 이론(Projection Theory)과, 윌리암 제임스의 종교 경험의 이론이 있다.

말리노프스키는 종교적 의례와 주술적 행위를 구별하면서도 이들 행위들이 또한 함께 공존하고 있음을 말한다. 종교적 의례는 죽은 사람에 대한 심리적 불안감에 의해 야기되며, 저를 영적 세계에 들어간 살아 있는 자로 여기는 의식이 베풀어지는데, 이것이 종교적 의례라는 것이다. 주술적 행위는 개인이나 사회가 어떤 위기 상황을 만났을 때 그 위기를 극복하려는 것으로서, 초자연적 존재

---

205) Grunlan & Mayers, op. cit., pp. 228-229.

나 세력의 힘을 빌어서 심리적인 안정을 취하려는 행위이다. 말리노프스키에 의하면 종교는 바로 이런 심리적 요인에 의해 기원되어졌다는 것이다.[206]

포이에르바흐는 인간이 삶의 위기 상황을 극복하기 위해서 어떤 초자연적 존재를 만들기 시작했는데, 여기에 인간의 모습을 투영하여 묘사하기 시작하였고, 이것이 종교의 기원이라고 하였다. 프로이드는 이런 포이에르바흐의 투사 이론에서 종교의 기원을 논했는데, 그에 의하면 어린 시절에 어린 아이들이 부모에게 가지는 의존감과 경외감이, 어른이 된 이후에 위기 상황을 만났을 때 이런 심리적 요인들이 투사되어서 신적 존재를 만들었고, 이것이 종교의 기원이라는 것이다. 프로이드에 의하면 종교는 일종의 환상이다. 이런 투사 이론은 특히 마르크스와 엥겔스에게 영향을 주어 공산주의자들의 종교 이해에 근거가 되었다.[207]

윌리암 제임스는 인간의 종교적 경험은 인간이 생존하는 데 있어서 필수적인 심리적 요인이라고 하였는데, 두 가지 종류의 종교적 경험이 있다고 한다. 하나는 긍정적인 경험으로서 인간으로 하여금 삶의 의욕을 북돋우고 삶에 소망을 불어 넣으며, 다른 하나의 경험은 부정적인 것으로서 인간으로 하여금 두려움과 공포를 가지게 한다는 것이다.[208]

---

206) Bronislaw Malinowski, "The Role of Magic and Religion" in <u>Reader in Comparative Religion,</u> pp. 63-72.
207) Douglas Davies, "The Study of Religion" in <u>Eerdmans' Handbook to the World's Religions,</u> p. 14.
208) Ibidem.

이런 심리적인 요인으로 종교의 기원을 보는 제 학자들의 견해는 종교가 정서적인 면과 상호 밀접한 관계가 있음을 규명하고 있으나, 오늘날 종교인류학자들은 이 이론을 거의 받아들이지 않는다. 그 이유로는, 연구하면 할수록 종교가 단순한 심리적인 요인만 있는 것이 아니라 인간 삶의 보다 근원적인 존재론적 깊이가 있음이 발견되며, 이것이 심리적인 요소와 상관없이 모든 종교의 배후에 있다는 것이다.

③ 사회학적 이론

종교의 기원을 사회적 기능에 초점을 맞춘 해석으로서 에마일 두르크하임, 윌리암 로버트슨 스미스, 에반스 프리차드의 사회학적 이론이 있다. 두르크하임은 사회의 구성원들을 결속시키며 사회의 질서와 규범을 유지시키는 메커니즘으로서 종교의 기원을 논한다. 즉, 모든 사회에는 성스러운(Sacred) 것과 속스러운(Profane) 것을 구분하는 메커니즘이 있는데, 종교는 이 성스러운 것을 취급함으로써 사회 구성원들의 행동을 조정하며 가치를 인준하고 사회를 결속시키는 기능을 한다는 것이다.[209]

스미스는 특히 제물을 바치는 종교 행위에 사회적 동질감과 가치관의 일체 의식이 내재되어 있으며, 그것이 사회를 결속시키는 기능을 한다고 보았다.[210]

이렇듯이 종교의 사회학적 기원을 논하는 학자들은 사회적 질서

---

209) Emile Durkheim, The Elementary Forms of the Religious Life, Joseph Ward Swain, trans. (London : George Allen & Unwin, Ltd., 1915), pp. 28-36.

와 규범을 유지하며 사회를 결속시키는 메커니즘으로서 종교를 보았는데, 그들의 이론에 의하면 인간의 지력이 고도로 발전하여 자율적인 윤리성이나 합리적인 이성이 성숙한 사회를 만들고 사회를 이끌어 갈 때 종교는 용도 폐기될 것이라고 한다. 그러나 사회가 발달할수록 인간의 종교적 욕구는 높아만 가고, 윤리성이 향상되는 것이 아니라 인간의 지력의 발전과 비례하여 더욱 범죄가 기승하고, 인간의 생존 자체에도 위협을 주는 위기 상황이 조성되고 있다. 종교는 이렇듯이 단순히 사회적 결속 기능으로만 작용하는 것이 아니라, 보다 근원적인 인간 존재에서부터 비롯되는 것이다.

4 생태학적 이론

이것은 주변 자연 환경 속에서 생존을 위한 사회의 메커니즘으로서 종교가 기원되어졌다고 본다. 여기에 대표적인 학자로 마빈 해리스가 있다. 그는 인도 사람들이 소를 신성시하고 도살하지 않는 것을 이런 이유로 해석한다. 인도 사람들에게 있어서 소는 농사를 하며 토양을 보존하는 데 필수적인 가축이다. 즉, 소의 똥은 건조한 기후에서 일반 서민들에게 땔감이나 때론 주택 건축 자재로서 긴요하며, 일 년에 삼모작을 함으로 쉽게 수분이 고갈되는 토양에 쇠똥이 있음으로 지질을 유지케 되고, 자연사한 소는 일반 천민 카스트들에게 음식물이 됨으로 서민들의 식생활에 도움이 된다는 것이다.[211]

---

210) William Robertson Smith, The Religion of the Semites(London : Black, 1927), pp. 319-320.
211) 한상복·이문웅·김광억, op. cit., pp. 290-291.

이런 생태학적 이론에 의하여 종교의 기원을 설명하는 것은, 각 문화권 속에서 종교의 유래를 이해하는 데 도움이 되지만, 제한된 부분적인 도움만 줄 수 있다. 즉, 수많은 동물들 중에서 왜 소를 택하여 신성시했는지, 그것은 단순한 생태학적 요인만 있는 것이 아니라 종교적 의미를 상징적 동물에게 부여하여 표현한 것이라 하겠다. 인간은 인간 심연에서 나오는 종교적 탐구와 세계관을, 문화권의 특정한 문화 형태를 찾아 내어 그것을 종교적 의미를 담고 있는 상징물로 삼아 표현한다는 사실을 기억해야 한다. 이런 점에서 소는 단지 생태학적 요인뿐 아니라, 인도 문화의 심층 구조 속에 있는 종교적 세계관의 상징 매체로서 의미가 규명되어야 한다.

5 상징화의 이론

인간의 초자연적 실제와의 경험을 상징화하여 그것을 종교적 상징 매체로 표현하는 것으로서, 종교는 초자연적 경험이나 실제와 연관된 상징 체계이다. 이 이론은 문화 이론에서 상징주의 입장에 속하는 학자들이 대개 주장하고 있는데, 종교가 인간 존재의 심연에서 나오는 초자연적 존재에 대한 갈망과 사물의 궁극적인 실제에 대한 인식으로부터 비롯되었다고 해석한다. 여기에 대표적인 종교인류학자로서 레비 스트로스, 빅터 터너, 메리 더글라스, 에드문드 리치 등이 있다.

이 이론은 인간이 본질적으로 종교적 존재이며 종교적 느낌이나 경험을 상징 매체로서 표현한다고 보는 점에서, 그리고 보다 성숙한 이론이나 종교의 기원을 인간 자체의 내적 본질에서 찾으려고 시도한다는 점에서, 인본주의의 한계를 벗어나지 못하고 있다. 다만 선교적인 면에서 도움을 주는 것은, 빅터 터너가 삶의 통과 의례나 종교적 의례 의식 가운데서 종교적 의미가 내포되어 정교한 상징적 매체로서 나타난다고 한 것인데, 이것을 분석하고 연구하면 종교적 세계관을 규명하는 데 큰 도움이 된다.

6 유일신론의 종교 이념에서 종교가 기원되었다는 이론

인간은 본래부터 유일신론적인 종교적 개념이 있었는데, 여기서부터 종교가 기원되었다는 것이다. 이 이론의 대표적인 주창자는 빌헬름 쉬미트이다. 그는 선교가 수행되기 이전의 아프리카나 남태평양 지역 종족들의 종교관을 연구하였는데, 놀라운 발견을 하였다. 그것은 모든 종족들이 공통적으로 최고의 신의 개념을 가지고 있으며, 또한 절대적인 존재로서 영원한 신의 개념을 가지고 있다는 사실이다.

그런데 이 신은 너무나도 절대적이고 초월적인 존재이기에 인간의 삶에 간섭을 하지 않는데, 여기에는 인간 자신의 잘못으로 인하여 신과의 관계가 끊어졌다는 사상도 내포되어 있다. 따라서 최고의 신에 대한 이런 생각을 가지고 있는 종족들은, 중간적인 영적 존재로서 다양한 영적 매개체들을 믿고 있기에 오히려 다신론적인 종교 체제로 발전되었으며, 외부의 선교사들이나 인류학자들의 눈에는 이들이 전혀 일신론의 관념을 가지고 있지 않은 것처럼 보였다는 것이다.[212]

---

212) Robert Brow, "Origins of Religion" in Eerdmans' Handbook to The World's Religions, p. 31.

276 선교와 문화

　이런 쉬미트의 이론은 앤드류 랑, 나단 쇠더블롬, 루돌프 오토에 의해서 또한 규명되었다. 앤드류 랑은 그의 대표적 저서인 '종교를 만듬'에서 동남 아프리카 줄루 종족의 경우를 들어, 그들이 원래부터 유일신의 개념으로 'Oenkoeloenkoloe'를 가지고 있었고, 그가 만물을 창조했다고 믿고 있다고 하였다.[213]

　쇠더블롬은 신적 실제에 대한 인간의 신비적 경험으로부터 종교가 기원되었다고 하였으며, 오토는 거룩한 것의 현현과 조우로부터 종교가 기원되었으며 이러한 거룩한 것의 인식을 누멘(Numen)으로 호칭하였다.[214]

　이 이론은 인간의 타락한 실상을 보여 주는 카톨릭 신부인 쉬미트의 학문적인 공헌인데, 이로 인하여 종교의 기원에 있어서 진화론적 가설은 여지없이 궤멸되고 말았다. 그러나 이 이론에 속한 학자들은 일반적인 종교의 기원을 논했지 신적 계시로서의 참된 종교의 기원에 대해서는 전혀 접근을 하지 못했다.

　그러면 개혁주의 신학에 있어서는 종교의 기원을 어떻게 이해해야 하는가? 인간이 하나님의 형상으로 지음 받았다는 사실은 인간의 종교적 본질을 잘 설명하고 있다. 즉, 인간은 하나님과 교제하게 되어 있으며, 피조 세계에서 하나님의 뜻을 받들어 신적 대리인으로 자연을 보존하고 다스리며, 하나님께 영광을 돌리는 삶을 살아가게 되어 있다. 그러나 인간 타락 이후에 하나님께서 심어 주

---

213) Eric Sharpe, <u>Comparative Religion, A History</u>(London : Duckworth, 1975), pp. 58-65.
214) Eric Sharpe, "Six Major Figures in Religious Studies" in <u>Eerdmans' Handbook of the World's Religions,</u> pp. 15-16.

신 종교의 씨는 인간 속에 있지만, 인간은 하나님의 일반 계시를 통해서는 그를 도무지 알 수가 없고, 하나님의 특별한 은총으로서의 구속 계시가 요청되는 것이다.

칼빈은 일반 종교의 기원을 바로 이러한 하나님의 일반 계시에 대한 인간의 반응이요 응답이라고 하였지만, 일반 종교는 불행하게도 죄와 사탄의 역사로 말미암아 하나님을 알 만한 것을 억누르며 왜곡하고, 결국 칼빈이 말한 바처럼 우상 공장으로 전락해 버리게 되었다.[215]

참된 종교는 무엇인가? 그것은 인간의 힘과 노력으로 얻어지는 것이 아니요 전적인 하나님의 은혜의 손길인데, 그의 특별 은총으로서의 구속 계시에 대한 하나님의 선재적 역사를 통한 인간의 응답이다. 그의 특별 은총은 기록된 계시의 말씀인 성경과, 말씀이 육화되어 우리 가운데 찾아오신 예수 그리스도 바로 그분 자체이다.

3) 신앙 대상물

신앙 대상물은 이미 살펴보았지만 최고의 신, 중간 존재들인 수많은 정령들, 초자연적 세력인 마나 등이다. 최고의 신 개념은 이미 쉬미트를 통해 살펴보았지만, 전 지구상에 보편적으로 존재하고 있으나 상징적인 존재이며, 오히려 중간 존재들인 영적 세력들

---

[215] John Calvin, <u>Institutes of the Christian Religion, vol. 1</u>, John T. Macneill, ed. (Philadelphia : Westminster Press, 1967), pp. 63-66.

이 숭배를 받고 있다. 중간 존재들로는 지역신인 수호신, 선한 영, 악령, 조상신 등이 있다. 대개 이들은 지역적인 특성을 가지고 있으며, 사회 공동체 속의 사람들의 삶과 뗄래야 뗄 수 없는 밀접한 관계를 가지고 있다.

4) 실천 양식

말리노프스키가 이미 구분했듯이 종교와 마술이 함께 공존하고 있는데, 종교는 종교 의례를 통해서 나타나며, 빅터 터너가 규명한 삶의 통과 의례와 밀접한 관계를 가지고 있다. 반 겐네프는 인간의 삶을 총체적이고 유기체적으로 보는 순환론적 관점에서 삶의 통과 의례를 다음과 같이 구분하고 있다.

첫째는 탄생 이전(Prebirth)의 기간인데, 조상의 세계 혹은 영적 세계에 있는 영혼(Soul)의 상태이다.

둘째는 인간의 삶에 입교(Initiation into Life)하는 것으로 아직 완전한 인간이 되지 못한 상태인데, 어떤 문화권에서는 8개월까지의 유예 기간을 두기도 한다.

셋째는 어린 아이의 기간(Period of Childhood)인데, 부모와 조상에게 의존하는 삶이다.

넷째는 성인의 삶에 입교(Initiation of Adulthood)하는 것으로, 성인식(Puberty)을 통해서 사회와 조상에게 책임을 다하는 정식 사회 구성원이 된다.

다섯째는 노년에 입교(Initiation into Old Age)하는 것으로, 조상의 세계에 점점 가까워지는 자신을 준비하는 기간이다.

여섯째는 노년의 기간(Period of Old Age)이다.

일곱째는 내세에 입교(Initiation into Hereafter)하는 것으로 장례식의 의식을 의미하며, 조상의 세계인 영적 세계로 들어가는 것이다.

여덟째는 조상의 기간(Period of Ancestorhood)으로 있는 상태로서, 이것은 자손들이 매해 제사를 지내고 적어도 3대까지는 자손들에게 추모를 받으며 제사를 받는 기간이며, 살아 있는 죽은 자(Living Dead)로 존재하는 기간이다.

아홉째는 사후 세계로 입교(Initiation into the Afterlife)하는 것으로, 정식으로 조상의 세계인 영적 세계에 들어가는 것이다.

마지막으로 열째는 사후 세계에 머무르는 기간(Period of Afterlife)으로서, 윤회가 이루어지기까지 대기하는 기간이다.[216]

이렇듯이 인간의 삶이란 하나의 총체적인 윤회적 삶의 순환이며, 모든 과정이 상호 유기체적으로 연결되어 있다. 삶의 통과 의례를 살펴봄으로써 종교적 세계관이 삶의 각 국면에 어떻게 작용하는지를 알 수 있다. 마술 의식은 이미 살펴보았지만 모방 마술과 전염 마술이 있고, 사악한 용도로 마술이 쓰여질 때 그것을 사술이라고 부르며, 사술을 사용하는 전문적인 마법사가 있음을 고찰하였다.

---

216) Arnold van Gennep, <u>The Rites of Passage</u>(Chicago : The University of Chicago Press, 1960), pp. 1–14.

5) 종교 지도력

종교 지도력은 크게 무당인 샤먼(Shaman)이 있고 전문적인 종교 행위에 종사하는 제사장이 있다. 샤먼은 세습 무당과 강신 무당으로 나누어지는데, 정령과의 특별한 유대 관계를 자랑하고, 정령의 힘을 빌어서 길흉화복을 점치고 예방하며, 때론 사술적 행위에 종사하는 일종의 마술사이다. 따라서 개인주의적이고 경험적인 측면과 능력을 강조하며 카리스마틱한 지도력을 가지고 있다. 제사장은 특정 계층을 사회에서 형성하고 있고, 세습적이며, 의무적으로 모든 종교 의례를 수행하는 전문적인 종교인이다. 따라서 제사장은 기존의 종교적 가치관의 수호자이며, 종교 의례의 집행인이요, 매우 보수적인 성향을 가지고 있다.

그러면 이런 다양한 종교적 하위 문화권에서 선교를 수행할 때, 종교인을 어떻게 복음화하며 기존의 종교를 어떻게 대할 것인가? 선교신학적인 고찰을 하자. 이미 개혁주의 신학의 바탕 위에서 종교에 대한 정의를 내렸지만, 일반 종교는 그 자체로는 구원에 이를 수 없다. 따라서 일반 종교인에 대한 선교적 책임이 교회에게 있는데, 교회는 이들을 어떻게 복음화할 것인가? 저자는 이 문제에 대하여 요하네스 바빙크의 엘렝틱스 이론을 선교의 모델로 소개하려 한다.

1 일반 종교의 복음화

　엘렝틱스 이론이란, 일반 종교 그 자체로는 하나님의 구원에 이를 수 없으나, 하나님께서 예비하신 복음의 접촉점이 있음을 확신하고, 일반 종교의 이교적 세계관을 철저히 파악하여 적절하게 하나님의 말씀을 증거할 때 그 말씀을 통해서 역사하시는 성령 하나님께서 일반 종교의 죄성을 드러내고, 사탄의 영향력을 제어하며, 중생의 역사를 일으켜서 참된 종교인 그리스도에게로 인도한다는 것이다. 이러한 성령으로 말미암는 엘렝틱스의 역사가 일어나기 위해서는 일반 종교의 이교적 세계관을 철저히 파악해야 하는데, 그러기 위해서는 종교사, 종교학, 종교현상학 등 종교 연구에 대한 모든 학문적 도구를 사용해야 한다는 것이다.[217]

　종교사는 종교의 기원, 발전 과정, 종교간의 상호 연관성을 연구하는 학문인데, 세속 종교 연구의 흐름을 파악하고 종교간의 혼합주의적인 경향을 파악할 수 있다. 종교학은 종교를 두 가지 방법으로 연구하는데, 학문적인 연구(Scholarly Approach)와 전제주의적 연구(Reductionalism)이다. 학문적인 연구란 어떤 전제 없이 객관적으로 연구하는 자세를 의미하고, 전제주의란 종교에 대

---

217) 이 이론은 네델란드의 개혁주의 선교신학자인 요하네스 바빙크가 그의 대작인 '선교학 개론'에서 주장한 이론으로, 요한복음 16장 8절에 근거해서 성령께서 선교 변혁의 주체로서 타 종교 속에서 죄를 드러내고 그 안에 죄인들을 회개케 하는 역사가 일어나는데, 이를 위해서 복음 전달자가 하나님이 예비하신 보통 은총으로서의 문화의 접촉점을 적극 활용하여 타 종교의 세계관을 파악하고 말씀을 적절하게 전함으로 성령에 의한 엘렝틱스가 일어나도록 하게 하라는 선교 변혁의 모델이다. See Johannes H. Bavinck, <u>An Introduction to the Science of Missions</u>, David H. Freeman, trans. (Phillipsburg : PRPC, 1979), pp. 221-272.

한 이론적 정의를 전제하고 이에 근거해서 종교를 연구하는 방법이다.

저자가 제시하는 엘렝틱스의 종교 연구는, 개혁주의 신학의 종교에 대한 분명한 성경적 전제를 가지고 모든 종교를 연구하되, 그 연구하는 방법은 학문적으로 공정하게 한다는 것이다. 이것이 바로 요하네스 바빙크의 종교를 연구하는 자세이다.

종교현상학은 종교적 세계관이 삶의 통과 의례 같은 종교 의례에 어떻게 반영되어 나타나는지 모든 종교 의식, 종교적 상징물의 의미, 교리 등을 연구하여 철저하게 종교적 세계관을 규명하는 일이다. 요하네스 바빙크는 이렇게 선교의 대상이 되는 일반 종교를 연구하여 세계관을 파악하는 일에 있어서, 현지 원주민 교회 지도자들의 역할을 매우 중요하게 여긴다. 모국 문화화의 과정을 겪은 현지인들만이 저들의 종교적 세계관의 실체를 분명히 파악할 수 있기에, 우선적으로 현지 교회의 지도력을 양성하고 저들을 하나님의 말씀으로 체계 있게 훈련을 시킬 때, 저들을 중심으로 엘렝틱스의 역사가 일어나고 현지에 토착 교회가 설립된다는 것이다.

바빙크는 또한 모든 일반 종교에 복음의 접촉점으로서 하나님의 예비하심이 있는데, 이것은 보통 은총의 기능이며 이것을 통해서 선교가 가능케 됨을 주장한다. 그는 이런 이론을 바탕으로 해서 다섯 가지의 종교의 자력점을 제시한다. 그것은 우주적인 관계(Cosmic Relationship), 종교적인 규범성(Religious Norm), 인간 존재의 수수께끼(Riddle of Their Existence), 구원의 갈망(Human Craving for Salvation), 실재 인식(Reality)이다.[218]

이것들을 복음의 접촉점으로 삼아서 타 종교에 대해서 엘렝틱스의 선교를 수행하라는 것이다.

② 중간 영역 세계관의 지역

이 지역에는 일신론적인 신 개념은 있지만, 오히려 중간적인 영적 존재들이 인간의 삶에 실제적인 영향을 미친다는 사상을 가지고 강력한 정령 숭배 사상과 심지어는 마술적 행위들이 일어나는데, 이런 지역에서 어떻게 선교의 사명을 수행할 것인가? 저자는 이미 중간 영역의 세계관을 다루면서 이 지역의 특성을 살피고 선교 방법을 논했지만, 좀더 구체적으로 살펴보자.

① 힘의 충돌에 관한 이해를 가지고, 반드시 이것이 복음의 수용성을 형성하게 하여, 진리 충돌의 단계로 이끌어 가야 한다.

② 중간 영역의 종교적 세계관은 단편적이고 불연속적인 것이 아니라 총체적이며 유기체적이고 순환론적이라는 사실을 인식하고, 성경적 세계관의 총체적이며 전인적인 변혁을 일으키되 엘렝틱스의 방법으로 선교 변혁을 수행한다.

③ 사탄의 실제와 악령들의 역사에 대한 영적 전쟁의 성경적 원리와 방법을 잘 숙지하고 영성을 개발하여, 능력 있는 영적 전쟁을 수행한다.

④ 경험이나 현상에 집착하려는 경향을 경계하고, 하나님의 말씀을 통한 전인적인 변화가 일어나도록 선교의 목표를 분명

---

218) Johannes Bavinck, The Church between the Temple and the Mosque(Grand Rapids : Eerdmans, 1966), pp. 32-33

히 한다.

③ 삶의 통과 의례

이것을 분석하여 종교적 세계관을 규명하고 신학적인 변혁뿐만 아니라 기능적인 변혁도 일으킴으로써 선교의 총체적이고 전인적인 변화가 일어나도록 해야 한다. 이렇게 될 때만 토착 교회가 현지의 문화에 뿌리를 내리고, 현지 문화에 성경적 세계관의 총체적인 변혁을 일으킬 수 있다. 만일 한 국면이라도 선교 변혁 대상에서 제외된다면 언제라도 혼합주의 현상이 나타날 수 있다는 가능성을 인식하고, 철저한 변혁을 수행해야 한다. 선교 변혁은 한 세대에 마무리되는 것이 아니라 적어도 삼대까지 긴장을 늦추지 말고 현지 교회를 중심으로 계속해서 이루어져야 진정한 토착 교회가 뿌리를 내린다는 사실을 기억해야 한다.

VIII. 교차문화 전달

문화가 서로 교차되는 상황에서 각기 다른 문화권에 있는 사람들이 서로 교류할 때, 문화의 세계관의 차이에 따라서 문화 오해가 생기고 서로간의 의사 소통에 장애가 있게 된다. 이로 인한 문화 오해는 이미 살펴보았지만, 윤리적이고 정서적이며 심지어는 신학적인 면에 이르기까지 오해를 낳게 되고, 이것은 의사 소통의 단절을 가져올 뿐만 아니라 아주 파괴적인 결과도 초래한다.

교차문화 상황에서 복음 전달자는 전달의 기본 과정을 숙지하고 바른 전달 방법을 사용하여 복음을 전하지 않으면, 복음을 전혀 전달할 수 없다. 만일 복음 전달자가 현지 문화에 무식하고 현지인의 세계관을 이해하지 못한 채 복음을 전한다면, 엄청나게 부정적인 결과가 나타나서 선교 사역을 파괴시켜 버릴 것이다.

저자는 교차문화 상황에서의 전달 과정을 세밀하게 살펴볼 것이다. 먼저 전달의 신학적인 기초를 살펴보고, 수신자 중심의 전달의 기본 원리를 고찰하며, 전달이 이루어지는 과정을 각 항목별로 구체적으로 분석해 보고, 그에 따른 선교신학적인 성찰을 자세히 제시할 것이다.

1. 전달의 성경신학적 원리

　　로버트 웨버는 전달의 신학적 근거를, 인간이 하나님의 형상으로 창조함을 받은 그 자체로 생각한다. 삼위 하나님의 형상으로 지음 받은 남자와 여자로서의 인간은 하나님과 교류하게 되어 있었고, 서로간에 교류하도록 지음을 받았다는 것이다.[1]
　　헨드릭 크레머도 동일하게 하나님께서 인간을 지으신 목적이 하나님과의 교류요, 이것은 하나님께서 인간에게 말씀을 하신다는 성경의 표현을 통해서 확인된다고 하였다. 크레머는 하나님과의 교류가 인간 교류의 근거가 된다는 사실을 레위기 19장 18절과 신명기 6장 4절과 5절을 들어 말하고 있다. 즉, 하나님을 전심으로 섬김이 이웃 사랑으로 나타나야 한다는 말씀이다.[2]
　　웨버는 하나님과 인간과의 교류를 논할 뿐 아니라 하나님은 그의 창조물인 피조 세계와 또한 교류하신다고 말하며, 그에 대한 근거로 시편 19편 1절로부터 4절과 로마서 1장 19절과 20절을 말하

---

1) 로버트 웨버, <u>그리스도교 커뮤니케이션</u> (서울 : 대한기독교출판사, 1985), pp. 63-76.
2) Hendrik Kraemer, <u>The Communication of the Christian Faith</u> (Philadelphia : The Westminster Press, 1956), pp. 14-17.

고 있다.[3]

　그런데 이러한 하나님과의 교류가 사탄의 반역과 인간의 범죄함으로 인하여 단절되었고, 이것은 궁극적으로 하나님이 창조하신 전 피조 세계가 그의 영광을 온전히 누리지 못하는 결과를 가져왔다. 하나님과의 교류 단절은 웨버가 지적하는 바처럼 사중의 교류 혼란을 초래했는데 그것은 하나님과의 교류 혼란, 인간 자신의 정체성 상실로 인한 자신과의 교류 혼란, 인간과 인간과의 교류 혼란 그리고 인간과 자연과의 교류 혼란이다.[4]

　이러한 사중적인 교류 혼란 속에서 하나님은 인간을 창조하신 원래의 목적을 성취하시기를 원하시므로, 히브리서 기자가 1장 1절과 2절에서 말씀하는 바처럼 구약에서는 선지자들을 통하여 말씀하셨고, 말씀이 육신이 되어 우리 가운데 오신 예수 그리스도를 통해 말씀하셨고, 이것은 크레머나 웨버가 말하는 바처럼 그의 구속 역사를 통해서 나타났고, 그의 기록된 계시의 말씀을 통해서 나타나는 것이다.[5]

　도날드 스미스와 필립 버틀러가 지적하는 바처럼 하나님과의 교류는 그분이 주도권을 가지고 있으며, 크레머가 주장하는 것처럼 기독교의 전달은 선택권이 아니라 하나님의 구속 의지에 기초한 선포적인 성격과 그에 따른 결과로 하나님의 은혜의 역사로 말미암아, 중생이 반드시 전제되어야 하는 것이다.[6]

---

3) 로버트 웨버, op. cit., pp. 71-76.
4) Ibid., pp. 112-120.
5) Kraemer, op. cit., pp. 19-21.
6) Ibid., pp. 22-33.

저자는 이런 신학적 관점에서 교차문화 상황에서의 선교를 통한 하나님과의 교류 회복을 목표로 한 전달 과정을 살펴보려 한다.

2. 전달의 기본 원리

교차문화 상황 속에서 이루어지는 복음 전달은, 문화적인 차이로 인하여 서로간에 오해가 없이 의사 소통이 이루어지도록 쌍방향의 의사 소통이 되어야 하고, 무엇보다 수신자 중심의 전달 (Receptor's Oriented Communication)이 되어야 한다. 수신자 중심의 전달은 전달의 메시지가 상대방에게 정확히 전달되는 것으로 초점이 모아지는데, 이것은 복음을 선포해야 하는 복음 전달자에게 있어서 가장 기본적인 자세이다. 저자는 이런 측면에서 크라프트가 제시하고 있는 수신자 중심의 10가지 기본적인 전달 원리를 살펴보려 한다.

(1) 전달의 목적은 메시지를 이해하도록 하는 것이다[7]

복음 전달자가 전하는 복음 메시지가 전달자의 의도와는 전혀

---

7) Kraft, <u>Christianity in Culture</u>(Maryknoll : Orbis, 1984), p.147.

상관없이 완전히 다른 의미로 수신자에게 받아들여진다면, 그것처럼 황당하고 기가 막힌 일은 없을 것이다. 돈 리차드슨이 이리안 자야의 사위 부족에게 복음을 전했을 때, 그들은 예수님보다 가룟 유다를 더 중요한 인물로 보고 그를 높이 평가하는 기현상이 일어났다. 그 이유는, 저들이 처해 있는 사회 환경이 항상 주변의 적대적인 종족과의 전쟁의 위험을 느끼고 또한 전쟁을 종종 해야 하는 척박한 상황 속에 있었기에, 가룟 유다처럼 감쪽같이 그의 주인인 예수님을 속이고 또한 그를 팔아 넘기는 그런 교활성이 생존을 위한 지혜처럼 여겨졌기 때문이었다. 따라서 이런 극단적인 상황이 벌어지지 않도록 복음 전달자는, 전달의 대상이 되는 문화권에 적절한 표현과 전달 방식을 사용하고, 수신자에게 전달자의 의도대로 메시지가 제대로 전달되는지를 항상 살펴보아야 한다.

(2) 수신자가 메시지를 어떻게 이해하느냐가 중요하다[8]

여기서 전달자가 전달하는 메시지는 단순히 음성 언어 형태만 있는 것이 아니라, 유사 언어인 묵음도 있다. 상대방의 문화권에 있는 사람들이 전혀 이해하지 못하는 제스쳐를 하거나 어떤 비유를 든다면, 메시지는 제대로 전달되지 않을 것이다.

예를 들어 열대 아프리카에 살고 있는 사람들에게 메시지를 전할 때 죄가 흰 눈처럼 희어진다는 은유적 표현을 한다면, 저들은

---

8) Ibid., p. 148.

일생에 한 번도 흰 눈을 본 적이 없기에 그것이 무엇을 의미하는지 잘 이해하지 못할 것이다. 오히려 이런 경우에는 죄가 양의 흰 털처럼 희게 씻김을 받는다고 표현하면, 저들은 복음 전달자의 메시지의 의미를 이해할 수 있을 것이다.

또한 미국에서 어느 특정한 사람을 가리켜서 한쪽 손가락을 꼿꼿이 치켜 세워 지적한다면 이것은 큰 모욕인데, 한국의 설교자가 미국 교회에서 설교할 때 자신도 모르게 회중을 향해 한쪽 손가락을 치켜 세우는 제스쳐를 하면서 설교하였다면 이것은 큰 모욕으로 받아들여질 수 있을 것이다.

이런 의미에서 메시지를 전할 때, 그 문화권에 적절한 표현과 전달 양식으로 전해야만 메시지가 바로 이해되어지는 것이다.

(3) 수신자가 이해할 수 있는 문화 형태로 해야 한다[9]

이것은 2의 연장으로, 수신자가 이해할 수 없는 문화 형태를 사용하거나 의미가 전혀 다른 문화 형태를 사용한다면 메시지는 완전히 왜곡된다는 것이다. 예를 들어 이미 언급하였지만, 흰 눈을 한 번도 본 적이 없는 아프리카 사람들에게 흰 눈의 언어 형태를 사용한다면 그들은 전달자의 메시지를 제대로 이해하지 못할 것이다. 이런 경우에는 그들이 이해할 수 있는 흰 양이라는 표현을 사용해야 한다.

---

9) Ibidem.

또한 미국에서 메시지를 전할 때 무릎을 꿇고 엎드려 기도하는 자세의 중요함을 언급했다면, 이것은 미국인에게 전혀 이해가 되지 않는 기도의 자세이다. 왜냐하면 저들은 의자 문화권에 오랫 동안 적응되어 살았기에, 기도를 하기 위해서 장시간 무릎을 꿇고 엎드려 있는 것은 신체적으로 견딜 수 없는 고역이기 때문이다. 이런 경우에는 의자에 앉아 무릎을 가지런히 모으고 기도하는 자세를 언급해야 한다.

(4) 메시지는 수신자 지향적이어야 한다[10]

전달자는 메시지를 전달할 때, 수신자가 메시지를 제대로 이해하고 있는지를 끊임없이 점검해야 한다. 메시지를 전달하면서 수신자를 의식하지 않고 일방적으로 메시지를 전달한다면, 그 메시지가 수신자에게 전달자의 의도대로 전달이 될 확률은 교차문화 상황일수록 낮아지고, 실제로 통계상 30% 정도만 전달이 되어도 성공적인 전달이라고 한다.

이렇듯이 일방적인 전달과 수신자의 상태를 고려하지 않는 전달은 전달의 목표를 이룰 수 없을 뿐 아니라, 수신자의 세밀한 문제점을 알아서 저를 변화시키는 변혁의 결과가 나타나지 않고 기계적인 관계가 되며, 외식적인 결과를 초래한다. 특히 교차문화 상황에서 수신자의 메시지 이해를 항상 점검하지 않는다면, 혼합주

---

10) Ibid., pp. 148-149.

의가 발생할 위험성이 높다.

(5) 메시지가 적절한 자극을 불러일으켜야 한다[11]

메시지가 전달되어질 때 수신자가 익숙해 있는 전달 매체를 사용한다면 전달의 큰 효과를 가져올 수 있다. 예를 들어 북쪽 산악지역에 살고 있는 태국의 산지족들은 그림 그리기를 좋아하고 그림을 통해서 메시지를 전달하는 습관을 가지고 있는데, 이런 경우에 선교사가 그림이라는 전달 매체를 사용해 복음 메시지를 전달한다면, 수신자에게 자극을 일으키고 메시지 전달에 있어서 효과가 크다.

초대 한국에서의 선교시에 미국 북장로교 선교사들은, 네비우스 정책의 영향을 받기도 했지만, 한국 교인들을 훈련시킬 때 성경을 암송하는 훈련을 시켰는데, 이것은 한국 문화권에서 익숙한 교육 방법으로서 한국 교인들에게 적절한 자극을 주고 메시지의 전달 효과를 높였다. 또한 아프리카나 남미의 교인들은, 예배를 드릴 때에 말씀에 화답하거나 대중이 큰 제스쳐와 온 몸을 율동적으로 움직이면서 찬송을 부르는데, 이것은 저들의 문화권에서의 익숙한 감정의 표현이요 전달 매체이기에, 이것을 이해하고 메시지를 전달할 때 전달 효과가 나타나는 것이다.

---

11) Ibid., p. 149.

(6) 메시지는 인격 대 인격의 바탕에서 전해져야 한다[12]

전달은 일반적으로 세 가지 형태로 이루어진다. 그 세 형태는 개인과 개인의 대면 전달, 그룹 전달과 대중매체 전달이다. 대면 전달에서 그룹 전달과 대중매체 전달로 나아갈수록 전달의 효과가 반감되는데, 가장 중요한 원리는 전달이 인격적인 차원에서 이루어져야 한다는 것이다. 인격과 인격의 만남 속에서 전달의 효과가 극대화되므로 전달자는 항상 이것을 점검해야 한다.

예를 들어 보자. 공산권이나 회교권을 대상으로 선교 방송을 실시할 때, 이것은 대중매체를 사용하여 복음을 전달하는 것이다. 전달의 효과가 극대화되기 위해서는 반드시 대면적인 접촉을 통한 점검이 있어야 한다. 이 일을 위해서 메시지에 반응을 나타내는 사람들을 찾아 내어, 현지에 사람을 보내어 이들을 접촉케 하고 후속적인 양육이 이루어지지 않는다면, 전달의 효과는 반감될 것이다.

그룹 전달에 속한 강단에서 회중을 대상으로 목회자가 설교를 할 때, 목회자는 반드시 교인들을 설교 이후에 목회 사역의 연장선 위에서 대면적인 접촉을 가져야 한다. 이것은 교인들의 가정을 방문하거나 개인적인 면담을 통한 인격적인 접촉의 과정을 통해서 이루어지는데, 이렇게 될 때 설교를 통한 복음 전달의 효과가 극대화된다.

---

12) Ibidem.

(7) 전달자, 메시지, 수신자가 같은 문화 구조 속에 있어야 한다[13]

전달자와 수신자가 모두 동일한 문화권에서 서로가 충분히 이해할 수 있는 전달 매체를 사용하여 메시지를 전달한다면, 전달의 효과는 극대화된다. 전달자의 음성 언어나 묵음 언어 그리고 전달자의 메시지에 담겨 있는 각종 비유들이 수신자의 공감대를 충분히 형성하고, 수신자가 메시지를 이해하는 데 아무런 장애가 없다면, 메시지 전달의 효과는 그만큼 극대화될 것이다.

이런 점에서 타 문화권에서 복음을 전달하는 선교사는 현지 문화를 익히며 반드시 현지 언어와 묵음 언어까지 파악하고, 이것이 익숙해지도록 하는 가운데 현지인들에게 메시지를 전달해야 전달의 효과를 가져올 수 있다. 만일 현지 언어 익히는 과정을 생략하고 현지인 통역을 사용해서 메시지를 전달하려고 하면 문화적 차이에 따른 간격이 있으므로, 현지인 통역이 아무리 우수한 통역자라고 할지라도 전달자의 의도를 충분히 문화권의 간격을 뛰어 넘어서 전달할 수 없는 것이다.

---

13) Ibid., pp. 149-150.

(8) 전달자가 믿을 만한 사람으로 인식되어야 한다 [14]

 전달자가 전달의 대상이 되는 문화권의 사람들에게 하나님의 종으로 보이지 않고 약탈자나 군림하려는 폭군처럼 보인다면, 전달의 효과는 급격히 반감되어질 것이다. 선교 현지에서 선교사가 현지인들에게 어떤 사람으로 인식되어야 하는지는 복음 전달에 있어서 매우 중요하다. 이 말은 전달자 자신이 메시지의 일부가 된다는 사실이다.

 제임스 엥겔은 기독교 전달의 일곱 가지 원리를 제시하면서, 그 중에 세 번째 원리로서 전달의 주체가 되는 교회가 바로 메시지 자체가 된다고 하였다. 이것은 동일한 원리이다. [15]

 목회선상에서도 목회자가 교인들에게 어떤 사람으로 인식되는지를 점검하는 일은 매우 중요하다. 만일 목회자가 교인들에게 존경받는 목사님으로 인식되지 않고 거짓말하는 사람이나 믿을 수 없는 사람으로 인식된다면, 그 목회자를 통한 메시지 전달은 실패로 돌아갈 것이다.

---

14) Ibid., p. 150.
15) James F. Engel, <u>Contemporary Christian Communication</u> (Nashville : Thomas Nelson, 1979), p. 314.

(9) 메시지가 수신자의 삶과 직접 관련이 있어야 한다[16]

도시에서 목회하던 목회자가 시골에 가서 사경회를 인도할 때, 만일 시골 사람이 전혀 이해할 수 없는 골프 치는 이야기나 스키를 타는 비유를 들면서 교인들의 여가 활동에 대해서 말한다면, 그것은 메시지 전달에 있어서 시골 교인들의 삶과 어떤 연관성도 없기에 실패이다.

동일하게 타 문화권 상황에서 선교사가 메시지를 전달할 때 자신의 모국에서 익숙한 비유를 들며 메시지를 전달하면, 선교 현지의 사람들에게는 전혀 이해되지 못하는 경험이기에 그만큼 메시지의 전달 효과는 경감되어진다. 따라서 전달자가 메시지를 전달할 때는 수신자의 삶에서 경험이 되어질 수 있고 공감할 수 있는 메시지를 전달하도록 노력해야 한다.

공단에서 힘들게 노동하는 근로자들에게 복음 전달자가 메시지를 전할 때에는 저들의 형편에 맞게 소망과 위로의 메시지가 전달되어야지, 만일 축복과 나눔과 번영의 메시지만 전달한다면, 근로자들의 삶과 관련이 없는 주제이기에 그만큼 메시지의 전달 효과는 떨어질 것이다.

---

16) Charles Kraft, op. cit.

(10) 수신자가 전달자와 어떤 공통 분모가 있어야 한다[17]

이것은 ⑨의 연장 위에서 이루어지는 것으로, 전달자의 메시지가 수신자에게 충분한 공감을 주는 친숙하고 또한 평상시 생각하던 문제점들을 끄집어 내어 전달되었다면, 전달의 효과는 극대화된다.

예를 들면 북한인들에게 복음을 전할 때, 현실적으로 북한 체제에 대한 반감이 있고 김정일에 대한 불신이 있다고 하더라도, 저들의 의식 가운데 김일성에 대한 존경과 경외감이 있는데, 이것을 처음부터 부정하고 김일성을 비난하고 공격하는 태도로 복음을 전하면, 복음에 수용성이 있는 북한인들이라고 할지라도 복음 메시지를 거부하는 결과를 가져올 수 있다. 이때에는 김일성의 자서전에 언급된 일곱 개의 교회에 대한 김일성의 회고를 상기시키면서, 길림교회 시무 손정도 목사가 김일성의 생명을 구원하였으며, 이를 김일성이 감사하는 마음을 가지고 있었다는 사실에서부터 메시지를 시작한다면, 메시지 전달에 어떤 공통 분모를 형성하면서 쉽게 메시지를 전달할 수 있다.

중국에서 떠돌며 생존을 위해서 필사적인 몸부림을 치는 북한 탈북자들에게, 국가가 왜 식량 배급을 중단했으며 외부에서 들어가는 식량 배급이 일반 서민들에게 돌아가지 않고 사상성이나 체제 유지를 위해서 고급 당원이나 군인들에게 우선적으로 빼돌려진

---

17) Ibidem.

다는 것을 그들이 이미 알고 있다는 사실을 상기시키면서, 저들이 분노하고 절망하는 그 상황에 대해서 공감대를 표시한다. 이후에 공산주의 이념이라는 것이 일반 서민을 포기하고 권력자들만을 위해서 존재하는 것인가를 반문하며, 공산주의 이념이 인간성을 변화시키지 못하고 오히려 인간성을 말살하며 소수의 권력 집단을 옹호하는 이데올로기로 전락될 때 그것은 아무런 의미도 없는 사상이라는 것을 확인시켜 준다.

이렇듯이 북한인들이 느끼고 있는 문제점들을 끄집어 내어 함께 공감대를 표시하고, 거기서부터 저들의 기존 가치관의 허구를 확인시키고 복음을 소개한다면, 복음의 전달 효과는 극대화될 것이다.

3. 전달의 실제 과정

교차문화 상황 속에서 복음 전달자가 복음을 전할 때 어떤 전달의 과정이 일어나는지 이것을 구체적으로 살펴보자. 정보 통신 분야나 컴퓨터공학에서 사용되어지는 인공두뇌학의 모델인 사이버네틱 모델이 일반 전달학자들에게 전달의 실제 과정을 규명하는 모델로서 대중적으로 사용되는데, 이것을 활용하여 전달 과정을 살피자. 사이버네틱 모델은 인간 신경망과 전자 정보 기구를 상호 비교하며 연구하는데 여기에는 송신자(전달자), 수신자, 통로(Channel), 기호(Code), 기호 입력(Encoder), 기호 해독(Decoder), 잡음(Noise), 피드백(Feedback) 등이 있다.[18]

이것을 교차문화 상황에서의 복음 전달 과정에 그대로 적용하여, 어떻게 복음 전달이 이루어지는지를 고찰하자. 이 모델을 사용하여 전달 과정을 연구한 선교학자로는 데이비드 헤셀그레이브와 찰스 크라프트 그리고 제임스 엥겔 등이 있다. 먼저 헤셀그레이브가 사용하고 있는 이 모델의 전달 과정 그림을 살펴보자.

전달 과정표[19]

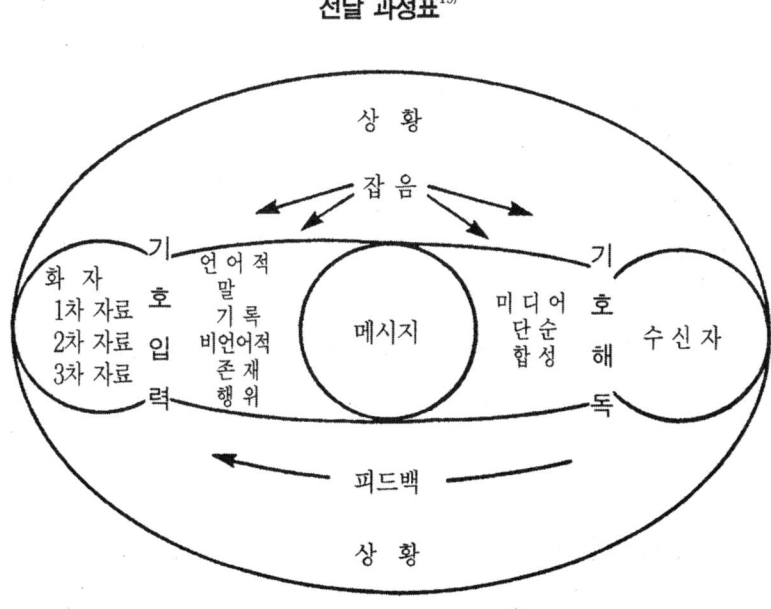

---

18) Hesselgrave, Communicating Christ Crossculturally, p. 40.
19) Ibid., p. 51.

(1) 화 자

복음 전달자에게 있어서 화자는 삼중 구조로 되어 있는데, 1차 자료는 복음 전달자가 가진 하나님의 말씀 자체이다. 복음 전달자는 하나님의 말씀을 전하는 데 있어서 최선을 다해야 하며, 말씀의 메시지를 전달함에 있어서 조금도 그 의미가 손상되거나 변질되어서는 안 된다.

2차 자료는 복음 전달자 자신의 문화적 영향력과 가치관이다. 복음 전달자가 메시지를 전달함에 있어서 자신의 문화적 기호나 편견이 뒤섞여서 전달되지 않도록 최선을 다해야 한다. 만일 복음 아닌 다른 것이 메시지와 함께 제시되어서 수신자의 문화권에 부정적인 영향력을 끼치게 되면, 그것은 선교에 큰 지장을 초래한다.

3차 자료는 현지 원주민들의 문화적 가치와 세계관의 영향력이다. 선교사가 현지 문화를 배우고 현지인들의 세계관을 익힐 때, 자신도 모르게 현지 문화의 영향력에 노출되어서 복음 메시지를 혼잡케 하는 불상사가 일어날 수도 있다.[20]

(2) 기호 입력

화자가 전달하는 메시지가 수신자에게 이해되기 위해서는 수신

---

20) Ibid., pp. 42-44.

자의 문화 기호로서 입력되어야 한다. 여기에 사용되는 것이 부호 (Sign)와 상징(Symbols)이다.

부호는 문화 속에서 특정한 사물, 사건, 여건 등의 존재를 지적하는 기능을 하고, 상징은 상황과 상관없이 문화 속의 다양한 개념을 지정하고 조절하는 역할을 한다.

상징에는 네 가지 종류가 있는데 순수 상징, 성상 상징(Iconic Symbol), 논증 상징(Discursive Symbol), 표상 상징(Presentational Symbol)이 있다. 순수 상징은 관념적인 개념을 의미하며, 성상 상징은 십자가처럼 그 형태 속에 의미도 함께 내포되어 있는 경우이고, 논증 상징은 언어적인 개념화를 의미한다. 표상 상징은 감동적인 예술의 영감이나 감흥 등을 개념화한 것이다.[21]

화자는 그가 전달하는 메시지에 이러한 부호와 상징을 도구로 사용하여 수신자에게 메시지를 전하게 된다. 그런데 복음 전달자가 현지 문화권의 부호나 상징을 알지 못한다면, 어떻게 메시지를 전할 수 있겠는가? 바로 여기에 타 문화권 속의 복음 전달자가 수신자의 문화와 세계관을 철저히 파악해야 할 이유가 있다.

(3) 언어와 비언어 기호들

언어 기호는 언어적 상징으로 나타나는 것으로서, 언어에 있어서 프랑스의 언어학자인 소쉬르의 랑그(Langue)와 파롤(Perole)

---

21) Ibid., pp. 45-46.

의 기능을 잘 파악해야 한다. 랑그는 언어를 통시적으로 연구하는 것으로 주로 문법적인 체계, 어원 등의 언어 기능이다. 파롤은 언어를 공시적으로 연구하는 것으로 언어가 가진 생명력과 상황에서 비롯되는데, 관용구적인 표현 등이 여기에 속한다.[22]

비언어 기호는 크게 세 가지로 구분되는데 묵음 언어(Silent Language), 보편 언어(Universal Language), 인상의 투사(Image Projection)가 있다. 묵음 언어는 몸동작, 제스쳐, 시간·공간에 따른 행동 등이고 보편 언어는 음악, 예술, 그림 등을 의미하며 인상의 투사는 인격, 평판, 신뢰를 의미한다.[23]

타 문화권의 복음 전달자는 언어를 배울 때 파롤의 기능을 주목해야 한다. 현지인들에게 통용되는 표현으로서 주로 구어체이고 현지인들의 희로애락이 담겨 있기에, 단순히 문법적인 언어 공부만 가지고는 안 되며, 현지 사람들과 생활 공간에서의 언어 표현을 익히도록 노력해야 한다. 이렇게 될 때 현지인들의 마음을 깊이 이해할 수 있으며, 현지인들의 심금을 움직일 수 있는 생명력 있는 표현을 구사하게 되어, 복음을 능력 있게 전할 수 있다.

비언어 기호에 있어서 음성 언어는 발달되지 않고 보편 언어가 정교히 발달된 문화권이 있다. 이런 문화권에서는 복음 전달자는 음성 언어를 가지고 복음을 전달하기보다 춤, 그림, 음악 등을 이용하여 복음 메시지를 전달하면 오히려 전달 효과가 더 크다. 다

---

22) Anthony C. Thiselton, "Semantics and New Testament Interpretation" in New Testament Interpretation, I. Howard Marshall, ed. (Grand Rapids : Eerdmans, 1987), pp. 88-89.
23) Ibid., pp. 47-48.

만 여기서 조심할 것은 이런 보편 언어의 형태 속에 이교적 종교 의미가 숨어 있어 잘못 사용하면 오히려 혼합주의적 부작용이 일어날 수 있다는 것이다.

복음 전달자가 현지 문화권에서 통용되는 묵음 언어를 잘 이해하지 못하고 본국에서 사용되던 묵음 언어를 그대로 전달하면 어떤 일이 벌어지겠는가? 제임스 엥겔은 이에 대한 재미있는 실례를 들고 있다.

빌리 조라는 미국인 목사가 태국에 가서 태국 교인들에게 말씀을 전할 때, 그는 미국의 신학교에서 실천신학 시간에 배운 대로 메시지의 강조해야 할 부분에서 손가락질을 하며 청중을 가리켰다. 그런데 태국에서 이런 행동은 큰 모욕이 되는 행동이었다. 이것은 태국 교인들에게 찬 물을 끼얹는 것과 같은 무도한 행위로 비쳐진 것이다.[24]

이렇듯이 선교사는 현지의 묵음 언어에도 익숙해서, 메시지를 전달할 때 불필요한 오해가 생기지 않도록 하고, 메시지 전달에 최대의 효과를 내도록 해야 한다.

(4) 메 시 지

메시지 전달에 있어서 선교사 자신의 부호와 상징 그리고 선교

---

24) 제임스 엥겔, 정진환 역, 당신의 메시지는 전달되고 있는가?(서울 : 조이선교회, 1991), pp. 105-106.

304 선교와 문화

현지 문화권의 부호와 상징이 완전히 다르다는 사실을 인식하고, 현지의 부호와 상징을 파악하고 특히 묵음 언어의 미묘함까지도 구별할 수 있기까지는 메시지 전달을 삼가하고, 현지 문화를 익히기 위해 총력 질주하는 것이 필요하다. 바로 이런 기간을 견습 선교사의 기간이라고 한다.

(5) 미디어

메시지를 담고 있는 전달 매체는 수신자의 문화 매체로서 나타난다. 윌버 쉬람은 네 가지 종류의 미디어를 소개하고 있는데 다음과 같다. 1차 생성 미디어는 차트, 지도, 그래프, 기록된 자료 등이 있고, 2차 생성 미디어로서 교과서, 작업 일지, 시험 등이 있다. 3차 생성 미디어는 사진, 슬라이드, 필름, 영화, 레코드, 텔레비젼, 라디오 등이고, 4차 생성 미디어로는 프로그램화된 교육, 언어 연구소, 전자 디지털 방식의 텔레비젼 등이 있다.[25] 데이비드 헤셀그레이브는 이것을 크게 요약하여 두 가지로 나누는데, 단순 매체(Simple Media)와 합성 매체(Syndetic Media)가 있다. 저자는 미디어를 정교히 분류하는 쉬람의 방법이 타 문화권 선교에 있어서 더 큰 도움이 된다고 생각한다.

다양한 문화권 속에서 미디어의 종류는 다양하다. 어떤 문화는 전달 미디어가 주로 춤이나 북소리로 나타나기도 하고, 또 어떤 문

---

25) Wilbur Shramm quoted by Hesselgrave, op. cit., p. 49.

VIII. 교차문화 전달 305

화는 미디어가 연극이나 의식으로 나타나기도 한다. 메시지를 전달함에 있어서, 복음 전달자는 현지의 대중적인 미디어를 잘 분별하여 사용함으로 전달의 효과를 극대화하고, 또한 미디어에 포함되어 있는 이교적인 의미를 잘 분별하여, 메시지가 혼합주의의 함정에 빠지지 않도록 조심해야 한다.

(6) 피드백

전달자는 메시지가 수신자에게 제대로 바로 전달되고 있는지를 항상 점검해야 한다. 전달이 바로 될 때에 엘렝틱스의 결실이 나타난다. 피드백은, 전달의 모든 과정을 세밀히 살펴보고 메시지의 오해가 없는지 잡음이 없는지를 살피고 원인을 규명하여 전달이 바로 이루어지도록 감독하는, 일종의 확인 기능이다.[26]

전달이 오랫 동안 진행되었는데도 청중에게 변화가 없고 영적 성장이 없다면, 그것은 전달에 무엇인가 문제가 있다는 사실을 암시하고 있는데, 피드백은 그것을 규명하게 된다. 원인을 규명함에 있어서 기억해야 할 것은, 이것이 단순히 기술적인 문제로만 일어나지 않고 영적인 원인이 있으며, 초자연적 요소가 작용할 수 있다는 사실을 염두에 두어야 한다.

---

26) Ibid., pp. 50-52.

(7) 잡 음

메시지의 전달을 방해하는 모든 요소들을 잡음이라고 할 수 있다. 잡음이 생기는 원인에는 부호와 상징의 차이, 잘못된 미디어 사용, 화자의 영적 상태, 전달자 자신의 묵음 언어의 잘못된 사용, 전달자 자신의 잘못된 인상 투사 그리고 환경적 요소들이 있다. 환경적 요소는 일반 환경적 요소와 영적 환경적 요소가 있다.

일반 환경적 요소는 수신자의 문화권의 지정학적 상황, 복음에 적대적인 정도 등을 의미한다. 영적 환경적 요소는 중간 영역의 세계관 지역에서의 사탄의 영향력, 악령의 활동 정도 등이다. 그런데 최근 기독교 21세기 운동에서 나타나는 지역 악마 개념이나 영적 지도 그리기 개념 등은 영적 환경을 규명하는 시도로 긍정적으로도 볼 수 있으나, 그 신학이 잘못되어 있고 극단적인 면이 있기에 경계해야 한다.[27]

잡음은 말씀 전달을 방해하고 영적 성장을 지체케 만드는 요인이기에, 반드시 원인을 규명하여 잡음을 최대한도로 제거해야 한다.

---

27) 영적인 문제만 해결하면 잡음은 자동적으로 해결될 것이라는 승리주의적이며 낙관적인 신학적 사고가 있는데, 특히 하나님의 구원 역사의 전인성과 총체성을 인식하고 신학의 균형을 취할 필요가 있다. 영적인 문제로 부각되는 것은 지역 악마의 존재이다.

(8) 기호 해독

　수신자 중심의 전달에 있어서 전달자가 수신자의 기호에 메시지 의미를 담아서 이것을 바르게 전달하면, 수신자는 자신의 기호를 통해 자신에게 익숙한 미디어가 사용되어 메시지가 전달되어 왔기에 이것을 바르게 해석할 수 있다. 이 과정을 기호 해독의 과정이라고 부른다. 이것을 좀더 구체적으로 살피면 수신자가, 전달자가 전한 메시지에 담겨 있는 기호의 의미, 형태, 용도, 상징 등을 분별하고 파악하여, 메시지의 의미를 이해하는 일이다.

(9) 환 경

　전달이 이루어지는 시간과 공간의 영역 안에 있는 모든 것을 환경이라고 할 수 있는데, 일반적으로 문화적 환경을 말한다. 문화는 이미 살펴보았지만 그 안에 정치, 경제, 언어, 교육, 종교 등 다양한 하위 문화가 있다. 여기서 문화의 핵심은 세계관이며, 그 세계관은 문화의 모든 영역 속에 나타나고 있지만 특히 종교 속에 가장 함축적으로 나타난다. 저자는 'Ⅶ. 문화 연구'에서 문화의 특성과 교차문화 상황과 문화의 각 하위 문화와 특히 세계관을 고찰하였다. 전달자는 수신자의 문화권에서 복음을 바로 전하기 위해서, 수신자의 문화 상황 특히 세계관을 파악해야 한다. 이렇게 될 때 비로소 복음 전달자의 자격이 갖추어진다.

IX. 연구 조사 방법

　복음 전달자가 타 문화권에서 선교 사역을 수행하게 될 때, 현지의 문화를 되도록 빠른 시일 내에 파악하고 적응하여 복음을 전달하는 데 자격을 갖춘 일꾼이 되도록 자신을 준비해야 한다. 또한 선교 전략가는 복음 전달의 대상이 되는 다양한 문화권을 분석하고 파악하여, 효과적인 복음 선교의 방법을 강구하고 전략을 수립하게 된다. 저자는 타 문화권에 들어가서 그 문화를 목적을 가지고 연구하는 기술적인 방법들을 소개하려 한다.
　이미 세부적인 것은 'Ⅶ. 문화 연구'에서 살펴보았기에 여기서는 특히 문화인류학자들이 주로 사용하는 참여적 관찰 방법 및 일반적인 조사 방법을 간략하게 소개하려 한다.

1. 참여적 관찰 방법

문화 연구는 생명력 있는 문화를 대상으로 한 것이기에 단지 서재에서 이론적인 것만으로는 연구를 수행할 수 없다. 따라서 문화 인류학자들은 문화를 연구함에 있어, 연구의 대상이 되는 문화권에 직접 들어가서 일정한 기간을 그 문화권의 사람들과 함께 머무르면서 문화를 직접 체험하여 그 의미를 현장에서 규명하고, 문화에 대한 총체적인 이해를 도모한다.[1]

이것은 참여적 관찰 방법이라고 할 수 있는데, 여기에는 통시적이고 공시적인 연구가 요청된다. 즉, 연구의 대상이 되는 문화권이 과거에 어떤 역사적 배경 가운데서 형성되었으며, 그 지정학적인 위치와 그에 따른 생존의 과정과 문화 변혁의 과정을 연대기적으로 추적하여, 문화의 발전 과정을 이해하는 것이다. 이것을 통시적 연구 방법이라고 할 수 있다.

공시적 연구 방법은 현재의 문화 구조를 세밀히 분석하여, 문화의 세계관이 무엇이며 이것이 각 하위 문화에 어떻게 영향을 주고 있으며 문화 변혁의 조짐이 있는지를 살펴보는 일이다.[2]

---

1) 이러한 관찰을 수행함에 있어서 제일 중요한 것은 자기 자신을 문화에 적응시키며 문화의 의미를 현장에서 파악하는 것이지만, 객관적이 되기 위해서 일정 기간의 간격을 두는 기술적 훈련이 필요하다고 러셀 버나드는 주장한다. See H. Russel Bernard, <u>Research Methods in Anthropology</u>(Walnut Creek : Altamira, 1995), pp. 136-137, 153-154.
2) Grunlan & Mayers, op. cit., pp. 236-237.

참여적 관찰 방법에는 두 가지 방법이 사용되는데, 종족 연구법(Ethnomethodologies)과 통계학적 연구법(Statistical Methodologies)이다.[3]

이것을 좀더 세부적으로 살피면, 종족 연구법에서는 종족에 관련된 모든 자료들을 모으는데 일반적 정보, 문화 구조, 사회의 각 하위 문화, 세계관, 사회 변화, 인구학적 연구 등을 통하여 종족지를 만든다. 이때 모든 단계마다 참여적 관찰이 요구되는데, 관찰 방법으로는 서술적 관찰(Descriptive Observation), 집중 관찰, 선택 관찰 등이 있고, 각 관찰 때마다 이것을 정리하는 기술이 요구되는데 크게 네 가지 형태가 있다. 그것은 흩어 쓰는 것, 일기 형식, 주제별 정리, 현장적 · 방법론적 · 묘사적 · 분석적 기록 등이다.[4]

통계학적 연구법은 사회학에 있어서 모든 연구 조사 방법들을 활용하는 것인데 설문지, 면담, 각종 사회 변동 요소들에 대한 수리적인 통계표 작성 등이다.[5]

참여적 관찰은 이런 과정들을 적극 활용하여, 현장에 있으면서 모든 자료들을 상호 비교하고 분석하여 문화에 대한 총체적인 이해를 도모하고, 이를 통해 문화의 건전한 변혁을 유도한다. 복음 전달자는 선교적 변혁을 수행하는 것이다.

---

3) Ibid., p. 237.
4) Bernard, op. cit., 181-191.
5) 버나드는 이 부분을 또한 집중적으로 소개하고 있다. See Ibid., pp. 208-288.

2. 일반적인 조사 방법

여기에는 크게 네 가지 방법이 있는데 문헌 조사, 참여 관찰, 비참여 관찰, 면담 조사 등이 있다.[6] 이 방법들은 각기 따로 사용되는 것이 아니라, 모두 함께 사용되어서 연구 조사가 이루어지게 된다.

문헌 조사는 특정 문화와 종족에 관한 모든 문헌학적 자료들을 연구하는데, 조사자의 거주지와 조사 대상이 되는 현지에서 아울러 수행할 수 있다. 최근에는 인터넷을 활용하여 자료을 입수하는 방법도 있다. 문헌 조사가 이루어지는 장소로는 도서관, 인간학이나 민속학과 연관된 대학의 전문 연구소, 국가 기관의 지역 및 종족 연구소 등이다.

참여 관찰에 대해서는 이미 논했기에 여기서는 생략한다.

비참여 관찰은 현장에 가 살면서 문화를 연구하지 않고, 문화권 밖에서 되도록 문화를 객관적으로 연구하려는 시도이다. 이것은 현지 문화에 대한 영향을 받지 않으면서 현지 문화를 객관적으로 외부자의 시야로서 연구할 수 있는 장점이 있으나, 문화의 심층 구조인 세계관과 문화의 상징적 매체들 그리고 문화 의미들을 세밀하게 파악하는 데 상당한 제약이 있다.

면담 조사에는 크게 세 가지의 방법이 있는데, 조직화된 공식적

---

6) Grunlan & Mayers, op. cit., pp. 240-241.

면담(Formal Interview)과 조직화되지 않은 비공식적 면담(Informal Interview) 그리고 투사 심리 검사(Projective Survey) 등이 있다.

조직화된 공식적 면담에는 녹음기, 설문지 등을 사용하게 되는데 귀납적 질의서, 논증, 계층, 연령, 기호, 개인사, 필요, 희망 등 설문자의 의도에 따라 미리 준비되어진 다양한 질문을 함으로써 조사하는 방법이다.[7]

비공식적 면담은, 면담 대상인 상대방에게 전혀 면담을 한다는 인상을 주지 않고 면담자가 의도하는 대로 대화를 유도함으로써 대상자가 아무런 부담을 느끼지 않고 자유롭게 자신의 깊은 마음을 열게 하여 조사하는 방법이다. 이 방법을 사용할 때에는 반드시 사전에 질문할 것을 철저히 준비하여 조직적인 조사가 되어야 하며, 면담 대상자도 미리 파악하여 선정해야 한다. 또한 자유로운 분위기 속에서 이루어지는 제한된 상황 속에서의 비공식적인 조사이기에, 면담 대상자에 의해 받은 정보가 정확한지를 여러 사람들과의 비공식적 면담을 통해서 확인해야 한다.[8]

저자의 경험으로는 특히 창의적인 접근 지역에서는 비공식적 면담이, 선교의 대상이 되는 사람들을 연구할 때 가장 연구 효과가 높은 방법이다. 저자는 중국의 동북 지역에서 북한인들을 대상으로 구호 및 선교 사역을 수행할 때 비공식적 면담 방법을 주로 사용하여 정보를 얻었고, 이 정보가 정확한가를 파악하기 위해서 여

---

7) Bernard, op. cit., pp. 237−255.
8) Ibid., pp. 208−236.

러 북한인들을 다양한 지역에서 만나 비공식적 면담을 함으로써 이중 삼중의 점검을 하여 연구 조사의 정확도를 높였다.

이렇듯이 비공식적 면담 방법을 사용하여 북한 사회의 변화 과정을 이해할 수 있었고, 북한인들의 생활상과 저들이 필요로 하는 바와 복음의 수용성 및 선교의 전략적 방법들을 강구할 수 있었다. 이것은 지금까지 저자의 북한 사역에 실제적인 도움이 되고 있다.

투사 심리 검사는 전문적인 심리학자들이 인간 심성을 연구하기 위해서 오랜 임상 실험과 연구를 통해서 제시한 방법으로 로샤크 인성 검사(Rorschach Test), 주제별 인성 검사(Thematic Apperception Test), 인물 묘사 그림 인성 검사(Draw-a-person Test) 등이 있다.[9]

이러한 인성 검사의 방법을 사용하는 것은 문화 속의 사람들의 모습을 이해하는 데 참고는 되겠으나 아주 제한적인 것이며, 문화적인 차이와 세계관을 고려하지 않고 나온 조사 방법이기에 결과가 실제와 다른 모습으로 나타날 수 있다.

---

9) Grunlan & Mayers, op. cit., pp. 241-242.

X. 선교 변혁의 신학적 모델

저자는 선교와 문화의 상관성을 규명하였고 문화적 변혁에 대한 선교적 책임의 당위성을 논하였다. 문화를 변혁시키는 데 있어서 세계관의 변혁의 중요성을 논하였고, 문화에 대한 총체적인 연구를 하여 선교 변혁을 수행함에 있어서 문화 연구의 실제적인 면을 세밀히 고찰하였다.

오늘날 선교학자들은 자신들의 신학적 전통과 문화에 대한 이해의 차이에 따라 선교 변혁에 대한 다양한 신학적 모델을 발전시켰다. 이것은 문화에 대한 선교 변혁의 모델이요, 궁극적으로 타 문화권 하에서의 문화 변혁에 대한 선교신학의 모델이다. 이것은 또한 문화 현장, 즉 상황화에 대한 선교 변혁의 신학적 모델로서 상황화 신학의 모델로 불려지기도 한다.

상황화 신학의 모델은 단순히 선교적 목적을 수행하기 위하여 타 문화권 하에서의 선교 변혁에 관한 신학적 모델을 정립하려는 시도로 나온 것은 아니다. 이것은 인간의 삶의 현장을 상황 혹은 문화라고 보고, 복음과 문화에 대한 상관성을 신학적으로 성찰하여 총체적인 신학의 모델로서 에큐메닉 진영에서 먼저 제시한 것이다. 그러나 복음주의 진영에서는 특히 선교신학자들 가운데서, 인간의 삶의 현장이 문화인데 기존하는 다양한 문화 속에서 토착교회가 설립되고 이 토착 교회가 성숙화하여 보편적인 교회의 지체로서 하나님의 나라를 위하여 어떻게 역사할 것인지를 규명하는 선교 신학의 모델로서 연구되어지고 있다.

저자는 선교인류학의 결론으로서 간략하게 기존하는 선교신학의 모델들을 크게 네 가지로 고찰하고, 여기서 복음주의 진영의 선교신학의 모델과 개혁주의 신학의 선교신학의 모델을 소개함으로 이 장을 마무리하려 한다.

1. 인류학적 모델(Anthropological Model)

복음에 대하여 예수를 이상적인 인간성의 모델로 보는 아래로부터의 신학이 반영된 도드의 윤리신학적 케리그마, 불트만이나 후기 불트만 학파에 속한 신해석학파(New Hermeneutics)의 실존주의 신학의 용서와 사랑 그리고 화해의 케리그마, 정치신학자인 메츠의 출애굽 모티브나 몰트만의 십자가와 부활의 모티브 등이 바로 인류학적 모델의 신학적 기반이 되는 신학 모델들이다.[1]

이런 모델들은 소위 네델란드의 선교신학자인 요하네스 호켄다이크의 하나님의 선교(Missio Dei)신학과 결속되어서, 에큐메닉 진영 안에서 문화적 콘텍스트를 성경 외에 별도의 신학화 교과서로 인정하여 복음과 문화를 이해하려는 해방신학, 민중신학, 흑인신학, 혁명신학, 여성신학 등 상황화 신학의 에큐메닉 선교 모델들을 낳았다. 이들 모델들은 인간성의 회복이나 인간 완성을 가장 궁극적인 목표로 삼으며, 여기에 민중을 변혁의 주체로 삼고 하나님의 선교를 주장한다. 여기서 하나님의 선교는 인간을 모든 비인간적인 제도적 구조악의 세력으로부터 해방시켜서 하나님의 샬롬을 구현하는 신적 행위가 된다.[2]

이 모델의 특징은 인간의 존엄성이나 혹은 인간성의 완성을 위한 해방의 모티브를 중요시하며, 제도적 구조악에서 고통당하고 억눌림을 당하는 기층 서민을 사회 변혁의 주체로 삼고, 하나님은 민중을 해방시키시는 구원자로서, 하나님의 구원의 의미는 정치적이며 경제적인 실존적 삶의 정황 속에서 이루어진다. 해방신학이나 민중신학에서 중요하게 여기는 프락시스란, 이 모델에서 구스타브 구티에르츠가 정의했듯이, 하나님의 선교를 구현하기 위한 민중의 사회·정치·경제적인 정의 구현을 향한 구체적인 참여 활동이다.[3]

---

1) cf. C.H. Dodd, History & the Gospel (London : Nisbet & Co., 1938), R. Bultmann, Faith & Understanding, Robert Funk, trans. (New York : Haper & Row, 1969), J. Moltmann, Hope and Planning (London : SCM, 1971).
2) 호켄다이크의 하나님의 선교 사상은 구약의 샬롬 개념을 인간주의가 이상적으로 실현되는 지상의 하나님 나라 개념으로 바꾸고, 이것은 사회 변혁과 구조 혁신을 통해서 이루어지는데 교회는 이러한 하나님 나라의 전위 기구가 되어서 인간주의의 이상적 완성을 위해서 샬롬의 도구로 하나님의 선교를 수행하는 것이다. See Johannes C. Hoekendijk, The Church Inside Out (Philadelphia : The Westminster Press, 1966), pp. 13-31.

318 선교와 문화

이렇듯이 이 모델은 아래로부터의 신학이 반영된 신학 모델이기에, 인간성을 공통 분모로 하여 사회 변혁을 추구하는 모든 인본주의적이고 박애주의적 기구들을 하나님의 선교를 이루는 도구로서 인정하며, 인간의 존엄성 회복이 구원의 내용이기에 기본적으로 보편구원설의 전제를 내포하고 있다.

2. 상징주의적 모델(Semiotic Model)

이것은 문화의 핵심을 세계관으로 보는 문화상징주의 이론을 전제로 한 신학 모델이다. 세계관이 문화 속에 절정으로 나타나는 것이 종교이며, 세계관의 매개체는 문화 형태와 의미를 결속시키는 상징 능력인데, 이것이 통합된 체계로서 인간 언어, 사회 규범, 종교 의식과 종교 교리 등에 나타난다는 것이다.

폴 틸리히에 의하면 인간은 상징의 언어로 신학을 수행하게 되는데, 상징은 실제의 깊이를 드러내고 모든 사물의 존재의 기반이 되는 하나님을 만나게 한다는 것이다.[4] 그에 의하면 상징은 기독

---

3) Gustavo Gutierrez, The Power of the Poor in History(Maryknoll : Orbis, 1984), p. 59. cf. Jose Miguez Bonino, Doing Theology in a Revolutionary Situation(Philadelphia : Fortress Press, 1975), pp. 86–90.
4) Paul Tillich, Theology of Culture(New York : Oxford University Press, 1959), pp. 53–67.

교에만 있는 것이 아니라 타 종교에도 있으며, 하나님은 자신을 계시하시는 데 있어서 상징을 매개로 하여 모든 종교 속에 나타나신다. 이것은 성경적 하나님이 아닌 철학적 존재로서, 소위 슐라이마허나 틸리히가 말하는 존재의 기반(Ground of Being)으로서의 하나님을 의미한다.

폴 틸리히는 그의 저서인 '문화신학'에서 소위 역동론적 모형론(Dynamic Typology)을 제시하고 있으며, 이것을 근거로 그의 대작인 '조직신학'에서 '익명의 교회'(Latent Church)와 '능동적 교회'(Active Church)를 구분하고 있다.

익명의 교회란, 타 종교 속에서 자신을 계시하시는 하나님을 타 종교인들이 기독교의 하나님으로 알지는 못하지만, 그러나 동일한 하나님을 실상은 섬기고 있다는 것이다. 이런 점에서 타 종교인들도 교회의 영역 안에 속해 있는데, 이런 교회를 익명의 교회라고 한다.

이러한 틸리히의 상징주의적 모델은 현재에 활동하고 있는 로마 카톨릭의 선교신학자인 로버트 쉬라이터에게 동일하게 나타난다. 쉬라이터는 틸리히와 같이 하나님을 존재의 기반으로 보며, 하나님의 자기 계시가 인간의 상징 능력을 매개체로 하여 나타난다고 하였다. 따라서 그는 주장하기를, 성경적 하나님이 특별 계시의 간섭 없이도 다른 종교의 상징과 문화 속에 나타나므로, 상황화의 신학을 수행하는 데 있어서 다른 종교와 문화를 신학화의 교과서로

---

5) Robert J. Schreiter, <u>Constructing Local Theology</u>(New York : Orbit, 1985), p.17.

삼는 지역신학(Local Theology)을 수행할 것을 주장한다.[5]

이러한 상징주의적 모델은 폴 니터나 한스 큉에게 있어서는 신론적 보편주의의 양상으로 나타나고, 레이몬 파니카나 칼 라너 그리고 WCC의 세계 선교와 전도 분과위원장을 했던 M.M. 토마스와 사마르칸에게는 기독론적 보편주의의 양상으로, 한스 쉬레트나 존 테일러에게는 성령신학적인 보편주의로 발전되고 있다.[6]

저자는 이런 상징주의적 접근을, 소위 한국 신학의 토착화를 부르짖으며 상황화 신학을 수행했던 유동식, 윤성범, 변선환 등에게서 발견한다.

유동식은 이런 관점에서 화엄종의 시조가 되는 원효를 자신도 알지 못하는 초기의 기독교인(Primordial Christian)으로 부르고, 대승불교의 열반 사상이 이상적 그리스도인의 삶의 모델과 일치한다고 하였다.[7] 변선환은 자신의 신학 사상이 초기에는 칼 라

---

6) 폴 니터는 하나님의 내재성을 강조하면서 기독론적인 보편구원설의 접근을 또 다른 식민주의적 사고의 소산으로 보고 어디에도 규정되지 않는 신론 중심의 보편주의를 주장한다. 르네 파니카는 기독론적 측면에서 우주적 그리스도를 강조하고 힌두교에서 그리스도를 발견할 것을 주장하는데 이것은 토마스와 비슷한 접근이다. 다만 토마스는 기독론을 사회 변혁의 모티브로 보는 것이 차이점이다. 칼 라너도 인식의 근거를 우주적 그리스도의 편재성으로 보고 다른 종교에서도 기독교인은 개방적 마음으로 그리스도의 현존을 발견할 것을 주장한다. See Paul Knitter, No Other Name?(Maryknoll : Orbis, 1985), Raymond Panikkar, The Unknown Christ of Hinduism : Toward an Ecumenical Christophany(Maryknoll : Orbis, 1981), Karl Rahner, "Anonymous Christianity and the Missionary Task of the Church" in Theological Investigations Ⅱ (New York : Seabury, 1974), pp. 161-168, M.M. Thomas, Secular Theologies of India and the Secular Meaning of Christ(Madras : CLS, 1976).

7) 유동식, 한국 신학의 광맥(서울 : 전광사, 1986), p. 24.

너나 레이몬 파니카의 기독론적 보편주의의 영향을 받았으나, 1980년대 중반부터는 폴 니터의 신론적 보편주의를 받아들였다고 하였다.[8]

그는 특히 대승불교의 보살 사상을 우주적 그리스도의 현존의 증거로 보고 있다.

이렇듯이 1960년대 중반부터 등장하기 시작한 소위 토착적 한국 신학의 시도는 거의 상징주의적 신학의 모델에 속한 것이다. 이러한 상징주의적 모델의 공통성은, 하나님의 일반 계시의 영역과 특별 계시 영역의 차이점을 없애고 보편화시켰으며, 하나님의 계시를 창조주로서의 하나님과 구속주로서의 하나님으로 구별함을 거부하고, 창조주로서의 하나님이 동시에 구속주로서의 하나님이 되는데, 이것이 성경 계시를 초월해서 이루어지는 존재론적이고 보편적인 계시가 된다는 데 그 문제점이 있다.

WCC 진영은 이러한 상징주의적 신학 모델을 적극 받아들이고 있는데, 1968년 4차 웁살라 대회에서 타 종교인들을 살아 있는 신앙을 가진 사람들로 규정하고, '살아 있는 신앙을 가진 사람들과의 대화 분과'를 조직하여, 상징주의 신학 모델이 반영된 종교간의 대화 운동을 벌이고 있다.

---

8) 변선환, 탁사 최병헌과 동양 사상(서울 : 숭전대학교, 1985), pp. 347-348.

3. 역동적 등가의 모델

이 모델은 유진 나이다에 의한 성경 번역의 모델로 제시되어졌다. 나이다는 성경 번역의 목표가 현지 문화의 언어 속에서 성경의 계시 의미를 온전하게 전달하는 것을 지상 과제로 삼았는데, 이 목적을 위해서 촘스키의 변형 문법 이론을 도입하여 언어가 가지고 있는 의미 전달 효과의 극대화를 시도하였다.[9]

찰스 크라프트는 나이다의 역동적 등가 번역 모델을 타 문화권 안에서 수행되어지는 선교신학의 모델로 삼았는데, 그는 이것을 역동적 등가의 모델로 부르고 있다. 그에 의하면 복음 전달의 목표는 수용자 중심의 전달로서, 복음의 의미가 수용자의 문화 속에서 역동적으로 바르게 이해되어지는 것이다.[10] 또한 이 토대 위에서 교회가 설립됨으로써 문화 속에서 선교 변혁이 역동적으로 일어나서 진정한 토착 교회가 설립된다는 것이다.[11]

이러한 나이다나 크라프트의 모델은 종종 번역 모델로 불려지기도 했다. 그러나 저자가 보건데 이것은 크라프트가 규정했듯이 문화 속에서 이루어지는 상황화 신학의 모델로서, 역동적 등가 모델이 이 이론의 특성을 잘 나타낸다.

---

9) Eugene A. Nida, Toward a Science of Translation (Leiden : E. J. Brill, 1964), p. 159.
10) Kraft, Christianity in Culture, p. 269.
11) Ibid., pp. 320-321

역동적 등가라는 말 속에는 문화에 대한 낙관적이고 적극적인 사고가 내포되어 있다. 이 모델은 문화를 기능·구조주의 측면으로 이해하여 문화의 중립성을 주장한다. 따라서 복음을 문화 속에서 성경 번역으로 전달하게 될 때에 현지 문화 형태를 자유롭게 사용할 것을 주장하고, 다만 성경적 의미가 상실되지 않도록 노력한다.

이 모델의 문제점은, 문화를 중립적으로 봄으로써 문화 속에 내포된 죄의 요소와 사탄적 영향력을 가볍게 보게 하거나 혹은 무시하게 하여, 복음을 배제한 문화 속에서 하나님의 구원적 계시의 가능성을 인정케 하는 보편구원설의 여분을 낳게 하는 것이다.

이미 크라프트는 바로 이런 위험스러운 경향을 그의 대작인 '문화 속의 기독교'에서 나타내고 있다. 크라프트는 성경 계시를 완성적이요 확증적인 계시로 보지만, 일반 계시 속에서도 아주 제한되어 있지만 구원의 하나님을 만날 수 있는 가능성이 있다고 진술하고 있다.[12]

최근에 이슬람 선교 전략에 있어서 성경적 상황화의 신학 모델이 선교학자들에 의해 논해지는데, 찰스 크라프트의 역동적 등가의 모델로 기울어지고 있는 학자들이 적지 않다. 저들은 이슬람 선교의 결실 없음이, 기독교 교리의 우월성을 설득시키지 못해서가 아니라 문화적인 요인에 있음을 공통적으로 지적하고 있다. 즉, 지금까지의 선교는 교리적인 측면의 진리 충돌이었지 문화 변혁은 아니었다는 점이다. 이슬람이 아랍 문화와 너무 깊이 토착화되었

---

12) Ibid., pp. 219-220.

기에 이슬람 선교를 위해서는 크라프트적인 문화의 역동성을 고려한 종족신학의 선교가 이루어져야 한다고 주장한다.[13]

여기서 문제점은 폴 히버트가 지적하듯이, 문화 형태와 의미를 따로 구분하여 성경 의미를 전달하기 위해서 문화 형태를 자유롭게 사용한다는 것은, 문화 형태 속에 토착 의미가 함께 결속되어 상징의 기능을 종종 내포하고 있기에, 이교적 세계관의 영향력이 나타날 수 있다는 점이다.[14]

또한 앤토니 시셀톤이 지적하듯이, 문화 형태 속에 문화의 심층 구조로서의 세계관이 작용하고 있기에, 이러한 세계관의 영향을 무시한 채 성경의 의미를 전달키 위해 문화 형태를 자유롭게 사용하는 것은 혼합주의의 위험성이 있다.[15]

---

13) 여기에 대표적인 두 학자가 있는데 필 파샬과 더드리 우드베리이다. 파샬은 이 모델적인 상황화의 신학을 주장하면서도 항상 혼합주의 위험성을 경계하고 있다. See Phil Parshall, <u>New Paths in Muslim Evangelism</u>(Grand Rapids : Baker, 1980), pp. 31-53, J. Dudley Woodberry, "Contextualization among Muslims : Reusing Common Pillars" in <u>The Word Among Us</u>(Dallas : Word, 1989), pp. 282-312.
14) Paul G. Hiebert, <u>Anthropological Reflections on Missiological Issues</u>(Grand Rapids : Baker, 1994), pp. 84-86.
15) Anthony C. Thiselton, "Semantics and New Testament Interpretation" in <u>New Testament Interpretation,</u> I. Howard Marshall, ed. (Grand Rapids : Eerdmans, 1987), p. 95.

4. 초문화 신학의 모델

이 모델은 복음과 문화의 관계 속에서 복음의 규범성을 강조한다. 크라프트처럼 문화를 중립적인 것으로 보지 않고 치우친 것으로 보기에, 문화에 대한 복음의 역할은 문화 변혁이 된다.

이 모델에 있어서 복음과 문화의 상호 관계성은 소위 씨앗(Kernal)과 살(Hub)의 문제로서 해석학적인 이론의 차이점이 있는데, 이것으로 크게 세 가지의 신학 이론이 등장하고 있다. 그것을 하나하나 살펴보자.

(1) 브루스 플레밍의 신학 모델

성경 계시의 의미를 절대와 초문화 또는 문화적인 것으로 해석학적인 차원에서 구분하여, 절대·초문화·문화신학으로 나누는 방법으로, 소위 브루스 플레밍의 신학 모델이 있다.

플레밍에게 있어서 절대는 복음의 근본적인 면을 말하는 것으로서 성경의 권위, 그리스도의 동정녀 탄생, 그리스도의 대속의 죽으심, 부활, 재림 등과 같은 신앙의 근본적 명제들을 의미한다. 초문화는 교리적인 신학을 의미하며 교파의 신학을 말하는데, 이것은 어느 정도 보편적인 특성을 가졌으나 모두가 공통적으로 받아들이는 것은 아니고 절대적이지도 않다.

문화신학은 문화권 속에서 성경과 상치되지 않는 하나님의 은총적인 측면이 토착 신학 속에 반영되어 나타난 것으로, 상황화 신학의 영역에 속한다.[16]

플레밍의 모델은 기존의 교회와 신학과의 관계를 선교신학적인 측면에서 고찰한 것으로 특별한 것이 없으나, 참고할 것은 성경적 상황화 신학의 필요성을 인정하고 이것을 세 번째 단계로 제시했다는 점이다. 이 세 번째 단계는 현지 교회의 토착 신학 작업이 이루어지는 부분이다.

(2) 통문화 신학 또는 교리신학의 모델

복음과 문화의 관계에서 복음의 규범성을 전제하고, 복음은 어느 특정 문화권에 속한 것이 아니며, 문화를 초월하지만 문화 속에서 토착 신학의 작업이 이루어지고 그 토착 신학은 성경을 통해서 조명되고 성찰되어야 한다. 이렇듯이 이 모델은 성경의 규범성을 강조하는 것으로서 폴 히버트에 의하여 통문화 신학(Transcultural Theology)으로 불려지고 있고, 브루스 니콜스는 교리신학(Dogmatic Theology)으로 호칭하고 있다.[17]

---

16) Bruce C. G. Fleming, Contextualization of Theology (Pasadena : William Carey Library, 1980), pp. 67-74.
17) Paul Hiebert, Anthropological Insights for Missionaries (Grand Rapids : Baker, 1985), pp. 216-217, Bruce J. Nicholls, Contextualization : A Theology on Gospel and Culture (Downers Grove : Intervarsity, 1979), p. 54.

히버트는 통문화 신학에 있어서 복음의 규범성을 성경신학적인 해석학적 작업을 통해서 정립하려고 시도한다. 그는 성경 계시의 성경신학적인 주제들을(그리스도 중심적이거나 언약신학적 혹은 전통적인 교리적 접근) 통일성 있게 체계화하여서 성경의 원리적 측면의 규범성을 설정하려 하였다. 성경에 사용된 문화적 조건성을, 계시의 역사성이나 점진적인 계시관을 전제로 한 해석학적인 작업을 통해 그 의미를 이해하려는 시도이다.[18]

히버트나 니콜스의 모델은 성경의 권위에 입각한 성경신학적인 접근을 통해서 복음의 규범성을 설정하고, 성경에 사용된 문화적 조건성은 계시의 역사성과 성경의 통일성에 입각해서 적절한 해석학적 작업을 통해 의미를 규명하려는 것이다. 바로 이런 바탕 위에서 상황화 신학은 반드시 문화 속에서 이루어지되 성경의 조명과 성경적 변혁을 통해 토착 신학이 형성되는 것이다. 이런 통문화 신학의 기본 원리로서 다음과 같은 세 가지 요소가 있다.

1) 성경의 초문화 이해

성경은 완전한 하나님의 계시의 말씀이 기록된 것이고 또한 무오하지만, 어떤 특정한 문화 가치를 옹호하지는 않는다(행 15, 16 : 3, 고전 9 : 19-22, 갈 2 : 3-4). 이것은 성경이 가진 초문화적 특성을 의미한다. 과거에 서구 선교 역사에 있어서, 자신의 문화를 가장 이상적인 성경적 문화로 여기고, 모든 문화권 속에서 수

---

18) Hiebert, op. cit., pp. 217-219.

행되던 선교에 자신의 문화를 표준으로 삼음으로써 현지인들의 반발을 초래했고, 결국 복음이 문화 속에 뿌리를 내리지 못하는 결과를 가져왔다.

세계 복음주의 교회 진영을 대표하는 로잔느 복음화위원회는 로잔느 언약문의 열 번째 주제가 되는 전도와 문화에서, 교회가 문화 속에 뿌리를 내리되 문화는 성경을 통해서 끊임없이 판단을 받고 변혁이 되어야 하며, 어떤 특정 문화 기준에 의한 교회가 모든 문화 속에 교회의 모델이 될 수 없다는 사실을 분명히 하고 있다.[19]

2) 특정한 문화적 조건성은 점진적 계시의 특징

예를 들어 구약의 음식물에 관한 규정이나 위생법 등은, 그 배후에 담겨 있는 계시 의미는 변함 없이 계속해서 모든 교회에게 지켜지지만, 계시의 도구로 사용된 그 당시의 문화 형태는 하나님의 계시의 역사성과 점진적인 계시의 특징으로서, 그 시대의 사람들에게만 적용되는 것이었다. 이것은 또한 신약에 있어서도 마찬가지 원리로 나타난다.

예수님께서 유월절 날에 수건을 허리에 두르시고 제자들의 발을 씻으시면서 서로 섬길 것을 말씀하셨다(요 13 : 1-17). 당시 유대인의 문화권에서 손님의 발을 씻어 주는 풍습이 있었는데, 이것은 손님에 대한 최상의 예의를 표시하며 자신을 낮추는 겸손의 상

---

19) J.D. Douglas, Let the Earth Hear His Voice (Minneapolis: World Wide Pub., 1975), pp. 6-7.

징적 태도였다. 그러나 오늘날 발을 씻기는 행동을 함으로써 성도를 섬기며 자신을 겸손케 하는 그런 의미가 나타날 수 있겠는가? 여기서도 그 배후에 담겨 있는 계시 의미는 변함 없이 교회에게 지켜지지만, 그 문화 형태는 겸손을 상징할 수 있는 다른 형태로 나타나게 된다.

사도 바울이 고린도교회의 여성도들에게 공예배를 드릴 때에 머리에 베일을 쓸 것을 종용했는데, 이것은 당시의 고린도 문화권에서 정숙한 여인의 상징적인 모습이었다. 고린도의 각 신전에 종사하는 여사제들은 종교적 기능만 한 것이 아니라, 성적 모티브가 종교적으로 동인화되어 번영과 출산을 상징하는 행위로서 매매춘을 행했는데, 그들의 옷차림은 현란하였고 짙은 화장과 머리에 아무 것도 쓰지 않고 각종 장식물로 꾸미는 것이 유행이었다. 따라서 그 시대의 문화권 속에서 정숙한 그리스도인 여성이 하나님께 예배를 드릴 때에 머리에 베일을 쓰는 것은 당연한 일이었다. 그러나 오늘날에 이 풍습은, 그 계시 의미는 변함 없이 지켜지지만 문화 형태는 동일하게 나타날 수가 없는 것이다.

3) 성경은 변질 없이 모든 문화 속에 전달되어야 하고 문화는 성경 계시의 부요함과 풍요로움을 확증한다

오직 성경만이 문화 변혁의 유일한 기준이 되며, 모든 문화는 성경을 통해서 자신의 병든 모습을 성찰하고 새로워져야 한다. 성경이 하나님의 말씀이기에 이 성경은 어느 특정 문화권이나 교회가 독점할 수 없고, 모든 문화와 종족에게 선포되어지고 증거되어야 한다. 모든 문화권 속에서 성경이 하나님의 말씀으로 고백되어지고 성경적 가치관을 통한 세계관의 변혁이 일어날 때, 이것은 성경적 상황화 신학의 현장이 되고, 토착 교회는 우주적 하나님 나라의 지체로서 모든 보편 교회에 공헌하며, 자신이 받은 신학적 달란트를 가지고 하나님께 영광을 돌리는 역사가 일어난다.

이런 세 요소가 통문화 신학의 원리가 되는데, 히버트는 자신의 통문화 신학의 모델에 네 가지 특성을 부여한다. 그것은 성경적으로 적절하며, 초문화적이어야 하고, 역사적인 기독론적 계시에 뿌리를 두어야 하고, 성령의 인도함을 받아야 한다는 것이다.[20]

히버트는 특히 통문화 신학의 과정에서 혼합주의의 위험을 피하기 위해서 비판적 상황화(Critical Contextualization)의 모델을 제시하는데, 여기에는 네 단계의 과정이 있다. 첫째는 복음의 규범성을 확립하고, 둘째는 종교 절기나 의례, 문화 풍습 배후의 세계관을 파악하고, 셋째는 이해된 문화 의미를 하나님의 말씀으로 조명하여 성경적 의미를 전달하고, 넷째는 원주민 지도자를 중심으로 선교 변혁이 일어나서 제4의 자아 신학, 즉 토착 신학이 형성되는 것이다.[21]

이 비판적 상황화 신학의 모델은 요하네스 바빙크의 엘렝틱스 모델에서 그대로 영향을 받았음을 나타내고 있다.

---

20) Hiebert, Anthropological Insights for Missionaries, pp. 217-219.
21) Ibid., pp. 186-192.

(3) 개혁주의 입장의 성경적 상황화 모델

이것은 성경 계시의 완전 영감설(Plenary Inspiration)과 유기적 영감설(Organic Inspiration)을 전제로 한다. 성경은 다양한 문화를 계시 도구로 사용하되, 어느 특정 문화를 옹호하거나 문화에 대한 특별한 편견이 없다. 에드몬드 크라우니는 이런 성경 문화를 영적 문화라고 부르기도 한다.[22]

복음 전달자는 자신의 모국 문화(Enculturation)를 이상적인 문화로 여기지 않고, 항상 성경을 통해서 개혁하고 끊임없이 성찰한다. 복음 전달시에 수용자의 문화를 무조건 거부하고 부정하는 것이 아니라, 문화 속에서 보통 은총의 접촉점을 찾고, 하나님이 예비하신 바 된 선교의 다리(Bridge)를 사용하여 하나님의 말씀을 통한 문화 변혁을 일으킴으로, 성경적 토착 교회와 토착 신학을 형성한다. 이렇게 세워진 토착 교회는 자신의 삶의 정황 속에서의 하나님의 주권을 철저히 인식하고 영적으로 성장하여, 하나님의 나라를 위한 열매를 맺되 우주적 교회의 지체가 되어서, 하나님의 백성의 공동체에 기여하는 성숙화를 이룩한다.

이러한 성경적 상황화의 신학을 이루기 위해서는 성경 해석에 있어서 해석학적 나선형(Hermeneutical Spiral)의 모델을 취하며, 다면적 전망(Multiperspective)의 성경신학을 전제한다.[23]

이 모델은 성경 계시와 복음 전달자 그리고 수용자의 관계를 철

---

22) Clowney, op. cit., p. 176.

저히 성찰하여 성경을 중심으로 한 끊임없는 문화 변혁을 전제로 하고 있고, 우주적 교회의 지체 의식과 개체 교회가 갖는 하나님이 주신 고유의 은사와 신학적 깨달음이 전체 교회에 기여하는 통로를 열어 놓는다. 따라서 저자는 이 모델을 개혁주의 신학의 바탕 위에서 가장 바람직한 선교 변혁의 신학 모델로 보는 것이다.

---

23) 해석학적 나선형의 모델은 각 문화 속에서 성경을 중심으로 이루어지는 변혁 과정이 나름대로 특색이 있으나 결국 성경으로 귀착되어 성경 안에서 통합된다는 이론이다. 이 모델은 개체 변혁의 다양성과 성경의 통일성을 적절히 조정하였다. 다면적 전망의 성경 신학은 성경을 바라보는 관점이 하나의 관점만 있는 것이 아니라 성경 스스로가 수많은 성경적 관점을 제공해 준다는 것이다. 이 두 유형은 하나님의 말씀의 권위를 높이며 성경의 부요함과 풍요로움의 증거가 된다. See Harvie M. Conn, "Normativity, Relevance, and Relativism" in Inerrancy and Hermeneutics, Harvie Conn, ed. (Grand Rapids : Baker, 1988), Vern S. Poythress, "Strucrism and Biblical Studies" in Journal of the Evangelical Theological Society, 21 (September, 1978), pp. 221-237.

참고 문헌

Adam, Barbara, "Perceptions of Time" in *Companion Encyclopedia of Anthropology.*

Ajijola, Alhai A.D., *The Essence of Faith in Islam,* Lahore : Islamic Publications, Ltd., 1978.

Anderson, Norman, *The World's Religions,* Grand Rapids : Eerdmans, 1987.

Bavinck, Johannes H., *An Introduction to the Science of Missions,* David H. Freeman, trans., Phillipsburg : PRPC, 1979.

_____ , *The Church between the Temple and the Mosque,* Grand Rapids : Eerdmans, 1966.

Beals, Ralph L., Harry Hoijer & Alan R. Beals, *An Introduction to Anthropology,* New York : Macmillan Publishing Co., 1977.

Benedict, Ruth, *The Chrysanthemum and the Sword,* Boston : Houghton Mifflin, 1946.

Berkhof, Louis, *Principles of Biblical Interpretation,* Grand Rapids : Eerdmans, 1974.

Bernard, H. Russel, *Research Methods in Anthropology,* Walnut Creek

: Altamira, 1995.

Bonino, Jose Miguez, *Doing Theology in a Revolutionary Situation*, Philadelphia : Fortress Press, 1975.

Brow, Robert, "Origins of Religion" in *Eerdmans' Handbook to The World's Religions*.

Bultmann, R., *Faith & Understanding*, Robert Funk, trans., New York : Haper & Row, 1969.

Calvin, John, *Institutes of the Christian Religion vol. 1*, John T. Macneill, ed., Philadelphia : Westminster Press, 1967.

_____, *On God and Political Duty*, John T. Mcneill, ed., Indianapolis : Bobbs-Merrill Educational Pub., 1956.

Campbell, William, *The Quran and the Bible*, Upper Darby : MER, 1986.

Clark, Gordon, *A Christian View of Men and Things*, Grand Rapids : Eerdmans, 1952.

Clowney, Edward P., "Contextualization and The Biblical Theology of Culture" in *The Word Became Flesh*, Deans Gilliland and Everett Huffard, eds., MT 510 Syllabus, FTS, 1988.

Conn, Harvie M., *Eternal Word and Changing Worlds*, Grand Rapids : Zondervan, 1984.

_____, "Normativity, Relevance, and Relativism" in *Inerrancy and Hermeneutics*, Harvie Conn, ed., Grand Rapids : Baker, 1988.

Cooper, Anne, *Ishmael My Brother*, Tunbridge Wells : MARC, 1993.

Coote, Robert T., John Stott, eds., *Down to Earth : The Paper of the Lausanne Consultation on Gospel and Culture*, Grand Rapids : Eerdmans, 1980.

Darwin, Charles, *Origin of Species*, New York : New American Library, 1958.

Davies, Douglas, "The Study of Religion" in *Eerdmans' Handbook to the World's Religions.*
Dodd, C.H., *History & the Gospel,* London : Nisbet & Co., 1938.
Douglas, J.D., *Let the Earth hear His Voice,* Minneapolis : World Wide Pub., 1975.
Douglas, Mary, *Natural Symbols,* New York : Random House, 1970.
Durkheim, Emile, *The Elementary Forms of the Religious Life,* Joseph Ward Swain, trans., London : George Allen & Unwin, Ltd., 1915.
_____, *The Rules of Sociological Method,* New York : Free Press, 1938.
Earle, Timothy, "Political Domination and Social Evolution" in *Companion Encyclopedia of Anthropology,* Tim Ingold, ed., London : Routledge, 1997.
Engel, James F., *Contemporary Christian Communication,* Nashville : Thomas Nelson, 1979.
Fleming, Bruce C.G., *Contextualization of Theology,* Pasadena : William Carey Library, 1980.
Frazer, James G., *The Golden Bough,* New York : MacMillian, 1958.
_____, "Sympathetic Magic" in *Reader in Comparative Religion.*
Freud, Sigmund, *The Future of an Illusion,* W.D. Robson-Scott., trans., London : Institute of Psychoanalysis, 1928.
Geertz, Clifford, "Religion as a Cultural System" in *Reader in Comparative Religion,* W.A. Lessa and E.Z. Vogt, eds., New York : Harper and Row, 1972.
Geisler, Norman L., & Abudul Saleeb, *Answering Islam,* Grand Rapids : Baker, 1995.

Gennep, Arnold van, *The Rites of Passage,* Chicago : The University of Chicago Press, 1960.

Gorer, G., "Themes in Japanese Culture" in *Transactions of the New York Academy of Sciences, Series II, vol. 5.*

Grunlan, Stephen A., and Marvin K. Mayers, *Cultural Anthropology : A Christian Perspective,* Grand Rapids : Zondervan, 1988.

Gutierrez, Gustavo, *The Power of the Poor in History,* Maryknoll : Orbis, 1984.

Hall, Edward T., *The Silent Language,* New York : Doubleday, 1959.

Hammer, Raymond, "Karma and Darma : Hindu Ethics" in *The World's Religions.*

_____, "Roots : The Development of Hindu Religion" in *Eerdmans' Handbook to The World's Religions,* Grand Rapids : Eerdmans, 1982.

Harris, Marvin, *The Rise of Anthropological Theory,* New York : Harper & Row, 1968.

Harrison, Roland Kenneth, *Introduction to the Old Testament,* Grand Rapids : Eerdmans, 1969.

Hesselgrave, David J., *Communicating Christ Crossculturally,* Grand Rapids : Zondervan,1991.

Hiebert, Paul G., and Eloise Hiebert Meneses, *Incarnational Ministry,* Grand Rapids : Baker, 1995.

_____, *Anthropological Insights for Missionaries,* Grand Rapids : Baker Book House, 1985.

_____, *Anthropological Insights for Missionaries,* Grand Rapids : Baker Book House, 1987.

_____, *Anthropological Reflections on Missiological Issues,*

Grand Rapids : Baker, 1994.

_____, *Cultural Anthropology*, Grand Rapids : Baker, 1983.

_____, *Cultural Anthropology*, Grand Rapids : Baker, 1985.

_____, "Introduction : Mission and Anthropology" in *Reading in Missionary Anthropology*, William Smalley, ed., Pasadena : William Carey Library, 1978.

Hodge, Charles, *Systematic Theology, vol. II,* London : James Clark, 1960.

Hoebel, Adamson, *Anthropology : the Study of Man,* New York : McGraw-Hill, 1972.

Hoekendijk, Johannes C., *The Church Inside Out,* Philadelphia : The Westminster Press, 1966.

Ingold, Tim, ed., *Companion Encyclopedia of Anthropology*, London & New York : Routledge, 1997.

Jeffery, Arthur, ed., *Islam, Muhammad and His Religion,* New York : The Bobbs-Merrill Co., 1958.

Kearney, Michael, *World View,* Novato : Chandler and Sharp Pub., 1984.

Keesing, Roger M., Felix M. Keesing, *New Perspectives in Cultural Anthropology,* New York : Holt, 1971.

Kerr, David, "The Worship of Islam" in *The World's Religions.*

Kluckhohn, Clyde, "Covert Culture and Administrative Problems" in *American Anthropologist, 45.*

Knitter, Paul, *No Other Name?* Maryknoll : Orbis, 1985.

Kornfield, Bill & Gloria, *Cross-cultural Communication,* MTI Syllabus, 1991.

Kraemer, Hendrik, *The Communication of the Christian Faith*, Philadelphia : the Westminster Press, 1956.

Kraft, Charles H., *Anthropology for Christian Witness, vol. 1*, Pasadena : Fuller Theological Seminary, 1994.
_____, *Anthropology for Christian Witness, vol. 2*, Pasadena : Fuller Theological Seminary, 1994.
_____, *Christianity in Culture*, Maryknoll : Orbis, 1984.
_____, *Christianity with Power*, Ann Arbor : Servant, 1989.
_____, "Toward a Christian Ethnotheology" in *God, Man and Church Growth*, Alan Tippett, ed., Grand Rapids : Eerdmans, 1973.
Kroeber, Alfred L., "Totem and Taboo : An Ethnologic Psychoanalysis" in *American Anthropologist, XXII*, 1920.
Kuhn, Thomas, *The Structure of Scientific Revolutions*, Chicago : University of Chicago Press, 1970.
Kuyper, Abraham, *Lectures on Calvinism*, Grand Rapids : Eerdmans, 1931.
_____, *Lectures on Calvinism*, Grand Rapids : Baker, 1983.
Langley, Mckendree R., *The Practice of Political Spirituality*, Ontario : Paideia Press, 1984.
Latourette, Kenneth Scott, *Three Centuries of Advance*, Grand Rapids : Zondervan, 1978.
_____, *A History of Christianity : Reformation to the Present, vol. 2*, Grand Rapids : Zondervan, 1975.
Lee, Francis N., *The Central Significance of Culture*, Philadelphia : Prpco, 1976.
Levi-Strauss, *Structural Anthropology*, New York : Basic Books, 1963.
_____, "French Sociology" in *Twentieth Century Sociology*, G. Gurvitch and W. Moors, eds., New York : Philosophical Library, 1945.

Lingenfelter, Sherwood, *Transforming Culture,* Grand Rapids : Baker, 1992.

Luzbetak, Louis J., *The Church and Cultures,* Maryknoll : Orbis, 1993.

Lvy-Bruhl, Lucien, *Primitive Christianity,* New York : Macmillian, 1928.

Malinowski, Bronislaw, "Kula : The Circulating Exchanges of Valuables in the Archipelagos of Eastern New Guinea" in *Man, 20.*

_____, "The Group and the Individual in Functional Analysis" in *American Journal of Sociology, 44.*

_____, "The Role of Magic and Religion" in *Reader in Comparative Religion.*

Malthus, T.R., *An Essay on the Principles of Population,* London, 1949.

Mead, Margaret, *Anthropology-Human Science,* Princeton : Van Nostrand, 1964.

_____, "Cultural Determinants of Behavior" in *Behavior and Evolution,* G.G. Simpson, ed., New York : Yale University Press, 1958.

Mendelson, E.M., "Worldview" in *International Encyclopedia of Social Sciences, 16.*

Metz, Wulf, "The Enlightened One : Buddhism" in *The World's Religions.*

Müller, F. Max, *The Science of Language, vol. 1,* New York : AMS, 1978.

Moltmann, J., *Hope and Planning,* London : SCM, 1971.

Mouw, Richard J., *Politics and the Biblical Drama,* Grand Rapids : Baker, 1983.

Musk, Bill, *The Unseen Face of Islam,* Sussex : MARC, 1994.

Nicholls, Bruce J., *Contextualization : A Theology on Gospel and Culture,* Downers Grove : Intervarsity, 1979.

Nida, Eugene A., *Customs and Culture : Anthropology for Christian Mission*, New York : Harper and Brothers, 1954.
_____, *Toward a Science of Translation*, Leiden : E.J. Brill, 1964.
Palen, John, *The Urban World*, New York McGraw-Hill Book Co., 1981.
Panikkar, Raymond, *The Unknown Christ of Hinduism : Toward an Ecumenical Christophany*, Maryknoll : Orbis, 1981.
Park, Robert E., *The City*, Chicago : Chicago University Press, 1925.
Parshall, Phil, *Bridges to Islam*, Grand Rapids : Baker, 1992.
_____, *Inside The Community*, Grand Rapids : Baker, 1994.
_____, *New Paths in Muslim Evangelism*, Grand Rapids : Baker, 1980.
_____, *New Paths in Muslim Evangelism*, Grand Rapids : Baker, 1984.
Pike, Kenneth, *Language in Relation to a Unitied Theory of the Structure of Human Behavior*, The Hague : Mouton, 1967.
Poythress, Vern S., "Strucrism and Biblical Studies" in *Journal of the Evangelical Theological Society, 21*, September, 1978.
_____, "Structurism and Biblical Studies" in *Journal of the Evangelical Theological Society, 21*, March.
Radcliff-Brown, A.R., "Functionalism : A Protest" in *American Anthropologist, 51*.
Radcliff-Brown, A.R., "The Mother's Brother in South Africa" in *South African Journal of Science, 21*.
Rahner, Karl, "Anonymous Christianity and the Missionary Task of the Church" in *Theological Investigations II*, New York : Seabury, 1974.
Redfield, Robert, *The Primitive World and its Transformation*, New

York : Cornell University Press, 1953.
Reist, Benjamin A., *Toward a Theology of Involvement : The Thought of Ernst Troeltsch,* Philadelphia : Westminster, 1966.
Richards, Lawrence O., *Expository Dictionary of Bible Words,* Grand Rapids : Zondervan, 1991.
Richardson, Don, *Eternity in Their Hearts,* Ventura : Regal, 1986.
_____ , *Peace Child,* Glendale : Regal, 1974.
Scherer, James A., Gospel, *Church & Kingdom,* Minneapolis : Augsburg, 1987.
Schmidt, Wilhelm, *High Gods in North America,* Oxford : Clarendon Press, 1933.
Schreiter, Robert J., *Constructing Local Theology,* New York : Orbit, 1985.
Seamands, John T., *Tell It Well : Communication the Gospel Across Culture,* Kansas : Beacon Hill Press, 1981.
Sharpe, Eric, *Comparative Religion, A History,* London : Duckworth, 1975.
_____ , "Six Major Figures in Religious Studies" in *Eerdmans' Handbook of the World's Religions.*
Sjoberg, Gideon, "The Rise and Fall of Cities : A Theoretical Perspective" in *Urbanism and Urbanization,* Neis Anderson, ed., Leiden : Brill, 1964.
Smith, G.E., *The Diffusion of Culture,* London : Watts, 1933.
Smith, William Robertson, *The Religion of the Semites,* London : Black, 1927.
Taylor, Robert B., *Introduction to Cultural Anthropology,* Boston : Allyn and Bakon, 1973.

Theological Educational Fund, "Working Policy for the Implementation of the Third Mandate of the Theological Education Fund" in *Ministry in Context,* London : TEF, 1972.

Thiselton, Anthony C., "Semantics and New Testament Interpretation" in *New Testament Interpretation,* I. Howard Marshall, ed., Grand Rapids : Eerdmans, 1987.

Thomas, M.M., *Secular Theologies of India and the Secular Meaning of Christ,* Madras : CLS, 1976.

Tillich, Paul, *Christianity and the Encounter of World Religions,* New York : Columbia University Press.

_____ , *Theology of Culture,* New York : Oxford University Press, 1959.

Tippett, Alan, *Introduction to Missiology,* Pasadena : William Carey Library, 1987.

Turner, Victor, *The Ritual Process : Structure and Anti-Structure,* Chicago : Aldine, 1969.

Tylor, Edward B., *Primitive Culture,* New York : Torchbooks, 1958.

_____ , "Animism" in *Reader in Comparative Religion,* William Lessa, Evon Vogt, eds., New York, 1972.

Van Til, Henry R., *The Calvinistic Concept of Culture,* Grand Rapids : Baker, 1959.

Vos, Geerhardus, *Biblical Theology,* Grand Rapid : Eerdmans, 1971.

Wagner, C. Peter, *The Third Wave of the Holy Spirit,* Ann Arbor : Vine Books, 1988.

Walkhilananda, Benjamin, *Hindu World, vol. 1,* London : George Allen and Unwin Ltd., 1968.

Wallace, Anthony F., "Revitalization Movements" in *American Anthro-*

pology, No. 8, 1956.

Woodberry, J. Dudley, "Contextualization among Muslims : Reusing Common Pillars" in *The Word Among Us,* Dallas : Word, 1989.

김태곤, 한국 종교, 이리 : 원광대학교, 1973.
로버트 웨버, 그리스도교 커뮤니케이션, 서울 : 대한기독교출판사, 1985.
변선환, 탁사 최병헌과 동양 사상, 서울 : 숭전대학교, 1985.
셔우드 링엔펠터·마빈 메이어스, 왕태종 역, 문화적 갈등과 사역, 서울 : 조이선교회, 1989.
스미스, 이종찬 역, 세계의 종교, 서울 : 은성, 1993.
유동식, 한국 신학의 광맥, 서울 : 전망사, 1986.
유동식, 한국 종교와 기독교, 서울 : 대한기독교서회, 1979.
이동주, 아시아 종교와 기독교, 서울 : 기독교문서선교회, 1998.
정진홍, 기독교와 타 종교와의 대화, 서울 : 전망사, 1980.
제임스 엥겔, 정진환 역, 당신의 메시지는 전달되고 있는가? 서울 : 조이선교회, 1991.
칼 야스퍼스, 황필호 역, 소크라테스 붓다 공자 예수, 서울 : 종로서적, 1982.
한상복·이문웅·김광억, 문화인류학 개론, 서울 : 서울대학교, 1993.

찾아보기

-ㄱ-

가브리엘	176	계승론	260
가현설	194	계시 규범	26
감독자	145	계약 이론	253
개인주의적 사회	155	계층 사회	43
개체	87	고고인류학	33
개혁 교회	26	고든 클락	254
개혁주의 신학	31	고등 종교	49
객관적인 실제	67	고성제(苦聖蹄)	172
게스탈트	40	고전적 자유주의자	103
게하르두스 보스	65	공간	89
결합 가족	233	공시적	310
경교	86	공자	174
경제적 하위 문화	238	공적 정부	253
계승되어지는 지위	224	관계성	42, 90
		관료적 사회	155
		관세음보살	173
		교리신학	326

교육적 하위 문화	248			
교차 사촌	228		**- ㄴ -**	
교차문화	127			
교차문화 오해	127	나단 쇠더블롬	276
교차문화 전망	138	나이지리아	120
구속적 유추	160	나크쉬반디파	188
구스타브 구티에르츠	317	낙원	181
구타마 부다	170	남태평양	24, 52
국가	265	낭만적 실제주의	70
국가 사회	43	내장	203
권력 욕구	55	내향적 문화	115
균형적 호혜성	240	내혼	228
그룹 전달	293	네비우스	292
기구	200	네스토리안	192
기능 구조주의	58	네팔	174
기능적 변혁	107	노예 제도	24
기독교 이교주의	93	노자	174
기독교적 세계관	83	논증 상징	301
기독론적 보편주의	320	농업 경제	239
기술언어학	44	누멘	276
기호	299	뉴기니아	52
기호 입력	299, 300	능동적 교회	319
기호 해독	299	니르구나 브라만	163
까다르	181	니르바나	162

- ㄷ -

다르마	164
다면적 전망	331
다신교	49
다원적 문화	58
다원	48
단계	234
단세계 단일문화주의	140
단순 매체	304
단일문화주의	139
대만	173
대면 전달	293
대승불교	64
대중 종교	51
대중매체 전달	293
데니 인디언	155
데이비드 헤셀그레이브	157
도날드 스미스	287
도시심리학	40
도시인류학	34
도시학	40
도시화	39
도피적 단일문화주의	140
돈 리차드슨	160
동남 아프리카	276
동질 단위	246
동학	86
두란노서원	250
등급 사회	223
디오스	204

- ㄹ -

라마누자	165
라마단	183
라마야나	163
라마크리쉬나선교회	169
라자	164
란 모함 로이	169
랑그	301
래드클리프 브라운	57
런던종족연구회	30
레비 스트로스	60
레비레이트	230
레슬리 화이트	230
레이몬 파니카	320
로버트 레드필드	75
로버트 마레트	268
로버트 쉬라이터	64, 319
로버트 웨버	286
로버트 테일러	238
로샤크 인성 검사	314

로잔느　　　　　　　　　112
로잔느 복음화위원회　　　328
루돌프 오토　　　　　　　276
루스 베네딕트　　　　　　52
루시엔 레비 브룰　　　　　49
루이스 루스베택　　　　　58
루이스 모건　　　　　　　229
루이스 벌코우프　　　　　69
루터란 신학　　　　　　　216
리그 베다　　　　　　　　163
리차드 니버　　　　　　　211
리차드 마오　　　　　　　255
리틀 인디아　　　　　　　168
린톤　　　　　　　　　　112

- ㅁ -

마가렛 미드　　　　　52, 248
마나　　　　　　　　　　268
마법사　　　　　　　　　269
마빈 메이어스　　　　58, 150
마빈 해리스　　　　　　　273
마수수　　　　　　　　　133
마술　　　　　　　　88, 191
마야　　　　　　　　　　162
마크 필립스　　　　　　　133
마하리쉬 마헤시 요기　　　169

마하바라타　　　　　　　163
마호메트　　　　　　86, 176
막스 뮐러　　　　　　　　48
만주 퉁구스　　　　　　　45
말라야　　　　　　　　　68
말레이시아　　　　　　　68
말리노프스키　　　　55, 229
말리크　　　　　　　　　179
맥밀렌　　　　　　　　　134
맬더스　　　　　　　　　48
맬리카이트　　　　　　　177
머독　　　　　　　　　　230
메리 더글라스　　　　62, 154
메소포타미아　　　　　　50
메이어스　　　　　　　　243
메카　　　　　　　　　　182
면담 조사　　　　　　　　312
멸성제(滅聖蹄)　　　　　172
모거제　　　　　　　　　233
모계　　　　　　　　　　234
모계 사회　　　　　　　　60
모국 문화권　　　　　　　131
모국 문화화　　　　　　　142
모방 마술　　　　　　　　269
모스크　　　　　　　　　90
모크사　　　　　　　　　162
몰트만　　　　　　　　　316

몽고족	35	문화진화론	48
무당	280	물물 교환	56
무아위야	177	미나	185
무여의 열반	170	미디어	54
무이누드-딘	187	미얀마	170
무즈탈리파	185	미카엘	179
묶음	120	미카엘 커니	75
묶음 언어	302	민속 불교	93
문헌 자료 조사	37	민속 이슬람	93, 188
문헌 조사	312	민중신학	317
문화 기능	201	밀교	174
문화 모델	211		
문화 변혁	97		
문화 분석	148	- ㅂ -	
문화 오해	285	바그다드	187
문화 용도	201	바레인	177
문화 의미	201	바부 파리드	187
문화 적응	35	바울	103
문화 중심지	51	바이사	164
문화 충격	80	바이샤리	170
문화 패턴	201	바크티	164
문화 행위	201	바후드-딘 자카리야	188
문화 형태	82	반도인	54
문화상징주의	61	반야 사상	173
문화인류학	21	반투족	240
문화적 가치	138	방계	235
문화적 차이	127	방글라데시	187

방문 교역	240	부처	64, 170
밴드 사회	263	부탄	173
범주화	86	북한	89
법보	171	불교	71
베다 동굴	168	불교적 세계관	83
베단타	162	불보	171
베일	204	불트만	212
베트남	173	브라마 사함파티	170
변선환	320	브라만	162
변형 문법	322	비공식적 교육	249
보살 사상	173	비공적 정부	253
보상과 원리	61	비서구식 교육	248
보통 은총	59, 114	비쉬나	163
보편 구원설	64	비참여 관찰	312
보편 언어	302	비평적 실제	67
복음의 수용성	93	빅터 터너	62
복합물	200	빌레몬서	103
복혼제	230	빌리 조	303
봄베이	196	빌헬름 쉬미트	51, 275
부거제	233		
부계	234	- ㅅ -	
부계 사회	57		
브루스 니콜스	326	사고의 도해도	78
부정적 호혜성	240	사구나 브라만	163
부족 사회	264	사라트	182
부족 연맹	223	사모아 섬	52
부족적 세계관	159	사바 세계	173

사성제	170	상카라	165
사술	269	상황화 신학	315
사위드 바하왈 샤	188	샐리 휠거 다이	134
사이버네틱	298	생태학적 이론	273
사티	24	생태학적 인류학	38
사회 규범	42	샤다우라	188
사회 변혁	317	샤리아	177
사회 이탈	257	샤이크 압둘-카디르 유라니	188
사회언어학	44	샤화이트	177
사회인류학	33	샤히다	182
사회적 관행	256	서구 문화	25
사회적 기능주의	57	서구식 교육	248
사회적 역할	221	서남 아시아	35
사회적 지위	221	서부 브라질	155
사회적 통제	256	서술적 관찰	311
사회적 하위 문화	220	선계	234
사회학적 이론	272	선교 무용론	54
산상보훈	176	선교인류학	21
산신각	174	선교적 변혁	27
산업 경제	239	선사고고학	36
살	325	선택 관찰	311
삶의 통과 의례	63	선한 사마리아인	105
삼보	171	성경 연장 교육	252
상대주의	61	성경의 무오성	202
상징주의적 모델	318	성경적 문화상대주의	214
상층적 단일문화주의	139	성경적 세계관	91
상카	162	성경해석학	61

성상 상징	301	쉬하부드-딘 수라와디	187
성육신	64	스루티	163
성인 숭배 사상	188	스리랑카	170
성인식	24, 52	스터드	132
성자 유품 숭배 사상	187	스톤 강의	254
성취되어지는 지위	224	스트레스 지수 통계표	133
세계관	22	스티븐 닐	160
세속신학	212	슴리티	163
세정식	183	습성	256
셔우드 링겐펠터	150	승단	171
소로레이트	230	승보	171
소쉬르	301	시간	88
소승불교	92	시아파	92, 177
솔로몬 군도	100	신거제	233
수니파	92, 177	신랑·신부 지참금	229
수드라	164	신론적 보편주의	320
수라와디	187	신자유주의자	103
수령론	260	신학 연장 교육	252
수리남	155	신학적 변혁	107
수신자	288, 298	신해석학파	316
수치 문화	116	신화적 세계관	37
수피즘	178	신화적 시간	88
숙명론	167	신힌두교 운동	168
순수 상징	301	실제적 문화	116
슐라이마허	319	심리인류학	34
술리먼	190	심리학적 이론	270
쉬바	163	심층 구조	37, 200

심판	181
싯다르타	169
싱가포르	168
쌍둥이 영	190
씨앗	325
씨족 사회	263

— ㅇ —

아나타	170
아노미	90
아놀드 반 젠네프	82
아담슨 호벨	238
아라파트	185
아리안	35
아마드	194
아마드 파루키	188
아미타불	173
아바타	165
아부 하심 우트만 벤 샤리크	187
아브라함	185
아브라함 카이퍼	254
아야톨라	178
아즈라일	179
아즈미라	187
아트만	162
아프리카	24

악마적 악습	24
알 자마라	185
알 하산	177
알-부카리	191
알라	176
알라위트	178
알란 티페트	100
알렉산더 더프	166
알리	177
알타이 산맥	240
알타이저	212
알프레드 크뢰버	268
애니마	268
앤드류 랑	276
앤토니 시셀톤	324
앤토니 윌리스	96
야프섬	155
약식 순례	185
양거제	234
양계	234
언어 충격	130
언어인류학	33
에드몬드 크라누니	331
에드문드 리치	274
에드워드 웨스터마크	229
에드워드 크라우니	214
에드워드 타일러	49

에드워드 홀	127	오순절 교회	94
에른스트 트뢸취	42	오이디푸스 콤플렉스	229
에마일 두르크하임	42, 272	오집와	268
에믹	142	외숙거제	233
에반스 프리차드	272	외식	259
에큐메닉 진영	26	외식화	221
에틱	144	외향적 문화	115
에프섬	154	외혼	228
엘렝틱스	103, 166	요가	162
여성신학	317	요하네스 바빙크	102
역동론적 모형론	319	요하네스 호켄다이크	316
역동적 등가 번역	217	용수	173
역동적 등가신학	217	우랄 알타이어	44
역동적 모형론	64	우파니샤드	163
역사고고학	36	움마	181
역사언어학	44	웁살라 대회	321
역할	42	원료	200
연기(緣起)	171	원시 경제	239
열반	64	원주민보호협회	30
염라대왕	174	월터 골드쉬미트	252
영감성	202	위클리프 성경번역선교회	142
영국 왕실학회	30	윌로우뱅크	112
영매자	88	윌리암 로버트슨 스미스	272
영적 문화	331	윌리암 스멀리	130
예수 그리스도	103	윌리암 제임스	270
오네시모	103	월버 쉬람	304
오디아	266	유동식	320

유사 종교	51	인과성	87
유세비우스	213	인도	24
유여의 열반	170	인도네시아	129
유일신교	49	인류학적 모델	316
유진 나이다	58, 214	인성의 변혁	25
육체인류학	33	인식되어진 사물	67
윤성범	320	인질(Injil)	180
윤회	83, 164	인척	41, 234
윤회적 세계관	36	인터넷	312
은둔	261	일반 은총	25, 59
음조 언어	206	일반적 호혜성	239
이라크	187	일본	173
이만	178	일본 사람	53
이블리스	179	일부 다처제	107, 230
이상적 문화	115	일부 일처제	230
이상적 실제주의	71	일식	191
이스나-아샤리스	178	일원론적 범신론	162
이스마엘	185	일처 다부제	230
이스마일리스	178	일치	258
이슬람	86, 176		
이슬람의 구원	181	-ㅈ-	
이안 바버	67		
이원론적 세계관	36	자부르	180
이중 출계	234	자연신론자	215
이집트	50	자연주의적 세계관	83
익명의 교회	319	자이나교	163
인공두뇌학	298	자이디스	178

자이레	240	정치적 하위 문화	252
자카드	184	제도	200
자카르타	174	제사장	280
잠수 시기	100	제석천	174
잠잠 우물	185	제임스 스프레드리	133
잡음	299	제임스 엥겔	295
장인식 교육	249	제임스 프레이저	49, 267
재분배	242	조력자	145
재해석	125	존 록크	253
적응 체계	118	존 스토트	112
적자 생존	48	존 테일러	320
전가	221	존재의 기반	319
전달 매체	44	종교 기능	266
전염 마술	269	종교다원주의	64
전족	24	종교사	281
점	191	종교사학파	49
정견(正見)	172	종교의 자력점	282
정념(正念)	172	종교적 하위 문화	266
정명(正命)	172	종교학	49, 281
정부	252	종교현상학	281
정사(正思)	172	종족 연구법	311
정식 순례	185	종족신학	58
정어(正語)	172	종족지	37
정업(正業)	172	주체 사상	260
정정(正定)	172	준공적 교육	249
정정진(正精進)	172	줄루 종족	276
정치	252	줄리우스 벨하우젠	49

중간 영역	92	찰스 핫지	114
중국	173	참여적 관찰 방법	37, 310
중남미 지역	24	창의적인 접근 지역	313
중립 지대	246	창조 언약	113
중생	173	천국의 통로	187
즈나나	164	천사	179
지브랄터 해협	240	첩 제도	230
지역신학	319	체면 문화	116
지오프리 고어	52	초문화 신학	325
지옥	181	초월 명상	169
지위	42	초자연주의 세계관	87
지하드	186	촉매자	145
직계	235	촘스키	322
직급 사회	43	출계율	234
진(Jinn)	179	치쉬티	187
진리 충돌	160	친족	234
진화론	32	친척	41
진화론적 발전주의	48	칠성각	174
집단 개종	93	칠층천	190
집성제(執聖蹄)	172	침묵 교역	240
집중 관찰	311		
집합적 사회	155	**- ㅋ -**	
집합체	87		
		카디리파	188
- ㅊ -		카르마	162
		카아바	185
찰스 크라프트	58	카위윤주	188

칼 라너	320	토마스 쿤	32
칼 바르트	216	토마스 홀스	133
칼리프	177	토마스 홉스	253
케네스 파이크	142	토테미즘	268
코란	177	토템	42
코카시안	35	톨스토이	213
쿠알라룸푸르	168	통계학적 연구법	311
쿨라	56	통문화 신학	326
쿨라 링	241	통시적	310
크리쉬나	168	통일성	61
크리쉬나의식회	169	통치의 헌장	114
크샤트리아	164	퇴폐 시기	100
크와자 아부 이삭 치쉬티	187	투르크족	45
클라이드 클러크혼	76	투사 이론	270
클리포드 게어츠	62	튜빙겐 학파	49
킹 제임스 번역	203	티베트	174
		티페트	101

- ㅌ -

- ㅍ -

타국 문화화	140		
타력 구원	176	파롤	301
타우라트	180	팔정도	170
탈코트 파슨즈	229	패러다임	31
태국	71	편잡	187
터부	42	평등 사회	43, 223
터툴리안	213	평행 사촌	228
토마스	320	포이에르바하	270

폴 니터	320	하피즈 무하마드 이스마일	188
폴 틸리히	64, 318	한국	173
폴 히버트	76	한국 선교사	35
표상 상징	301	한스 쉬레트	320
표피 구조	200	한스 큉	320
프락시스	317	합리화	221
프랜시스 니글리	113	합성 매체	304
프로이드	38, 229	합성적 지위	224
프린스톤 신학교	254	합장 인사법	71
플라톤	104	항목	200
피그미족	240	해나화이트	177
피드백	299	해방	317
필리핀	85	해방신학	317
필립 버틀러	287	해석학적 나선형	331
		핵가족	233
		핸바라이트	177

- ㅎ -

		행동심리학	53
하나님 나라	64	헌트	221
하나님 나라의 신학	94	헤르만 궁켈	49
하나님의 선교	316	헨드릭 크레머	286
하나님의 선교신학	212	혁명	261
하디스	177	혁명신학	317
하비 콕스	212	혁신	258
하우사	107	혁신 모델	96
하위 문화	117	혁신 시기	100
하지	184	혈족	234
하지 무하마드	188	협력적 사회	155

협정 교역	241	회피의 규칙	57
호튼	221	효과적인 은총	114
호혜적 교환	239	홍안	189
혼합주의	71	흑인신학	317
혼합화	59	히라 동굴	176
화자	300	히타이트	50
확대 가족	233	힌두·불교적 세계관	162
확산주의	51	힌두교	162
회심 시기	100	힘의 충돌	93

선교와 문화

김성태 지음

초판 1쇄 발행 2000. 3. 18
초판 9쇄 발행 2018. 2. 20

발행처 도서출판 이레서원
발행인 문영이
출판신고 2005년 9월 13일 제2015-000099호
기획 이혜성
편집 송혜숙, 오수현
영업 박생화
총무 곽현자

경기도 고양시 일산동구 중앙로 1160 오원플라자 801호
전화 02)402-3238, 406-3273 / 팩스 02)401-3387
E-mail : jireh@changjisa.com
Website: jireh.kr facebook.com/jirehpub

값은 표지에 있습니다.

ISBN 89-7435-089-0 03230
글 저작권 ⓒ김성태

* 신 저작권법에 의하여 한국 내에서 보호받는 저작물이므로 저작권자의 서면 허락 없이 이 책의 어떠한 부분이라도 전자적인 혹은 기계적인 형태나 방법을 포함하여 그 어떤 형태로든 무단전재와 무단복제 하는 것을 금합니다.